U0145838

忽如远行客

秦汉的游士与游侠

曲柄睿 著

北京大学出版社
PEKING UNIVERSITY PRESS

图书在版编目(CIP)数据

忽如远行客：秦汉的游士与游侠 / 曲柄睿著. —北京：北京大学出版社，2024.3

ISBN 978-7-301-34921-2

Ⅰ.①忽…　Ⅱ.①曲…　Ⅲ.①历史人物 – 人物研究 – 中国 – 秦汉时代　Ⅳ.①K820.32

中国国家版本馆CIP数据核字(2024)第052504号

书　　　　名	忽如远行客：秦汉的游士与游侠
	HURU YUANXING KE: QINHAN DE YOUSHI YU YOUXIA
著作责任者	曲柄睿　著
责 任 编 辑	武　芳
标 准 书 号	ISBN 978-7-301-34921-2
出 版 发 行	北京大学出版社
地　　　　址	北京市海淀区成府路205号　100871
网　　　　址	http://www.pup.cn　　新浪微博：@北京大学出版社
电 子 邮 箱	编辑部 dj@pup.cn　　总编室 zpup@pup.cn
电　　　　话	邮购部 010-62752015　发行部 010-62750672
	编辑部 010-62756694
印 刷 者	大厂回族自治县彩虹印刷有限公司
经 销 者	新华书店
	880毫米×1230毫米　A5　10.125印张　225千字
	2024年3月第1版　2024年7月第3次印刷
定　　　　价	58.00元

序

我一向偏好读汉诗。和唐诗比较起来，汉诗没那么注重格律，表达感情也浅白直接，好像经历风雨长满苔藓的墙面，生出一种粗粝的美。汉朝人也是这样。简单、直接，有什么说什么，说了也不怕翻脸，他们活出了今人想要而不得的洒脱模样。

现在呈现在大家面前的小书，题为"忽如远行客"，语出《古诗十九首》中的《青青陵上柏》。诗歌很长，不全部引用了，此句前后则是"青青陵上柏，磊磊涧中石。人生天地间，忽如远行客。斗酒相娱乐，聊厚不为薄。驱车策驽马，游戏宛与洛"。人生都是向着一个目的地不停行走，心中难免会生出一种巨大的虚无感。抵抗这种虚无感，人就会不停地为自己找事做，游戏也好、事业也罢，终究不能不明不白地就彻底远行了。诗句中的汉朝人和历史中的汉朝人一样，不认输也不蹉跎。

最直观体现这种人生观的人，莫过于游士和游侠。《史记·游侠列传》评价他们是"其言必信，其行必果，已诺必诚，不爱其躯，赴士之厄困，既已存亡死生矣，而不矜其能，羞伐其德"，放到今天便是潇洒自然，不怕死也不偷生，做好事不留名的意思了。游侠和后代的武侠不太一样，但是又有相通之处，连接点便在于这份潇洒自然。游士算是游侠的孪生兄弟。如果说游侠代表了战国时社会结构剧烈变化、权势转移中尚武的那一批人的话，游士便是其中崇文的代表。

无论文武，"游"，也就是脱离原有身份，选择漂泊而又冒险的生活，蝉蜕于传统之外，超然于社会强加给自己的种种负累之上，不在乎他人的评论，只追逐自己向往的生活方式。选择如此生活，就是选择与过去决裂。我们现在看到他们的逍遥，却未必领略他们的决心。

向前追溯，春秋以前，人的身份是固定的。基于宗法社会的传统，人被限定在特定的阶层和行业内，动弹不得。向后观望，汉武帝以后，汉朝建立了不同于战国汉初的用人取士标准，人才的出现不再是"脱颖而出"，更多是平流进取。惟有战国至汉武帝前期的这段历史，呈现出一种全方位的变化态势。如同太上老君的丹炉，不停转动、搅拌，带来了群体的翻覆、升腾。

人如水势，流动才有生机。游士和游侠在数百年间出入诸侯王廷，周旋贵戚百姓，经行千里万里，谈笑霸业宏图。他们经历挫折，遭受磨难，朝为座客，暮成楚囚，很多人一生经历不到的浮沉，他们或许在一日之间就已万死万生了。这么看，游士与游侠的决绝，正是在向死而生中生出的大气概。惟其如此，他们的生命也如流星划过，不求永恒，但一定要璀璨。

于是可以看到，战国时的游士和游侠聚集在以四公子为代表的王侯身边，他们游说干禄，扭转乾坤，诸如商君、张仪、范雎、李斯，都是其中的佼佼者。至于荆轲、郑国等人，更是以刺客和间谍之姿，卷入历史洪流之中，书写了自己的传奇。等到了秦统一以后，游士和游侠之风未绝，很快他们又参与到反秦的活动中来，如张良、韩信之辈，纵横捭阖之间，不脱游侠底色；而陆贾、娄敬之徒，又为统一王朝的建立起了至关重要的作用。总的看来，秦楚或楚汉之际的游士与游侠，多多少少呈现出强烈的黄老本色，他们功成而退，全身远祸，更为逍遥飘逸。

汉朝建立以后，面临着匈奴、军功集团和东方诸侯等若干问题，呈现出"后战国时代"的特点。游士和游侠固然能找到自己生存的土壤，不过他们可以发挥自己能力的空间越来越小了。等到汉武帝以后，王国问题彻底解决，游士和游侠必须进入到统一王朝选士用人的体系中来。这时，战国至汉初兼资文武的游士底色，蜕化为儒生或纯粹的武士。那些保有强烈战国色彩的游士，要么在皇帝的宫廷中沦为倡优，要么在乡里间变为豪强。《史记》和《汉书》虽然都设立了《游侠列传》，但是其中记录的汉初和汉武帝以后的游侠，似乎是截然不同的两类人。其中差异何在，恐怕还是要到历史变迁与社会矛盾变化中去寻找原因。

当"游"不再成为可能，当"士"亦改头换面的时候，"侠"的精神就被人们单独抽离出来，成为对往日光阴最为瑰丽的追忆和想象了。从秦汉以后，侠客代代不绝，只不过他们被渲染得更隐秘，更传奇，更处江湖之远却不忘庙堂之高，更具备浪漫主义情怀也兼具了英雄主义的牺牲。他们被抽象成一种符号，一种执行朴素民间道德的工具，一种给人希望与寄托的精灵。无论是否真实，我总认可这份期许。

当我将秦汉游士与游侠的历史追忆完毕时，头脑中闪现出了这样一幅情景：村口大槐树下的老爷爷，身着短褂，安坐马扎，就着一壶小酒，咂摸着几颗花生米，摇动大蒲扇，生出一点风，遥遥望着西斜的落日。余晖之下，身影长狭，便是一个时代，便是一生。

曲柄睿

2024年3月

目　录

绪　章

如果你是汉武帝，你会看见什么呢？

你会看见，眼前这个人，和他夸张的言辞一样，让人过目难忘。

> 臣朔少失父母，长养兄嫂。年十三学书，三冬文史足用。十五学击剑。十六学《诗》《书》，诵二十二万言。十九学孙吴兵法，战阵之具，钲鼓之教，亦诵二十二万言。凡臣朔固已诵四十四万言。又常服子路之言。臣朔年二十二，长九尺三寸，目若悬珠，齿若编贝，勇若孟贲，捷若庆忌，廉若鲍叔，信若尾生。若此，可以为天子大臣矣。①

东方朔的上书写在三千片奏牍上。你读了两个月才通读一遍。完毕之日，你任命他做常侍郎。此后每每叫他谈话，没有不高兴的。

---

① 《汉书》卷六五《东方朔传》，北京：中华书局，1962年，第2841页。

你还看见，大汉的万里河山，在你的治下无比广阔。北伐匈奴，南平百越，西取蛮夷，东征朝鲜。日月所照，莫非王土；食土之毛，莫非王臣。

数十年前，你的曾祖父刘邦远征异姓诸侯王黥布，途经丰沛故里。他慷慨悲歌："大风起兮云飞扬，威加海内兮归故乡，安得猛士兮守四方？"现在大汉疆域已广，有足够的人才来管理和镇守吗？

后代历史学家形容你的时代，称之为"英雄时代"[①]，因为此时"群士慕向，异人并出"[②]。这些话你当然不会听见，但是你心中自有一种使命。为此你需要广延人才，求之如不及。你的时代，是人才最受重视、也最得所用的时代。透过这个人，你凝望着大汉的未来。

那么东方朔被重用了吗？

没有。

为什么没有？

先把这个问题放一放。不妨想一想，东方朔是个什么样的人。

上面他自己说，曾经学书、学剑、学《诗》《书》、学兵法，看起来是一个很厉害的人。厉害还不够准确。不妨作个类比，还有一个我们熟悉的人，也是这样成长起来的。

那就是项羽。

---

① 王子今：《汉武英雄时代》，北京：中华书局，2005年。

② 《汉书》卷五八《公孙弘卜式儿宽传》，第2633页。

《史记》上说，项羽少时，"学书不成，去学剑，又不成"[①]。他的监护人，叔叔项梁很生气，觉得这孩子没啥前途。项羽却说"学书"只足以记人姓名，"学剑"不过是一人之敌，不足学；要学，就要学万人敌。项梁听了大喜，开始教项羽兵法。项羽略知其意而已。

项羽只是没有学《诗》《书》罢了，至于学书、学剑、学兵法，和东方朔是一样的。同一时代、同一阶层之人，接受同样的教育是很自然的事情。不同时代，人们依然接受同样的教育，说明他们必定有一些相似之处。项羽和东方朔，时代已跨越百年，他们的精神气韵反而连接得很紧密。

如此说来，东方朔和秦汉之际的人很接近。

既然如此优秀，东方朔为何在汉武帝朝不受重用呢？不妨再看一个人的例子，那就是司马迁。

司马迁在《报任安书》里说："仆之先人非有剖符丹书之功，文史星历近乎卜祝之间，固主上所戏弄，倡优畜之，流俗之所轻也。假令仆伏法受诛，若九牛亡一毛，与蝼蚁何异？而世又不与能死节者比，特以为智穷罪极，不能自免，卒就死耳。"[②]司马迁说自己的父亲太史令司马谈擅长文史星历，却因从未立有战功，只不过像是皇帝身边的一个倡优，被世人所轻视。

司马谈长期担任太史令一职，撰有《论六家要旨》，窥知天下一切学问，是百科全书式的学者，《史记》便是由他动笔而写

---

① 　《史记》卷七《项羽本纪》，北京：中华书局，1982年，第295页。
② 　《汉书》卷六二《司马迁传》，第2732页。

的。这样的人物，反而近似人主与流俗所轻视的倡优。司马迁托父言己，暗自感伤。自己尚未建立泰山般的事业，不能如鸿毛般放弃生命。在今天的人看来，司马迁绝非蝼蚁之辈。可他如此说、如此想，说明他在汉武英雄时代，也是不受重用之人。

司马迁的成长经历相当丰富。他少时耕牧于河山之阳，年十岁诵古文，接受文化教育，二十岁以后游历天下，南至江、淮，东至齐、鲁、会稽，北涉汶、泗，而后担任郎中，奉使西征巴、蜀，南略邛、笮、昆明。试想，倘若司马迁只是文弱书生，恐怕没有勇气也没有能力周遍寰宇吧。

从项羽到东方朔再到司马迁，有一股不变的精神气质与他们相伴始终。他们都是兼资文武之人。后世人形容，这便是英雄气度。在当时人看来，这是战国游士或游侠的遗风。

游士不是很高明的人吗？战国苏秦、张仪，周游列国，纵横捭阖，成合纵连横之势，人主为之倾动。四公子大开门庭，广延宾客，弹剑长啸之辈，鸡鸣狗盗之徒，莫不充溢其间。游侠不是很豪迈吗？他们高呼竟坐，鼓瑟而歌，慷慨之间泣数行下，真豪杰概莫能外。不过这两类人，到了汉朝就逐渐没落了。有一些人，保留了尚武豪迈的特质，继续做游侠。另一些人，保留了崇文潇洒的气质，化身为文士。前者的代表在汉代史料中俯拾皆是，后者的情形隐而不显，上面提到的东方朔和司马迁，就是其中的典型。

游士与游侠兴起衰落，写在纸上，就是一句话；历史上，却经历了数百年的荡涤，其背后是波澜壮阔的滚滚潮流，裹挟所有人浮沉其间。人们常说知人论世，实则知世方能论人，更莫提两千年风云逸散，其世已难解，其人更难知了。

现在呈现在读者面前的这部小书，希望能描绘出战国秦汉时代游士和游侠活跃的广阔历史图景，做到一方面论世，一方面知人。

首先需要讨论的是，游士和游侠产生的土壤。战国时代是中国古代历史上的大变革时代，高岸为谷，深谷为陵，一切看起来牢固的东西都被打翻在地了。就拿周王室来说吧，曾经依靠血缘和宗法，周王室建立起众多邦国，亲戚滋繁，以藩屏周。周人习惯用天命观念解释自己建国的历史，可是到了春秋时，各主要诸侯国都意识到，自己也有获得天命的机会。于是，天命观念成了一柄双刃剑，一方面周王室可以用之维持统治，另一方面诸侯也可以之表达野心。野心一天天萌动，伴随始终的是对礼乐制度的排斥及对军事力量的热衷。春秋时期与战国时期在政治上的划分节点，在于"三家分晋"。这个意见是司马光在《资治通鉴》中明确表达出来的。"三家分晋"之所以是一件划时代的大事，司马光在他的史论中交代得很清楚：周王室虽衰弱而不灭亡的根本原因，就是诸侯忌惮礼乐制度体现的上下等级。现在周王室主动将军事力量强大的三个卿提升为诸侯，暗示周王室承认武力征服的正当性，这就给那些欲取周王室而代之的诸侯一个突破口：既然力量强大就可以做诸侯，那么更强大一些是不是就可以做天子呢[①]？人心思动的闸门一旦打开，再合拢就不太容易了。巨大的社会身份变动的可能，是游士和游侠出现的社会土壤。

① 《资治通鉴》卷一《周纪一·周威烈王二十三年》，北京：中华书局，1956年，第2—6页。

　　诸侯和卿的身份发生了转变，那么大夫、士和庶人的身份同样也可以发生转变。在尊重变化，提倡凭借自身能力而非血缘关系获得利益的年代，越来越多的士人选择前往其他诸侯国效力，也有越来越多的人成为游侠，将自己托付与知音。在周文明的限定下，每个人的身份是固定的，生活的区域也是固定的，从事的行业也是固定的，不仅今生如此，后代子孙也是如此。春秋时期，卿大夫如果滞留他国不返，要么是得罪了国君而出逃，要么是和其他卿大夫结仇而流亡，其性质形同反叛。战国时代，人们习惯于接受迁徙，接受效忠不同国君和不同主家，甚至接受和自己母国开战。与身份变化相随而来的，是心态上的变化。

　　战国时代是一个社会生产力得到巨大释放的时代，也是原有阶层划分和社会规则失范的时代，更是思想观念大为解放的时代。

　　游士和游侠就是这个时代中最为活跃、积极、蓬勃的变量。当然，如果站在另一些人的角度来说，他们也是最为危险、不安、混乱的存在，是国家衰微的根由与征兆。

　　如何区分游士和游侠呢？先看看他们的相同之处吧。最主要的方面，就是他们没有固定的居所，可以四处周游。由此导致在社会身份上，他们属于中心之外的边缘人，是逸出核心控制的异类。

　　战国之前，周游大致是一件非同寻常的事。比如孔子周游列国，是因为在鲁国遇到了巨大的困难，有志难申故而不得不向外突破。倘若孔子能在鲁国得到重用，那么他是不会选择向其他国家寻求安身立命之所的。可到了战国时代，虽然诸侯国都在限制本国人口外流，同时他们也在大肆招徕外国移民定居。游，在过去看来是不太光彩的字眼，现在成为了对本国有利而对他国不利，希望本国国民不要参与而希望外国国民多多参与的双标词汇。在一国之内，游侠活动的范围可以遍及国都与边地；看天下之大，游士的足迹更可以奔波于山东①与关中。

物质层面，游士和游侠都没有固守一地的积习；精神层面，他们更没有固执一道的宿念。离开故乡以大无畏的冒险精神追求梦想，不惮于尝试改变，勇敢重塑认同，这是游士和游侠最具浪漫主义色彩的底色。

倘若从身份之外的因素，诸如他们的社会功能角度看，游士往往为诸侯提供战略性或战术性的思路，他们更像是智谋大师与外交家，帮助君主分析局势以做决断；游侠则以自己的武力和任侠精神影响他人，上至诸侯，下至庶民，都可能需要游侠的奉献和帮助。质言之，游士与游侠虽然都兼资文武，但是游士更侧重文的方面，游侠则青睐于武的实践。

以上对游士和游侠作了结构和功能上的分析。不过游士和游侠吸引今人，更在于他们在为人处世中表现出来的旺盛的生命力和意志力。他们通过自己丰富多彩的人生经历和生命体验，在种种磨难、层层阻挠的考验下，仍旧坚忍不拔、精力卓绝，给出了人可以改变命运的历史答案。

学者们普遍有一个判断，即战国时代是"人之发现"的时代，

---

① 本书的"山东"多指崤山、函谷关以东地区，是战国时期形成的一个地域性的泛称。战国时期，除了秦国，齐、楚、韩、燕、赵、魏六国都在这一区域，故亦称山东六国。不可与今日的山东相混淆。

也就是过去在社会意识中居于主导地位的天，逐渐让位于人[1]。人可以有所作为，有所成就，这种观念在血缘宗法的时代是不可想象的。最能体现"人之发现"思潮的代表，就是游士和游侠。他们是时代乐章中跳动的音符，最为激越，也最为动听，给宏大叙事的历史主题加注了清灵潇洒的旋律，使之充满生生不息的念力，经久不衰。

后人更为瞩目侠，特别是侠客精神。经由中国近现代以来文学作品和影视作品的广泛宣扬，侠客日益成为人们效法和关注的对象。不过近年来，武侠小说逐渐衰落，作者和读者都日益减少，仙侠小说和影视作品日渐崛起，似乎反映出某些不一样的思想动态。是否可以这样理解，武侠需要经历巨大的、常人难以忍受的磨难方才得到成长，而仙侠则只要选择正确的师门稍加试炼就能够获得成功。人们对于独自等待和忍受不公的阈值越来越低落，对于迅速成功的渴望又越来越急切；人们对于献身和超越变得越来越不接受，对于获得与认可又越来越急迫。这或许提示我们，因应纷繁复杂的社会现实，重新找回侠客精神的某些要素，或许可以打捞起根植于我们精神血脉中的某些自愈性的能量。

人们经常认为，读史可以明智。这个意见本身并没有太大问题，问题在于我们对历史的理解究竟到了什么程度，以及我们是否真正能将自己的境遇与历史相提并论。西方史学界在年鉴学派和微观史学观念的带动下，将研究的视角转向小地点、小人物和长时段

---

[1]　胡宝国：《汉唐间史学的发展》（修订本），北京：北京大学出版社，2014年，第12—18页。

的历史变化，试图在研究中唤起一种对自身状态共情式的悲悯感觉。阅读这样的著作，人们在理解了诸多异文化的细节和特色之后，又往往会生出庆幸的心态——还好我不在那里或者还好那不是我。实现了这一点，说明微观史方式的写作已经达到了成功，然而对此很难称得上令人欣慰。

倘若将中国史学发展的目光再往前追溯一点，进入到20世纪初，西方史学刚刚传入的时候，我们又能发现，中国学者对中国传统史学的叙事模式非常不满意。梁启超直言"二十四史"就是二十四姓家谱①。既然中国古代最大宗的正史是家谱，那么记载的就是王侯将相的历史，普通人难以在其中留下踪迹。此后虽有大量史家努力寻找普通人的经历和过往，也利用地方性文书还原乡里社会的日常生活并取得了相当大的成绩，但是如何发掘传统纪传体史学的魅力和价值，似乎我们做得还不够。

不过如果将目光转向西方，我们也可以发现，在古典作家的笔下，伟大人物始终是人们瞩目和青睐的对象。即便到了近代，茨威格依然会指出，人类群星闪耀之时乃是天才产生之日②。原来中国史学并非脱离于人类的整体心态之外，只不过是在当今智识巨大发展的前线上，需要对它重新予以解读和阐释。

这本书题为"秦汉"，实则包含战国至汉末三国的长时段历

① 梁启超：《新史学》，《梁启超史学论著四种》，长沙：岳麓书社，1985年，第242页。

② ［奥］茨威格著，高中甫、潘子立译：《人类群星闪耀时·作者序》，北京：国际文化出版公司，2016年，第5页。

史。因为我采用一种贯通而非断代的视角观察这一时段，且秦汉时代并非只是秦统一和汉魏禅代两个时间点中的一隅而已，更包含此前漫长的历史积累。书中将要提到的战国秦汉的游士与游侠们，他们中间的多数无疑属于时代的精英。甚至如果从是否被史传收录的角度来看，他们所有人都和微观史学所关注的普通人有着莫大的距离。反过来说，我们试图从小人物身上发现的人类普遍心态，是否在精英身上就发现不了呢？答案当然是显而易见的。甚至可以说，正因为某些精英超乎常人的耐力和活力，将人性中最纯粹和最幽隐的情感表达得淋漓尽致，才使得我们更能清晰地从中窥知我们自己的本性。通过他们映照我们自己的本相，激发我们的意志，又有什么不可以呢？

进而值得讨论的是，学术界对日常生活的关注日益成为今日史学研究的一个主要门类。与过去历史学关注变化不同，关注日常生活，是在常态化的历史图景中发掘规训、塑造人物心态的潜移默化的信仰、习俗和经验，由此注意到波澜壮阔之下的潜流隐径。这种态度对本书的写作同样有影响。战国秦汉时代，虽然是发生巨大历史变革的时代，不过在其变革的背后，又有异常顽固的不变的物质和精神条件。这些方面，并不能以朝代的更迭加以区分，反而呈现出某种稳定的、带有自身发展规律的状态。

还需要指出的是，目前历史学的研究，无法也不应该回避叙事的价值和意义。好的史学著作，无论是纯粹学术性的还是普及性的，都应该能够给人以清晰流畅的阅读体验，让人从中得到最为清楚的启示。在这方面，东西方的古典作家做得都相当优秀。反而是近代以来围绕特定主题的论辩式写作，很大程度上将学者的思路局限在相当狭窄的范畴内，而忽略了对人类普遍物质和精神状况的关心。必须承认，在史书中发挥关键作用的，实际上是作者把握事物的洞察力和穿透力。故而本书希望能够在历史写作方面，呈现出与纯粹的学术论著不一样的效果。

最后得说明的是，很多学者指出，侠客是一个梦，是一种精神上的追求①。我则试图说明，游士和游侠根源于一种深刻的社会变动②，由此产生了人对于改变自身命运的期许，乃至超越永恒的志愿，以及摆脱物质限制的自由心态。游士和游侠是所有美德和私欲的浓缩。因为充满梦想，他们永远年轻。因为面对苦痛，他们惊人成熟。他们承受着众多的肯定与否定，他们的内心早已坚如磐石。但我相信，他们心里一定保有一块很柔弱的地方，给自己，给回忆，给未来。

---

① 参考陈平原：《千古文人侠客梦》，北京：新世界出版社，2002年。罗威廉将之称作"好汉理想"。［美］罗威廉著，李里峰等译：《红雨：一个中国县域七个世纪的暴力史》，北京：中国人民大学出版社，2014年，第7页。

② 在这方面工作做得最好的是余英时先生，参见他的《侠与中国文化》，氏著《中国文化史通释》，北京：生活·读书·新知三联书店，2012年，第237—319页。

第一章

战国：侠以武犯禁

与过去三十年武侠小说风靡全球华人世界的情况不同，当下人们对侠似乎普遍缺乏感悟。一方面，侠在我们生活中的远遁，说明浪漫的、迷幻的、缥缈的精神生活被质感的、现实的、沉重的物质生活所冲淡。另一方面，提倡付出与奉献、舍己而为人的侠义之心，又与注重个人获得的当代风潮格格不入。这是人们精神领域里一个重大的变化，其根源是多方面的。不过有一点可以肯定，当代社会一定没有侠，或者侠一样的人物非常之少。他们失去了生存的社会土壤，故而在今天缺乏足够的话语权。

古代社会同样如此。可以注意到，孕育了侠的时代，往往是社会变动相对剧烈，人时刻处在一种浮沉进退情况中的时代。正因为变化，所以感到不安；正因为浮沉，所以有所作为；正因为进退，所以情感饱满；正因为剧烈，所以表现多彩。侠是人的情绪的最大凝练和最大表达，他们代替我们体尝了我们想要而不敢的生活情境，帮助我们实现了欲得而不能的人生理想。

同样，侠最兴盛的时代，也是人们对侠最为警惕的时代，因为他们巨大的社会影响左右着人心的动向。依附于侠者众多，形成了足以干扰君主判断的力量。侠或主动或被动地处于一种与政权抗衡的位置上。这时再看待游侠，就不能仅将他们视作逍遥世外的高人，而应当成卷入政治洪流的弄潮儿。

千古撰侠第一人

最早为侠客立传的是司马迁的《史记》。《史记》是一部记载汉武帝以前历史的史书。因为其中的主角基本上都是王侯将相，所以这本书开创了中国古代正史的基本写作模式。在王朝的正史里，写上游侠，总是有些不伦不类。不仅现代人觉得有些古怪，比司马迁晚一百年的班彪也不认可。他批评司马迁的工作是"道游侠，则贱守节而贵俗功"。这个评价把游侠和守节的贫贱之士对立起来，说不上友好。不过班彪、班固父子合著的《汉书》中同样设立了《游侠传》。如此说来，班氏父子的历史观就值得玩味了。先放下班氏父子不谈，只看司马迁为游侠立传的初衷，是一件关乎时代和人心的大问题。

司马迁在《史记·游侠列传》开篇就引用了韩非的话。韩非说："儒以文乱法，而侠以武犯禁。"在韩非看来，儒与侠二道皆非，但是儒者却往往受到当时人的称道，司马迁觉得，这样是有问题的。

首先看，韩非为什么这样看待儒和侠。

韩非生活在战国末期。当时的趋势是六国分裂的状态即将结束，有见识的学者都意识到统一时代的到来，他们或肯定或否定地做着准备。韩非的意见是只有加强中央集权，才能促进统一的更快到来。他认为有五种人无益于社会稳定和国家强大，分别是"学者""言古者""带剑者""患御者"和"工商之民"。这五种人韩非叫作"五蠹"，就是社会上的五种蛀虫。

先看"学者"。他们"称先王之道以籍仁义，盛容服而饰辩说，以疑当世之法而贰人主之心"。再看"带剑者"，他们"聚徒属，立节操，以显其名而犯五官之禁"①。"学者"就是儒生，"带剑者"就是游侠。学者的特点是议论多而实干少，造成思想混乱却不能统一意识。游侠的特点是组织起一定的社会力量，树立名节，形成与政权对抗的态势。这两类人，都对统一局面不利。所以接受了韩非主张的秦朝，对游侠一直采取高压态势，打击其发展的可能。

汉承秦制。司马迁生活在汉朝，却不认为韩非的话完全正确，原因何在？司马迁说："至如以术取宰相卿大夫，辅翼其世主，功名俱著于春秋，固无可言者。及若季次、原宪，闾巷人也，读书怀独行君子之德，义不苟合当世，当世亦笑之。故季次、原宪终身空室蓬户，褐衣疏食不厌。死而已四百余年，而弟子志之不倦。"②历

---

① （清）王先慎撰，钟哲点校：《韩非子集解》卷一九《五蠹》，北京：中华书局，1998年，第456页。

② 《史记》卷一二四《游侠列传》，第3181页。

史学家说话好迂曲，如果撮要解释下，这段话的意思就是：看那些宰相卿大夫，功名煊赫，在历史上留下记录也算理所应当；而孔子的弟子季次、原宪是俩穷鬼，活着的时候被人耻笑，死后距今四百多年了，人们却至今还传颂他们的事迹。

铺垫了这么多，司马迁要说下面的话："今游侠，其行虽不轨于正义，然其言必信，其行必果，已诺必诚，不爱其躯，赴士之阸困，既已存亡死生矣，而不矜其能，羞伐其德，盖亦有足多者焉。"①凭借着言必信、行必果、不怕死、不矜不伐的品行，游侠应该在历史上留下一笔。

这么说，司马迁为游侠立传，应该有两个考虑。其一是他对当权者的不满。倒不一定是对汉武帝朝的当权者不满，很可能是对那些身居高位，然而没有什么建树的人有所不满。这个意见在《报任安书》里隐隐地说出来了。他和父亲没有剖符丹书之功，只能忍辱偷生，稍遇政潮，便淋苦雨。当权者的不认可，使得司马迁心中有一口不平之气。

其二就是游侠的爽朗豪迈，让他感受到一种向往和亲切。他接着说："且缓急，人之所时有也。太史公曰：昔者虞舜窘于井廪，伊尹负于鼎俎，傅说匿于傅险，吕尚困于棘津，夷吾桎梏，百里饭牛，仲尼畏匡，菜色陈、蔡。此皆学士所谓有道仁人也，犹然遭此菑，况以中材而涉乱世之末流乎？其遇害何可胜道哉！"②看吧，历史上那些圣王名臣，智者高士，都有过困顿遭际。要是才能普通而

---

① 《史记》卷一二四《游侠列传》，第3181页。
② 同上书，第3182页。

世道衰微，更难免遇到灾祸。这时候，要是有游侠伸出援手，周人急难，该是多么令人快慰，多么幸运！

将这两重考虑结合起来，看得出司马迁对游侠的同情和认可，很大程度上出自自身遭遇的苦痛。他愈加苦痛，对游侠就愈加认同。他接着说道："今拘学或抱咫尺之义，久孤于世，岂若卑论侪俗，与世沉浮而取荣名哉！而布衣之徒，设取予然诺，千里诵义，为死不顾世，此亦有所长，非苟而已也。故士穷窘而得委命，此岂非人之所谓贤豪间者邪？"①他继续自嘲，继续讽刺凭借逢迎世俗而取得高位之辈，也继续歌颂布衣之侠的豪迈不群。

人们常说，历史是公正的。只有富于良知的历史学家写下的，为人而呼吁的历史，才可以称之为公正吧。可是当史家本人遭遇了不幸，又有谁来替他伸张公正呢？公正的历史学家本身未必能得到公正的待遇，故而在史书中表达自己的苦闷和对清明的期许吧。

在《史记》中，司马迁对天道动摇过，对孔子的高明怀疑过。任何经历过磨难与挫折的人，都会本能地产生这种反应。他退回到自己熟悉的领域，用自己的笔写自己的心。千古风流，不过是昙花一现。击涛搏浪，自然是丈夫德业。司马迁把自己看到的奇遇、经历的不平、遭际的苦痛、期待的光明逐一熔铸。他以历史作矿石，以胸怀作熔炉，燃意气之火，炼洞察之金。他以自己的方式肩负着一个杰出人物的命运，以自己的方式忍受着痛苦，以自己的方式对抗着时代。他撰写的《史记》，是思考人生哲理之书，更是振作高

---

① 《史记》卷一二四《游侠列传》，第3183—3184页。

飞之书。在这里只有呐喊，没有彷徨。

西山采薇不及沧浪之水，汨罗幽歌吟唱在孤竹之滨。千古愁人，终究在时代的洪流中淹没，他们留下的浪花，波荡在史家不屈的笔墨中。

人生既短且长，如何能背负着苦楚仍旧前行，如何忍受着嘲讽依然孤勇呢？他写下了《游侠列传》，为自己点燃一把火，给暗夜中的人一点光，一点希望。

就此而言，《游侠列传》是司马迁给自己精神家园留下的最隐秘而又最充满期许的一块园地。关注游侠这样一批人，我们可以看到秦汉时代的独特的景致，更能窥知司马迁的内心。于传有之，"失诸正鹄，反求诸其身"。司马迁的人生之镜，未必不能洞彻今人之心。

战国四公子之孟尝君

战国时，齐国的孟尝君、赵国的平原君、魏国的信陵君、楚国的春申君，位列卿相，豢养宾客，声势可与人主相匹。四公子广延门客的做法，与战国时人才的剧烈流动有关系，与他们的性格也有关联。

战国时期，大量的落魄贵族沦落为失去土地和人口的流浪者。他们或在本国攀附权门，或周游列国，以出卖自身的智力和武力谋生。这群人就被称之为游士。还有一些人，是游士中更为落魄者，依靠组织人马掠夺或者单打独斗获得回报，这批人就是游侠。有了游士和游侠，就有利用和组织他们的人。战国时各国权门，特别是执政者们招募士人，豢养他们以为宾客，凭借他们的力量和君主抗衡，也在国与国的交往中取得优势。孟尝君就是豢养游士和游侠的典型。

四公子中，留下故事最多的是孟尝君，他也因为养士而千古留名。《隋唐演义》里形容同出山东的济南人秦琼，最高评价便是"孝母似专诸，交友赛孟尝"。周人急难，好义不倦，确立了历史上山东人的本色。这是齐国传统留给山东的一个宝贵遗产。从孟尝君身上，能够看到游士和游侠的基本特点。

首先是通透的智慧。孟尝君叫田文，他的父亲田婴有四十几个儿子，孟尝君不过是田婴贱妾之子。因出生的日子不好，田婴让其母亲把他扔掉，母亲偷偷地把他养大了。他长大后见到田婴，田婴很生气。田文不动声色地问田婴：因为我是五月出生，就要把我扔掉，是什么原因呢？田婴回答：五月出生的孩子，长到和门一样高的时候，就会对父母不利。这时田文的追问就开始显露出智慧之光了。他问道：人是受命于天，还是受命于门？听到这里，父亲就沉默了。田文继续说："必受命于天，君何忧焉。必受命于户，则可高其户耳，谁能至者！"[1]这句话用逻辑打败了唯心的陋俗，很值得人深思。

就这样田文给父亲露了几手，在众兄弟中间特别出挑。田婴开始让田文管家事，接待宾客，门下的宾客一天天多起来了。诸侯也

---

①　《史记》卷七五《孟尝君列传》，第2352页。

听说了田文贤能，都请田婴立田文为后。果然，当田婴去世后，田文继承了田婴的封地，成了孟尝君。

其次是与宾客推恩的胆识和气度。孟尝君网罗宾客不在乎出身。他的门下宾客多有从诸侯来者，还有有罪亡人。亡人指的是脱离户籍而流亡的人。战国时，各国都设立户籍制度，加大对人口的控制。脱籍与流亡是重罪，但是孟尝君不在乎，一并"舍业厚遇之"。后世的水浒英雄及时雨宋江，所作所为大概就是这个样子。

据说，孟尝君和宾客吃的饮食是一样的。战国时流行分餐制，有一次孟尝君在晚上招待宾客，有一人坐在背光处，看不见别人的食物是什么，怀疑自己吃得差，受到了排挤，放下碗筷就走了。孟尝君追出去，给他看看自己的饭食，是一样的嘛。客人感觉自己实在是太小气，为此自尽了。宾客因为孟尝君的折节下士和仁义，都归附于他。

读者熟悉的鸡鸣狗盗的典故，也是和孟尝君联系在一起的。孟尝君在齐国受到了排挤，便动身前往秦国。秦昭王许他秦相的位置，谁知孟尝君来了之后，秦王反悔了，将他软禁起来。这时候孟尝君只能通过裙带关系，请秦昭王爱幸的姬妾解救。姬妾说，我想要您的狐白裘。孟尝君确实有这样一件天下无双的至宝，早已在入秦之时献给秦王了。现在姬妾想要，只能去偷。孟尝君门下有个宾客擅长偷盗，夜间潜入王宫，偷来白裘献给姬妾，姬妾履约，劝说秦昭王释放了孟尝君。孟尝君一众人等连夜动身，改换通行证上的姓名，要出函谷关。这么急迫，怕的就是秦王反复。果然，秦昭王后悔了，派人"驰传逐之"。函谷关的法规规定：要过关，就得等鸡鸣。函谷关下，月明星稀。后有追兵，前阻大关。孟尝君徘徊往来，心急如焚。此时又有一名宾客站出来说，自己擅长模仿鸡叫。于是他学公鸡打鸣，关城左近众鸡齐鸣。孟尝君得以出关归齐。最初，孟尝君收罗鸡鸣狗盗之徒作宾客，其他宾客很有意见。现在两人立了大功，别人也不好意思说什么了。

　　最重要的是，孟尝君对宾客的信任，超越了一般的君臣关系，而上升到紧密的私人关系。有位冯谖先生，听说孟尝君好客，特来相投。孟尝君问他：先生远来，何以教我？冯谖说：闻君好客，以一身相投。孟尝君冷落冯谖十天，问招待他的人说，冯先生都干什么了？招待者说：冯先生太穷了，只有一把剑，连剑鞘都没有。他每天就是弹剑而歌，"长铗归来乎，食无鱼"。孟尝君于是给冯谖换了高级馆舍，冯谖有鱼吃了。又过了五天，孟尝君又问招待者说，冯先生又说什么了？招待者说：冯先生弹剑而歌，"长铗归来乎，出无舆"。孟尝君又给冯谖换了更高级的馆舍，冯谖出入有车马了。又过了五天，孟尝君问招待者，冯先生又说什么了？招待者说：冯先生弹剑而歌，"长铗归来乎，无以为家"。孟尝君不高兴了。

　　"无以为家"在战国秦汉时代是个很具体的指向，就是指缺个老婆。孟尝君能给冯先生解决饮食、车马问题，至于帮他讨老婆，似乎不是豢养宾客的题中之义。更何况，孟尝君接连满足冯谖两个愿望，而冯谖一句感谢都没有。孟尝君不高兴，也在情理之中吧。如果放在普通人交往中来看，冯谖确实是很失礼的。可是如果放在战国时代，孟尝君身边来看，孟尝君的表现也算得上失礼了。招揽宾客，广延门人，为的是缓急有所用。所谓缓急，指的就是前面说的幽囚于秦，有性命之虞的情况。遇到了危险，豢养的宾客可以挺身而出，代主人而死。如此看来，吃饭有鱼，出入有车，再娶个老婆，也算不上过分的事。孟尝君无法满足，是孟尝君做得不好，而非冯谖要得太多。

冯谖得罪孟尝君的事情不止这一件。后来孟尝君的食客太多，而自己的封邑薛地的租税又不能按时缴纳；邑民们不缴纳租税也就罢了，还从孟尝君这里借钱不还。孟尝君没有办法，派冯谖去收租收债。冯谖闻令而行，到了薛地置酒高会，宣布能还钱的人，约定时间归还；不能还钱，就烧了债券，将债务一笔勾销。大家听了都非常满意。

只有孟尝君不满意。冯谖说：这次免除债务好处太大了。一方面，薛地的穷人无论如何也还不上钱，逼得急了他们还会逃亡，于您的名声有损。另一方面，免除债务是向世人昭告您爱民不爱利，更能广收人心。听了这话，孟尝君满意了。

后来，齐湣王罢免了孟尝君，宾客都走了。等到冯谖帮孟尝君复位，宾客又都回来了。孟尝君对冯谖说：这些人太没根柢，等他们回来了，我要向他们脸上吐口水侮辱他们。冯谖说：您这话说得不对，因为："生者必有死，物之必至也；富贵多士，贫贱寡友，事之固然也。君独不见夫趣市朝者乎？明旦，侧肩争门而入；日暮之后，过市朝者掉臂而不顾。非好朝而恶暮，所期物忘其中。"[1]冯

---

① 　《史记》卷七五《孟尝君列传》，第2362页。

谖用逛市场作比喻，早上市场的人熙熙攘攘的，可是到了下午就没什么人了。不是大家喜欢早上而厌恶下午，不过是因为货物的多少不同了。换句话说，孟尝君能给宾客名位利益时，自然有人依附，反之则不然。

冯谖的话犹如醍醐灌顶，千载后读来仍令人击节称叹。这段话应该是多少与世浮沉之辈牢记在心的座右铭，也应该成为多少在生活中遭受放逐之人的心灵格言。鲁迅先生说，人类的悲欢并不相通。这句话还可以略作改变，人类的欢乐并不相通，不过人类的悲伤却是古今一理的。只期待悲伤之际，能有冯谖一样的宾客予以宽慰，也便是不幸中的幸运吧。

监门屠户之友

信陵君，也就是魏公子无忌，是魏昭王的少子，魏安釐王的弟弟。司马迁写战国四公子的传记时，都是用他们的封号作标目，如《孟尝君列传》《平原君虞卿列传》和《春申君列传》；只有信陵君的传记，题为《魏公子列传》，表明信陵君的地位超然在另外三位公子之上。

这是不是说，司马迁对信陵君有独特的好感呢？有这种可能。在《魏公子列传》结尾，司马迁评述道："吾过大梁之墟，求问其所谓夷门。夷门者，城之东门也。天下诸公子亦有喜士者矣，然信陵君之接岩穴隐者，不耻下交，有以也。名冠诸侯，不虚耳。"[1]用

---

① 《史记》卷七七《魏公子列传》，第2385页。

今天的话说，司马迁去信陵君生活过的地方做了一次田野调查。在那里他亲身体验了魏无忌生活的状态，获得了一种直观的历史感。和其他公子比较而言，信陵君所喜之士是岩穴之辈，能够不耻下交。这一点，其他人做不到。换句话说，魏公子把他延揽的宾客当作朋友，当作老师，而不是可以为自己所驱使的仆庸。

另外还有一个原因，使司马迁不得不重视魏公子，那就是汉高祖刘邦本人异常仰慕信陵君。《魏公子列传》记载，刘邦年少时，多次听说信陵君的贤能。等到他做了天子，经过魏国故都大梁，还会祭祀魏无忌。在生前最后一年，刘邦命人为魏公子无忌置守冢五家，令世代祭祀无绝。刘邦留下的祭祀名单中，包括秦始皇、楚隐王、陈涉、魏安釐王、齐湣王、赵悼襄王。其中始皇帝的守冢规模是二十家，其他人都是十家。可以看出，得到守冢祭祀的人，都是战国末年做过诸侯王的人。除了燕王和韩王没有祭祀外，其他战国五雄都有代表。陈涉是反秦事业的倡导者，身份特殊，所以获得了守冢祭祀。这之外，就只剩下魏无忌没有做过诸侯王了。刘邦给他单独安排了守冢人家，虽然户数少于其他人，但能与诸人并列，实则是抬高了他的身份。这样看来，刘邦本人对魏无忌是真心仰慕。

司马迁不称魏无忌为信陵君，而只称作"魏公子"，除了皇权的加持，更多的应是太史公对信陵君的敬重。

魏公子确实与另外三位知名公子有不同之处。其他三位公子养客，主客之间更像是雇佣关系。而魏无忌是在交朋友。他着力结交的一个人叫侯嬴。

侯嬴是魏国隐士，七十岁了，家里很穷。他是魏国国都大梁的

"夷门监者"，也就是守城门的人。魏无忌听说这人了不起，前去问候，想送给他丰厚的礼物，侯嬴拒绝了。侯嬴说：我这个人修身洁行几十年了，不能因为现在贫穷而收公子的礼物。这句话很值得玩味。一个守门人，说自己修身洁行几十年，他所坚持的原则、所追求的人生目标是什么呢？

一般人似乎很难理解，不追求名利富贵，而只追求生活的本真，是一种什么状态。我们更能体会的是，在困顿无助的时候，如果突然有贵人伸出援手，本能的反应应该是接受，而非回避和拒绝。类似侯嬴这样反常识、反理智乃至某种程度上反人性的行为，在《史记》中俯拾皆是，让我们不得不自省人们对于名利和财富的追逐究竟为的是什么。进而可以意识到的是，司马迁在意的是人如何有尊严地活着，而不是如何舒适地活着。司马迁有意地搜罗类似的事例，突出他的价值判断，构建了我们今天对战国时期人的整体把握。

事实上，战国时期追逐财富名利而寡廉鲜耻的人比比皆是，《史记》中同样不乏存在。只不过是侯嬴之流的光彩太过耀眼，将那些人物遮蔽罢了。

魏无忌发现普通的问候和馈赠不能打动侯嬴，于是大摆宴席，等宾客都坐定后，他带着马车，空着御手左侧这一尊贵的位置，亲自去请侯嬴上车赴宴。侯嬴也不客气，穿戴着自己日常的旧衣冠，大剌剌地坐在上首，借此观察魏公子。魏公子更加恭敬了，握着缰绳毫无不舒服的表现。侯嬴说：我还有个朋友，在市场从事屠宰行业，能不能委屈您载我过去和他说句话。魏公子二话不说，驾车到了市场。侯赢下车后，和友人朱亥说个没完，偶尔斜眼观察驾车的魏公子，发现他神色更加谦和了。

想一想这个场景：魏国的将相宗室、满堂贵客端坐等候，市场中各色商贩行人放下手中的活计瞧着这出好戏，跟随魏公子来的车驾随从无不在心里暗骂侯赢没眼色。焦急、迟疑、犹豫、埋怨、不快——所有这些本应该出现在魏公子脸上的神情，一概没有出现。他甚至表现得更加谦恭有礼了，耐心地等着侯赢和他的屠夫朋友把话说完。

这是在传达什么意思呢？就是全魏国的人也不如你重要，甚至我自己的荣辱毁誉也不如你重要。魏公子愿意等待这一个人，魏无忌的眼中只有这一个人——侯赢。

侯赢觉得火候差不多了，于是和朋友告辞，上车来到魏公子家。魏公子引侯赢上坐，向宾客称赞说，今天我迎来了一位了不得的隐士。宾客皆惊。酒酣，公子起身向侯赢敬酒祝福。侯赢说："我今天够难为你的了。我不过是个守门人，公子却亲自带着车骑，于稠人广坐之中迎接我。我想成就公子的名誉，便让公子久久地等候我。我看到公子不以为忤，反而更加恭敬了。市场中的人都知道我是小人，而公子是真正的长者。"

这番话显示出侯赢不是浪得虚名之辈，他够得上是真名士。战国秦汉士风与魏晋南朝士风不同。战国秦汉士风，是做得多、说得少；魏晋南朝士风，是说得多、做得少。做得多说得少，需要在事情上考验。说得多做得少，当时就可以看到效果。看起来，似乎时代越后，人们的耐心越低，希望马上就得到声誉的野心越大。如侯嬴等辈，如果到魏晋以降生活，可能终身监门，一生不得知己。

侯嬴向魏公子推荐屠户朱亥，说这可是个人才，别人都看不出来，我特地向您推荐。魏公子多次去邀请朱亥，但是朱亥从不回应，魏公子感到很诧异。

很快，验证魏公子结交士人价值的机会来了。魏安釐王二十年（前257年），秦军围困邯郸，赵国灭亡在即。魏赵两国，唇亡齿寒。魏国派兵十万救赵，而秦国使者来报说：谁救援赵国，秦灭赵之后，就把谁当作下一个目标。魏王犹豫，魏国震恐。

魏公子无奈。他决定组织宾客迎击秦军，与赵俱死。过夷门时，见到侯生，魏公子陈说了自己一去不返的决心。侯生说：公子努力，我年纪大了，不去了。公子带领车驾前行数里，内心不快："天下人都知道我待侯生仁至义尽。我如今去赴死，侯生却没有一言半语送我，难道我有什么不对的地方吗？"于是魏公子折返回去追问侯生。侯生说：我就知道您会回来的。有句话相赠：现在您去与秦军作战，如同自杀，有什么好处？我听说魏军主将晋鄙的兵符在魏王的卧室，魏王最宠爱的如姬有能力将兵符偷出来。听说如姬的父亲为人所杀，如姬欲报父仇三年都没成功，后来靠您的帮助才报了仇。您有这层关系，为何不略加利用呢？

魏公子如愿得到了兵符。侯嬴对公子说：带上朱亥吧，如果晋鄙不认兵符，就让朱亥把他除掉，夺来兵权。听了这话，魏公子开始哭泣。侯嬴问：你胆怯了吗，何故哭泣？魏公子说：晋鄙是我大魏的老将了，肯定不会相信我，一定会被杀，我为我国痛失大将而惋惜。魏公子带着朱亥向侯嬴告别。侯嬴说：我应该跟您去，可是年纪大了，走不动了。等估摸着您到了晋鄙的军营中，我会自杀以报公子之恩。

此后一切，果然如侯嬴所预料。晋鄙死，魏军出，赵围解。魏公子因为叛国，只能留在赵国了。

读史到这里，不能不有所警觉。以侯嬴为代表的魏国游侠，重视名誉，重视气概，也重视友谊。他们深度参与到国政的决策和执行中，凭借自己的价值判断，推动了历史的走向。谁能想到，一个守门人，一个屠户和一个君主宠幸的姬妾，结合起来就是发动魏国军事力量的钥匙呢？侯嬴虽口口声声称自己为"监门人"，可自从信陵君大张旗鼓地宴请他以后，其在魏国应无人不知、无人不晓了。我想，当时人对游侠之流深度参与国政是有所警惕的，这也就是本章一开始韩非对游侠激烈批评的原因吧。

信陵君窃符救赵的故事，因为司马迁塑造人物形象的鲜活和情节的曲折，还被收入了中学语文教材。但凡接受过基本国民教育的人，对信陵君和侯嬴的故事都应有所了解。不过赵围之解在《史记》中还有另外的版本。

《史记·春申君列传》记载，秦军围困邯郸时，"楚使春申君将兵往救之，秦兵亦去，春申君归"[①]。按照此处司马迁的语气，秦军是自行撤离，秦楚之间没有发生大的冲突。同书《白起列传》的记载就更清楚了。秦国以王龁为主帅包围邯郸。"楚使春申君及魏公子将兵数十万攻秦军，秦军多亡失"。此前，秦国最有盛名的将

---

① 《史记》卷七八《春申君列传》，第2395页。

军白起对此次邯郸之围表示反对，他曾说：

> 邯郸实未易攻也。且诸侯救日至，彼诸侯怨秦之日久矣。今秦虽破长平军，而秦卒死者过半，国内空。远绝河山而争人国都，赵应其内，诸侯攻其外，破秦军必矣。不可。[1]

白起认为，长平之战秦国虽胜，却也伤亡惨重，此次围困邯郸，在赵国与外援诸侯合力的情况下，秦国必败。白起的话是实情，但也由来有自。他本希望挟长平之战之威，一鼓作气围邯郸而灭赵。不过时任秦相的应侯范雎嫉妒他功劳太大，予以阻拦，由此灭赵战役延宕了两年。此时白起暗暗重提说："秦不听臣计，今如何矣！"[2]秦昭王恼怒，令白起担任统帅灭赵。白起称自己快病死了。应侯范雎去请白起出山，白起不理。秦王于是直接将白起免为士伍，撵出咸阳，又派人令他自裁。白起之死，秦人以为死非其罪，乡邑间皆有祭祀。

上述记载提供了信陵君窃符救赵的另一面。救赵的主力是楚国。当时楚国是诸侯中最有力量和秦抗衡的国家。楚国此前还担任过诸侯的合纵长，是历史上的诸侯盟主，如同春秋的霸主一样。魏国既没有实力主动救赵，也没有资格挑头救赵，只能追随在楚国身后。而楚国也没有和秦国直接发生大的冲突。邯郸围解，源于秦军自退。

---

[1]　《史记》卷七三《白起王翦列传》，第2336—2337页。

[2]　《史记》卷七三《白起王翦列传》，第2337页。

秦军之退，有两个原因。其一是秦国经过长平之战，确实元气大伤。现在要灭赵虽易，然而与楚、魏两国同时开战，却无必胜的把握。即便获胜，也会使空虚的国力雪上加霜。以疲敝之秦，得无益之赵，启楚、魏觊觎之心，奉行现实主义政策的秦国君臣必不如此行事。

其二是白起之死，对秦军军心的影响太大。白起是秦昭王时代最主要的秦军主将。他纵横沙场三十余年，主导了秦昭王时代秦的大肆扩张。如果阅读《史记·秦本纪》，这一过程可以看得很清楚。出土文献中，也有与之相关联的佐证。

我们将目光转向当代的湖北省云梦县。1975年11月至1976年1月，湖北省博物馆及若干考古单位在此联合发掘12座秦墓。其中11号墓出土了1150多枚竹简，是关于秦的直接历史记录。其中的《编年记》竹简，共53枚，逐年记述了秦昭王元年（前306年）至秦始皇三十年（前217年）统一六国的战争，简中还涉及墓主人喜及其家人的情况。单支竹简长约23.2厘米、宽0.6厘米的形制说明，这是一种常用的记录材料。后来学者根据其他简牍的篇题，命名此卷秦简为《叶书》。"叶书"一名反映了简牍的形制，而"编年记"一名反映了简牍的内容。这份材料很清楚地揭示了秦昭王时期的历史动态：

昭王元年。

二年，攻皮氏。

三年。

四年，攻封陵。

五年，归蒲反。

六年，攻新城。

七年，新城陷。

八年，新城归。

九年，攻析。

十年。

十一年。

十二年。

十三年，攻伊阙。

十四年，伊阙。

十五年，攻魏。

十六年，攻宛。

十七年，攻垣、枳。

十八年，攻蒲反。

十九年。

廿年，攻安邑。

廿一年，攻夏山。

廿二年。

廿三年。

廿四年，攻林。

廿五年，攻兹氏。

廿六年，攻离石。

廿七年，攻邓。

廿八年，攻□。

廿九年，攻安陆。

卅年，攻□山。

卅一年，□。

卅二年，攻启封。

卅三年，攻蔡、中阳。

卅四年，攻华阳。

卅五年。

卅六年。

卅七年，□寇刚。

卅八年，阏舆。

卅九年，攻怀。

卌年。

卌一年，攻邢丘。

卌二年，攻少曲。

【卌三年。】

卌四年，攻大行。·□攻。

卌五年，攻大墅王。十二月甲午鸡鸣时，喜产。

卌六年，攻□亭。

卌七年，攻长平。十一月，敢产。

卌八年，攻武安。

【卌久年】，□□□。

【五十年】，攻邯郸。

五十一年，攻阳城。

【五十二】年，王稽、张禄死。

【五十】三年，吏谁从军。

五十四年。

五十五年。

五十六年，后九月，昭死。正月，速产。[①]

根据这份时间表，可以清晰地看到，秦昭王在位期间，秦国只有少数的几年没有对外作战。如果将《史记·白起列传》最初的记载摆出来，读者能更清楚地意识到当时战争的残酷：

> 昭王十三年，而白起为左庶长，将而击韩之新城。是岁，穰侯相秦，举任鄙以为汉中守。其明年，白起为左更，攻韩、魏于伊阙，斩首二十四万，又虏其将公孙喜，拔五城。起迁为国尉。涉河取韩安邑以东，到干河。明年，白起为大良造。攻魏，拔之，取城小大六十一。明年，起与客卿错攻垣城，拔之。后五年，白起攻赵，拔光狼城。后七年，白起攻楚，拔鄢、邓五城。其明年，攻楚，拔郢，烧夷陵，遂东至竟陵。楚王亡去郢，东走徙陈。秦以郢为南郡。白起迁为武安君。武安君因取楚，定巫、黔中郡。昭王三十四年，白起攻魏，拔华

---

① 睡虎地秦墓竹简整理小组编：《睡虎地秦墓竹简》，北京：文物出版社，1990年，第3—7页。

阳，走芒卯，而虏三晋将，斩首十三万。与赵将贾偃战，沉其卒二万人于河中。昭王四十三年，白起攻韩陉城，拔五城，斩首五万。四十四年，白起攻南阳太行道，绝之。[①]

《编年记》中所有的战役，《白起列传》都有所记载。这当然表明，秦朝的官方记录和民间的记录有着惊人的统一性。甚至可以说，秦墓中出土的《编年记》，一定是抄录了一份秦国的官方历史记录而完成的。《编年记》中"廿八年，攻□"，据白起本传，空缺的字应该是"郢"字。郢是楚国首都。白起攻占此地，致使楚国迁都于陈。可以说，这是近乎灭国的大事件。楚迁都于陈，直接导致了后来反秦战争发源于淮河流域而非楚国故地汉水流域。长平之战后，白起乘势再围邯郸，则是造成了灭另一国的大态势。如果白起灭了赵国，则他的功劳就太大了。

虽然《白起列传》中将白起之死归咎于应侯范雎的警惕，可是从态势上看，真正提防白起的是昭王。白起的功劳大到无以复加，这是人主所忌惮的，白起也因此失败。

与白起有相似命运的是魏公子信陵君。他窃符救赵之后，深知自己不能为魏国国君所容，故而客居赵国十年。此后秦攻魏，信陵君返魏任上将军，联合五国诸侯兵大败秦军，一度逐北至函谷关，秦兵不敢出。立有如此大的功劳，信陵君没有赢得封赏，而只得到了国君的忌惮。信陵君因此自废，日夜饮酒，多近妇女，这样只过了四年就病酒而卒了。

---

① 《史记》卷七三《白起王翦列传》，第2331页。

《史记·魏公子列传》在信陵君死后，用克制到近乎残酷的笔触写道：

> 秦闻公子死，使蒙骜攻魏，拔二十城，初置东郡。其后秦稍蚕食魏，十八岁而虏魏王，屠大梁。[1]

很难说司马迁心中没有一种宿命论的想法。信陵君一定知道他的权势太大，处在这样的位置，要么取魏君而代之，要么自我了断，绝没有第二条路可以走。物忌盛满，魏公子名曰无忌，却也处理不好名与实的关系。这实在是千古难解之题吧。

刺客与间谍

有两类独特的游士，他们的隐藏身份是刺客和间谍。因其深度参与了历史，但又潜藏在历史之下，不能不引发人们的兴味。

最著名的刺客是荆轲。荆轲是卫人。不过他的祖先是齐人，后来迁徙到了卫国。卫国是周武王弟弟康叔的封国，是最纯粹的姬姓国。在当时，鲁国和卫国是实践周礼的标杆，其他诸侯国如果想学习周礼，就得来这两个国家。商鞅变法之后，商鞅曾沾沾自喜地说：我刚到秦国的时候，这里就是一片蛮夷的土地，看看现在经过我改革之后，国家已经"营如鲁卫"矣。连商鞅这么自信的人，施政改革都得拉出卫国比拟一番，足见这个国家当时有过人之处。多

---

① 《史记》卷七七《魏公子列传》，第2384页。

说一嘴的话，秦统一六国时，卫国并没有被灭亡。直到秦二世的时候，卫君角被废为庶人，卫国才灭亡了。换句话说，秦统一的时候，卫国好像是以周的一块保留地的资格，留存下来了。卫国应该是非常安静、驯顺的国家，故而能够在秦统一后仍存在。就此也能看出，卫国在当时非常特殊。

这样安静、驯顺的国家，为什么会出现荆轲这样有名的刺客呢？看来似乎和荆轲的祖上是齐人有关。司马迁记录齐人的风俗是"怯于众斗，勇于持刺，故多劫人者"①。我们推测，荆轲家族虽然迁徙到了彬彬有礼的卫国，却保留了齐国人的血性和莽撞。

荆轲的爱好是"读书击剑"。一文一武，是游士的典型做派。他"以术说卫元君"，也想走游说人主以谋取功名之路。不过在安静、驯顺且弱小的卫国，他的这套见解没什么用。不被卫君接受，荆轲决定远游。

荆轲曾经游历到榆次，和盖聂论剑。盖聂的来路不清楚，看起来也是一位游侠。两人的交流很不愉快，盖聂瞪了荆轲。荆轲走了。有人说，把荆轲叫回来再谈谈吧。盖聂说：我瞪了他，他不会回来了。果然，有人去找荆轲，发现荆轲已经离开榆次了。

为什么被瞪了一眼就要离开呢，是荆轲自尊心太强了吗？或许吧，不过游士发展到荆轲这种程度，就已经是游侠了。和游士不同的是，游侠更侧重武的方面。游侠彼此之间最好不要有激烈的眼神交流，如果有，后果往往以流血收场。用荆轲的乡亲孟尝君的例子

① 《史记》卷一二九《货殖列传》，第3265页。

说明吧。有一次，孟尝君到赵国平原君府上做客。有赵国人好奇孟尝君的样子，他们围观了之后议论说：我们以为孟尝君是个大个子伟丈夫，现在看到他不过是个瘦小的男人。这样从外观上的揶揄评价，触犯了孟尝君的尊严。孟尝君率领他的宾客们将嘲笑他的人杀光了，甚至灭了一个县才离开。

赵国人总因为嘲笑别人长相吃苦头。平原君家里有栋楼与邻居紧挨着，从楼上能看到邻居家的情况。一天，平原君的美人从楼上看到邻居家的跛子取水，步履蹒跚的样子看着很吃力。美人哈哈大笑。第二天，跛子邻居来找平原君说：我听说你很喜士，士人不远千里都来投奔你，因为你贵士贱妾。现在我因为肢体残疾，被你后宫的美人嘲笑，我想要这美人的人头。平原君虽然当面答应了他，却认为这个要求太过分而没有履诺。过了一年多，平原君门下的宾客流失过半，他很奇怪，问其原因。有一名宾客说：君爱色贱士，所以士都离开了。平原君于是斩美人头，亲赴邻家道歉，这才重新聚拢了宾客。

再往前追溯，三晋人也吃过齐人的嘲笑。《左传》记载，鲁宣公十七年（前592年），晋侯派遣郤克出使齐国。齐顷公"帷妇人使观之。郤子登，妇人笑于房"。郤克非常生气，当即返回晋国。过黄河的时候，他指大河为誓，说："所不此报，无能涉河。"①《史记·晋世家》的记载更详细一点。观看郤克的是齐顷公的母亲萧桐侄子。当时来齐国出使的还有鲁国和卫国的使者。这三位使者，

---

① 《春秋左传正义》卷二四《鲁宣公十七年》，（清）阮元校刻：《十三经注疏》，北京：中华书局，2009年，第4100页。

"郤克偻，而鲁使蹇，卫使眇"，分别有佝偻、跛足和目盲的残疾。齐顷公故意安排有同样残疾的人引导他们三人觐见，形成了突出的喜剧效果。齐君母亲很是开心。不过这种效果对于重视名节的贵族来说毋宁是一种侮辱。《史记》中郤克的誓言是"不报齐者，河伯视之"①。两个记录反映出这件事在当时流传很广，形成了不同的版本。今天读来，以《左传》的记录更古朴，也更深刻，给人一种金石般的硬冷感。三年后，郤克果然找到机会，与齐国在鞌——也就是今天的济南，打了一场大仗。郤克一雪前耻，令齐国求和。

插一句嘴，济南华不注山，就是鞌之战中一处交战地点。齐国大夫逢丑父为了保护齐顷公，自愿与顷公换装换车，吸引晋军跑到华不注山。逢丑父以自己的被俘换来了国君的生存，这种义举令敌人也相当钦佩。后来李白登华不注山，留下了古风一首：

> 昔我游齐都，登华不注峰。
>
> 兹山何秀俊，绿翠如芙蓉。
>
> 萧飒古仙人，了知是赤松。
>
> 借予一白鹿，自挟两青龙。
>
> 含笑凌倒景，欣然愿相从。

李白笔下只有从赤松子游的逍遥愉快，再见不到此地金戈铁马的激越情怀了。

自春秋以降，贵族们在意自己是不是受到了合乎礼节的尊重，

---

① 《史记》卷三九《晋世家》，第1677页。

形成了一种根深蒂固的传统。即便贵族们落魄了，成了普通的游士，四海周行，寄人门下，他们也不愿意被人用眼神鄙视。反过来说，他们不愿意在气势上输给对方。当然，这也形成了一种默认的习俗，瞪人或者被人瞪，就意味着决斗即将开始。展开决斗或者逃离决斗，都应该尽快决定。

荆轲在盖聂面前选择了逃亡。之后他又到了邯郸，遇到了一个叫鲁勾践的人。两个人一起玩六博，为着谁先谁后的事又吵了起来。鲁勾践"怒而叱之"，荆轲看情况不妙，"嘿（默）而逃去"。就是一句话不说便逃走了。

经过这两件事，荆轲的形象总谈不上高大，甚至怀着卑鄙的猥琐。他的人生境遇发生转折，是从被选定刺秦开始的。

荆轲一路旅行到了燕国，与高渐离做了朋友。高渐离擅长击筑。荆轲和高渐离天天在燕国市上喝酒，喝醉了就唱歌，唱痛快了就哭泣，旁若无人。虽然荆轲的表现很"非主流"，但是他还有两个优点，一个优点是"沉深好书"，另一个优点是他不管去哪国游历，都和"贤豪长者相结"，包括燕国的处士田光先生，也非常赏识他。这两点说明什么呢？前者，说明荆轲并不像他看起来那样只重意气，放浪不羁，而是有一种来自阅读的思考在头脑中。他之所以不和人轻易地决一雌雄，应该是对自己的性命有着很重的期待。后者，说明荆轲知道怎样才能在乱世中成就一番事业，也就是自己的有用之躯，如何尽其所用。综合来看，荆轲是一个对时代有着观察和自己的判断的人。故而，他不是一个有勇无谋之辈。

曾经在秦国作人质的燕国太子丹逃回来了。太子丹和秦王政，也就是后来统一天下的始皇帝，小时候都在赵国做人质。那时候两人关系很好。可能就是看重这一点，燕国将太子丹又送去秦国做人质。已经是秦王的嬴政，对老朋友不是很友好，也可能是老朋友有点敏感，现在已经说不清楚了。太子丹跑回燕国，要找人替他向秦王政报仇。《史记》上说，"丹怨而亡归。归而求为报秦王者，国小，力不能"①。请注意，此时，燕太子和秦王之间只有个人恩怨，而无国仇家恨。

随着秦国日渐蚕食诸侯，燕国君臣开始惶恐不安，担心大祸将至。又过了一阵子，秦国有个将领名叫樊於期，因得罪秦王而逃亡到燕国，太子丹收留了他。太傅鞠武说：此人不可留，留则会遭受秦国的报复，不如把他送去匈奴灭口，再约三晋、齐、楚诸侯会盟，与单于联合攻秦。太子丹说：老师您的计策旷日持久才能实现，我等不及了。樊於期走投无路，投靠于我，我不能迫于秦的压力就抛弃他。这里看，燕国的君臣都没有什么长远的打算。太傅的计策的确迂曲，而太子丹呢，又是一个重个人感情而不重国家大政的人。

太子和太傅争执不下，太傅说：田光先生"智深而勇沉"，不如请他谋划。田光说：我如今精力已经衰竭，不过我知道一个了不起的人物，叫荆卿，不如请他和太子交流一下。太子同意了，田光于是去请荆轲，太子叮嘱说：我和先生说的是国家大事，请先生不要和别人讲。田光见到荆轲，将来龙去脉说了一遍，请求荆轲去

---

① 《史记》卷八六《刺客列传》，第2528页。

拜见太子，然后说：太子嘱咐我不要泄露国家大事，分明是不信任我，"为行而使人疑之，非节侠也"①。于是田光便自杀了。

田光提到了"节侠"，说明他以侠客自居。太子、太傅以及荆轲等辈都因为田光联系在一起，至此侠客成为主导燕国国政的重要力量。

荆轲将田光的死讯和遗言告诉太子，太子"再拜而跪，膝行流涕"，之后向荆轲讲了自己的计划，意思是想请荆轲刺杀秦王，而后秦国必然内乱，这时诸侯联合，趁机击秦，一定能成功。荆轲就此留在太子丹门下，享受富足的生活，等待赴死。

不知读者是否注意到，太子和荆轲的思考非常简单。面对秦国统一的大趋势，他们仍然用春秋时期的思想去考虑。历史的车轮转动起来，是否一两个主要人物性命的终结，便能使它停止呢？或许会有一点作用。不过即便不是秦国，燕国怎么能保证，秦国内乱之后，楚国或者赵国不会接过统一的使命，灭掉燕国呢？读史至此，每每有一种深深的无力感。以太子之尊，荆轲之深沉，尚且不能意识到时代已经转变，不能预见到秦的统一已经无法阻挡，那么作为生活在时代大潮中的普通人，又何以自持，何以立身呢？

后面的故事发展读者都很熟悉了，这里不再浪费笔墨。不过可以举另一个间谍的例子，供读者参考。

《史记·河渠书》记载了另一个小国韩国，为了延迟秦国的统一进程，所做的努力：

---

① 《史记》卷八六《刺客列传》，第2530页。

> 韩闻秦之好兴事，欲罢之，毋令东伐，乃使水工郑国间说秦，令凿泾水自中山西邸瓠口为渠，并北山东注洛三百余里，欲以溉田。中作而觉，秦欲杀郑国。郑国曰："始臣为间，然渠成亦秦之利也。"秦以为然，卒使就渠。渠就，用注填阏之水，溉泽卤之地四万余顷，收皆亩一钟。于是关中为沃野，无凶年，秦以富强，卒并诸侯，因命曰郑国渠。①

派遣一个间谍鼓动强邻开展大规模水利工程，希望借此消耗掉它的国力，这个想法和前面燕太傅要将樊於期送去匈奴一样，都属于极为迂曲的做法。不过，水工郑国兴修水利的活动确实被秦国认可了，甚至还加速了秦富国强兵统一六国的进程。历史如此吊诡，是韩国和秦国都想不到的。

派遣刺客和间谍，在人类历史上是屡见不鲜的行为了。放在战国末期秦统一六国的潮流中来考察，这些做法显得那么另类和格格不入，却又让人有着足够的理解和同情。历史虽然常常由胜利者书写，但历史的读者总是会同情弱者。或许是很多人内心深处都有这样一种体验：强者固然值得仰慕，但弱者往往反映了人的本性，故而更能生出共情的感触吧。

---

① 《史记》卷二九《河渠书》，第1408页。

第二章

秦时：力政争强

从商鞅变法到秦末，历史进程加速推进，游士与游侠的表演更加丰富，呈现出的性格也更为多元。历史转折如同投入水中的石块，总能扰动看似澄澈的一切，进而将各色泥沙分层铺排。

再造文明的尝试

如果说三家分晋是春秋和战国的分界点，那么商鞅变法可以视作战国前后期的分界点。此前，战国时代的霸主是魏国和齐国，而此后战国历史则围绕着秦国的崛起而展开。讲述秦末游士与游侠的历史，不能不回顾这一段秦国崛起的历史；而回顾秦国崛起的历史，又不能不从其起点即商鞅变法讲起。不妨先给商鞅变法下个评断：这是一场再造文明的尝试，从此以后，中国古代的政治文化发生了急剧的变化。

《史记·秦始皇本纪》是保存贾谊《过秦论》的一个文献源头。在贾谊的文集《新书》中的《过秦论》有三篇，《秦始皇本纪》收录的是其上篇。司马迁选中《过秦论》作为《秦始皇本纪》的结尾，表明他认可了贾谊的历史眼光，也可以说他对秦统一和灭亡历史的整体态度，没有超出贾谊的理解。《过秦论》以秦孝公任用商鞅变法开篇，是人们耳熟能详的经典开头：

> 秦孝公据殽函之固，拥雍州之地，君臣固守而窥周室，有席卷天下，包举宇内，囊括四海之意，并吞八荒之心。当是时，商君佐之，内立法度，务耕织，修守战之备，外连衡而斗诸侯，于是秦人拱手而取西河之外。①

这段材料，将秦孝公即位时的态势描写得非常具体生动。此外，《史记·秦本纪》中还有另外一种描写：

> 孝公元年，河山以东强国六，与齐威、楚宣、魏惠、燕悼、韩哀、赵成侯并。淮泗之间小国十余。楚、魏与秦接界。魏筑长城，自郑滨洛以北，有上郡。楚自汉中，南有巴、黔中。周室微，诸侯力政，争相并。秦僻在雍州，不与中国诸侯之会盟，夷翟遇之。②

当时秦国的困境在于因地理位置偏僻及风俗问题而被中原各国看作

---

① 《史记》卷六《秦始皇本纪》，第278—279页。
② 《史记》卷五《秦本纪》，第202页。

夷狄。所以秦孝公甫一即位，就用秦穆公故事激励国中，称要继承先君献公遗志，向东进取。

如果回顾秦献公以前的秦史，诚如秦孝公所说，"会往者厉、躁、简公、出子之不宁，国家内忧，未遑外事，三晋攻夺我先君河西地，诸侯卑秦，丑莫大焉"①。不过献公在位期间，秦国曾两次大胜魏国，其中一次还得到了周天子"贺以黼黻"的赏赐②。献公还徙治栎阳，要恢复秦穆公的故业，进取的态势可见一斑。秦孝公号令国中所陈说的秦国历史，以及营造的秦国正处于危急时刻的氛围，有着相当程度的宣传鼓动意味。将此作为商鞅变法前夜的秦国实态，尚有失偏颇。

秦献公十年（前375年），已经实行了"为户籍相伍"的改革办法③。户籍制度并不能孤立存在，它必然与郡县制度相配合④。虽然献公六年（前379年），曾经开始推广县制，但尚不能证明这种县制和商鞅变法以后的县制完全等同。不过可以肯定，献公时代国家加强了人口控制；他改革的目的在于增加秦国国君手中直辖的人口，进而建立中央集权政权。类似做法是与周代封建制度迥然不同的新产物。其结果，就是秦对魏的两次大胜，以及周太史儋为秦献公带来的"周与秦国合而别，别五百载复合，合十七岁而霸王出"

---

① 《史记》卷五《秦本纪》，第202页。

② 同上书，第201页。

③ 《史记》卷六《秦始皇本纪》，第289页。

④ 西嶋定生论述爵制的建立，与郡县制的推广密不可分。而郡县制的设立，又必然依赖户籍制度的实施。可参考［日］西嶋定生著，武尚清译：《二十等爵制》，北京：国际文化出版公司，1992年，第392—401页。

预言①。

换言之，秦献公留给秦孝公的秦国，绝非一个弱国，而是一个在战国并争的时代经过初步改革而崭露头角的新兴国度。它首先需要的是继续加强国君对政权和军事的控制，提升国力，造成对其他诸侯国的压力态势。秦献公已经开创了一条改革道路，并取得了初步成果。

《史记》描摹了另一种更为紧迫的历史形势。按照司马迁的说法，秦孝公时面临的最主要的困境，是各国对秦国文化的鄙薄。改变这种局面，需要在国际交往中谋得他国的认同。延伸开去，秦国更需在对外征服中减少占领地民众的摩擦与反抗。当然，武功必以文德继之的问题，在秦献公时代虽然已经出现，此刻尚不明显，还不足以成为秦国迫切确立的国策需要解决的问题。受到诸侯"夷翟遇之"的秦国，要解决的是东方的歧视问题。《史记》陈说的历史情势固然不错，后来的秦国国策转化也与之相关。

秦国与东方各国在文化上的冲突，其解决之路在政治，办法就是富国强兵，建立一种新的秦制与秦文明。

秦汉时代两位雄才大略的君主——秦始皇和汉宣帝都曾提出对周代政治文化即周政的反思。两个时代虽相隔久远，却反映出统一王朝在政治文化上的共同性认识——如何处理法律与风俗、效率与公平、对内维持稳定与对外保持征伐等等矛盾之间的关系。本质上，这是处在历史早期的王朝探索专制皇权和国家的治理体制与权

---

① 《史记》卷四《周本纪》，第159页。

力限度的尝试。秦取周而代之，对周政采取了批评的意见；汉取秦而代之，对秦政却保持一定程度的欣赏。秦汉的同质性远大于差异性，它们对周政的共同反思，又透露出早期国家建设的基本考虑。

秦初并天下时，有人建议仿效周的统治模式，通过分封王子镇抚远方六国故地。李斯说："周文武所封子弟同姓甚众，然后属疏远，相攻击如仇雠，诸侯更相诛伐，周天子弗能禁止。今海内赖陛下神灵一统，皆为郡县，诸子功臣以公赋税重赏赐之，甚足易制。天下无异意，则安宁之术也。置诸侯不便。"始皇帝认同此意见说："天下共苦战斗不休，以有侯王。赖宗庙，天下初定，又复立国，是树兵也，而求其宁息，岂不难哉！"①这段材料人所共知，由此秦朝确定了郡县制，奠定了后代统一王朝的基本央地关系格局。

汉宣帝批评喜好儒学的太子说："汉家自有制度，本以霸王道杂之，奈何纯任德教，用周政乎！且俗儒不达时宜，好是古非今，使人眩于名实，不知所守，何足委任！"②这段材料同样为人所共知。汉宣帝明确了汉朝继承秦朝的文法之治，又将其发扬为儒表法里的"霸王道"。秦建立的另一套因应统一王朝的制度，即自上而下的官僚体系、文书行政制度和律令体系，都被汉所继承。

汉所继承的秦政，并不是自秦统一那一刻才开始建设的，而是伴随漫长的统一战争逐渐形成的。它与周政比较起来，有明显的区别。

---

① 《史记》卷六《秦始皇本纪》，第239页。
② 《汉书》卷九《元帝纪》，第277页。

周政是宗法之政、王道之政、儒生之政, 它建立的根基是以血缘为基础的宗法制, 以此生发出封建制, 维持其运转的政治制度是礼乐等级制度, 讲究尊尊亲亲, 长幼有序, 上下有差, 本质上是一种尊重传统、关注风俗、提倡公平的制度。秦政是郡县之政、霸道之政、名法之政, 它建立的根基是以战争为基础的军功爵制, 配合战争形成的郡县制, 维持其运行的政治制度是文书与法律制度, 讲究按功授爵, 君主集权, 臣下听命, 本质上是一种尊重能力、关注实际、提倡效率的制度。特别要指出的是, 周政的话语体系中, 王国建立的根源是天命赋予之"德", 而秦政中, 国运的兴衰更主要依赖于战争中的胜利。秦政与周政的不同, 反映出两种政治文化植根的社会土壤之间的差异。

商鞅为秦国建立的国策, 从短期看, 就是要解决秦国如何崛起的问题, 包括重法, "不贵义而贵法"; 重农, "使民朝夕从事于农也", "止浮学事淫之民壹之农, 然后国家可富而民力可抟也"; 分职定名, "治治不治乱"等①。但是从长期看, 商鞅必须以东方人特别是从先进国家魏国带来新思路的引领者的身份出现, 他要告诉秦君和秦人, 秦国如何能够成为取代周的天下共主。这个长期国策的核心, 是"变革"和"力争"。

《商君书·更法》载公孙鞅: "圣人苟可以强国, 不法其故;

---

① 蒋礼鸿撰:《商君书锥指》卷四《画策》、卷三《壹言》、卷一《农战》、卷五《定分》, 北京: 中华书局, 1986年, 第113页、60页、25页、146页。

苟可以利民，不循其礼。"①此说与商鞅在御前会议上和甘龙、杜挚辩论时所说的"民不可与虑始而可与乐成"，以及"三代不同礼而王，五伯不同法而霸"大同小异，换言之就是强调"治世不一道，便国不法古"②。同样的观点，在《商君书·壹言》中表达为"夫圣人之立法化俗而使民朝夕从事于农也，不可不知也"；"故圣人之为国也，不法古，不修今"。最后，他总结道："故圣王之治也，慎为察务，归心于壹而已矣。"③

　　上述观点核心在"变革"，历来学者无异议，本文也不多做重复。需要重新明确之处是，前贤往往多以商鞅反对的是秦国旧贵族的守旧观念④。不过深思商鞅主张，或许还包括对周人政治文化，特别是历史观的否定。

　　春秋时期，秦人认同周人的天命观，认为得天之佑才可立国，延续国运。比如秦武公之《秦公镈》"我先祖受天令，商宅受国"；《秦公簋》"丕显朕皇祖受天命，鼎宅禹绩"等资料，都说明秦人与周人共享一套价值体系和历史观念⑤。《左传》中多次出现某国"惟天所授"的字样，又表明了诸侯觊觎周王室地位的野

---

① 蒋礼鸿撰：《商君书锥指》卷一《更法》，第3页。此篇中因为出现了"孝公"字样，高亨判断成于商鞅死后。高亨：《商君书注释》之《商君书作者考》，北京：中华书局，1974年，第16页。

② 《史记》卷六八《商君列传》，第2229页。

③ 蒋礼鸿撰：《商君书锥指》卷三《壹言》，第60页、62页、63页。

④ 《商君书·更法》中甘龙提到"今若变法，不循秦国之故"，此说为《史记·商君列传》不载。蒋礼鸿撰：《商君书锥指》卷一《更法》，第3页。

⑤ 罗新慧：《周代天命观念的发展与嬗变》，《历史研究》2012年第5期。

心，但是他们凭借的，也是周人建立的天命观。

按照这种观点，随着"德"的兴盛与衰亡，天命将在各个氏族间流转变迁。比天命观稍晚出现的天道观，认为天象运行决定国运兴衰①。天命观体大空疏，天道观具体实在，但是两者需要特定的表征加以佐证。拿天命转移来说，《左传》中虽然记载了很多诸侯不臣周王的例子，而能够取而代之的却一个也没有。战国以前，能够证明天命转移的例子只有两个，便是"汤武革命"。而"革命"一词与汤、武相连，也仅见《子夏易传》"革"卦。学者多以《子夏易传》确为先秦古《易》传本②。即便如此，将"汤武"与"革命"相连，也仅能定为春秋与战国之际的观点，还并没有被当时的学术界广泛认同和接受。真正将"汤武革命，顺乎天"作为《易》言，是到了《白虎通义》那里③。汉儒所谓的"《易》曰"，实为《子夏易传》所言。故而，天命转移，在春秋战国时期即便被提出，也并不具备特别大的可行性，仅仅是以周代商的历史解释面貌出现的一种观念。天道观的实践也存在困难。天道观要以天象运行与地上诸侯国分野相配合，方能解释国运兴衰。倘若天象不利于秦，或者天

---

① 拙作《天命、天道与道论：先秦天人关系理论的形成与发展》，《史学理论研究》2021年第2期。

② 刘玉建：《〈子夏易传〉真伪考证》，《山东大学学报》1995年第4期；刘大钧：《今、古文易学流变述略——兼论〈子夏易传〉真伪》，《周易研究》2006年第6期；程洁如：《〈子夏易传〉流传与版本考》，《国学学刊》2016年第1期。

③ （清）陈立撰，吴则虞点校：《白虎通疏证》卷七《圣人》，北京：中华书局，1994年，第336页。

象要很久之后才能运行出对秦有利的局面，秦人只能被动接受吗？对于处在上升阶段且野心勃勃的秦国来说，以之锦上添花则可，以之作为国政指南，也显得太过迂曲了。

商鞅反驳甘龙时提到"三代不同礼而王，五伯不同法而霸"①，《史记》和《商君书》的记载一致。他在反驳杜挚时提到了更丰富的历史信息，所谓"伏羲、神农教而不诛，黄帝、尧、舜诛而不怒。及至文、武，各当时而立法，因事而制礼"，"汤、武之王也，不修古而兴，夏殷之灭也，不易礼而亡"②，《史记》只约略保留了后面一句。虽然《更法》篇是商君故后门客所作，然而将其与《商君列传》的记载对读可以判断：即便《更法》没有完全依据商鞅在御前辩论的实录，也应该反映了商鞅本人的见解。后人整理商鞅相关文献，就算夹杂了新的要素，可能也与商鞅的思想有着密切的亲缘关系。

在这段论述中，商鞅以上古殷周的贤君明主为例来说明变法强国的道理。倒不是商鞅更认可殷周，不过是用历史来譬喻现实罢了。引用历史陈说今日，是战国时代常见的做法。商鞅所论，形式与东方习见的模式看似接近，而其实质却大异。

商鞅的确带来了东方的文明，但更主要的，他是以东方文明——传统的周代礼乐制度的批判者面貌自居。他带来的东方文明，是受批判的文明。对于与东方文明本有隔阂的秦人来说，用批判的态度审视东方文明，比用崇拜的眼神接受它更容易。周代礼乐

---

① 《史记》卷六八《商君列传》，第2229页。

② 蒋礼鸿撰：《商君书锥指》卷一《更法》，第4页、5页。

在中原诸侯那里，其实也已经是过时的宿货了，但他们仍用早已建立起来的自负，鄙薄秦人连宿货尚且不知。秦人与其跟随在"卑秦"的中原诸侯身后亦步亦趋，不如接纳或者重建一套让自己更为适应的历史观和价值体系。《商君书·去强》说："兵行敌所不敢行，强。事兴敌所羞为，利。"①商君及其建立的思想体系，以打击假想敌为基本立论点。假想敌们，应该就是曾经在名义上奉行周道的东方各国。新建立一套体系，便是商鞅所说"吾说君以帝王之道比三代"而不得，"以强国之术说君，君大说之"的道理②。强国之术，首要反对礼乐文明，所谓"国有礼、有乐、有《诗》、有《书》、有善、有修、有孝、有弟、有廉、有辩，国有十者，上无使战，必削至亡；国无十者，上有使战，必兴至王"③。虽然商鞅发出"难以比德于殷周"的感叹，不过事实上，商鞅也未必以殷周为是，以秦国为非吧④。

　　经过商鞅如此锤炼的秦人，能够在理论见识上否定周人了。秦始皇统一天下后，博士齐人淳于越进言"臣闻殷周之王千余岁，封子弟功臣，自为枝辅"，被李斯直接用"五帝不相复，三代不相

①　蒋礼鸿撰：《商君书锥指》卷一《去强》，第27页。

②　《史记》卷六八《商君列传》，第2228页。

③　蒋礼鸿撰：《商君书锥指》卷一《去强》，第29—30页。同书《农战》有类似记载。

④　刘向描述战国时代是"贪饕无耻，竞进无厌；国异政教，各自制断"（刘向《战国策序》，见何建章注释：《战国策注释》，北京：中华书局，1990年，第1356页）。东方各国，虽早已不纯任周制了，但对秦国的鄙视却不给予丝毫宽容，这也是秦人必然改制变法，走自己的路的历史原因之一。

袭，各以治，非其相反，时变异也""越言乃三代之事，何足法也"否定掉了①。"变革"成为秦君臣共享的价值观念，应该与商鞅以来的长期批判否定周代礼乐制度有关系。

用"变革"否定旧文明，用"力争"建立新文明，商鞅的工作侧重点更在后者。《商君书》中反复强调本农抑商、民朴国强的道理，自然是为了确立秦人重农重战的意识。《去强》说"国强而不战，毒输于内，礼乐虱官生，必削；国遂战，毒输于敌，国无礼乐虱官，必强"②，主张依靠对外战争强化内政控制，将内政和外攻扭为互相促进的链条。在赤裸裸的攻战意识指导下，秦人必须不断攻伐才能转移国内矛盾，化解变法带来的人心失和，也能为军功爵的授予提供更多的田宅、奴婢和财富。

商鞅变法将人们进步的方式明确为清楚的原则：杀敌立功，就有富贵。军功推动了历史运动的轨迹，也彻底改变了人们的心态。

变法家的胆与识

给秦国带来从物质到精神巨大改变的商鞅，本就是外国人，也就是游士。商鞅是卫国的庶公子，本名公孙鞅，说来也是贵族。前文说过，荆轲也是卫国人。卫是小国，又重周礼，战国之际在卫国难有作为，商鞅前往战国变法运动的策源地魏国，侍奉魏相公叔座（也作公叔痤）。商鞅期待着有一天能够在此一展抱负。

---

① 《史记》卷六《秦始皇本纪》，第254页。
② 蒋礼鸿撰：《商君书锥指》卷一《去强》，第29页。标点有微调。

公叔座还没找到机会向魏君推荐商鞅就一病不起了。魏君来探病，问他有没有人才推荐。公叔座说：我身边有个叫公孙鞅的少年人，有奇才，请您举国以听之。意思就是，我身故之后，请任命公孙鞅做国相接我的班。魏王默然。这完全可以理解。此前从未知晓的人，突然有一天要任命他做自己的国相，对再有韬略的王者来说，也需要考虑一段时间。

看国君不接纳自己的意见，公叔座补充说：您如果不用公孙鞅，就一定杀掉他，不要让他出魏国国境。这次魏君倒是痛快地答应了。魏君一走，公叔座就召商鞅来说：国君问谁可以代我为相，我推荐了你。看国君的表情，他没接受这个建议。我先君后臣，建议他如果不用你就杀了你，他同意了。很对不起，你快走吧，晚了就会被抓住。

公叔座是个很体面的人，这段话符合我们对春秋战国贵族的认知。凡事清楚明白，绝不拖泥带水。

商鞅的反应异于常人。他说：魏王不能听你的举荐任用我，又怎么会听你的劝谏杀了我呢？他没走，依然安住在魏国。果然，魏君离开公叔座府上以后，对左右说：公叔座真是病糊涂了，希望我任用一个叫公孙鞅的人为相，真是荒谬！

能有商鞅的见识与胆略的人，必定能左右天下局面吧。

此后，商鞅听说秦孝公在国内求贤，想要重整秦穆公的霸业，于是西入秦国。经过一番游说辩论之后，在秦孝公的支持下，商鞅开始变法改革。

商鞅在颁布新的法令之前，担心百姓不相信变法的决心和力度。于是他先在国都南门外立起一根三丈长的木杆，招募百姓说：如果有人能将此木移至北门，赏赐十金。百姓都很犹疑，无人相信。

商鞅继续宣布说：能将此木移动到北门者，赏赐五十金。

有个人决定试试，他完成了。商鞅立即赏赐他五十金。这样一来，百姓都认为商鞅是可以信赖的人，他的律令可以信服。

后世的政治家，虽然政治见解有差异，对商鞅褒贬不一，但是对其徙木立信一事，都给予了高度评价。

王安石撰有诗篇《商鞅》："自古驱民在信诚，一言为重百金轻。今人未可非商鞅，商鞅能令政必行。"①

司马光称："商君尤称刻薄，又处战攻之世，天下趋于诈力，犹且不敢忘信以畜其民，况为四海治平之政者哉！"②

众所周知，王安石和司马光在变法问题上政见尤为对立。然而政治上持不同观点的人，对一个历史人物的评价却高度接近，不能不说，这是有远见的政治家的共识。

1912年，毛泽东同志在湖南全省公立高等中学堂（今长沙市第一中学）就读时，曾写作《商鞅徙木立信论》。青年毛泽东的观点，很值得玩味：

　　吾读史至商鞅徙木立信一事，而叹吾国国民之愚也，而叹

---

① （宋）王安石撰，刘成国点校：《王安石文集》卷三二《律诗·商鞅》，北京：中华书局，2021年，第535页。

② 《资治通鉴》卷二《周纪二·周显王十年》，第49页。

执政者之煞费苦心也，而叹数千年来民智之不开、国几蹈于沦亡之惨也。谓予不信，请罄其说。

法令者，代谋幸福之具也。法令而善，其幸福吾民也必多，吾民方恐其不布此法令，或布而恐其不生效力，必竭全力以保障之，维持之，务使达到完善之目的而止。政府国民互相倚系，安有不信之理？法令而不善，则不惟无幸福之可言，且有危害之足惧，吾民又必竭全力以阻止此法令。虽欲吾信，又安有信之之理？乃若商鞅之与秦民适成此比例之反对，抑又何哉？

商鞅之法，良法也。今试一披吾国四千余年之纪载，而求其利国福民伟大之政治家，商鞅不首屈一指乎？鞅当孝公之世，中原鼎沸，战事正殷，举国疲劳，不堪言状。于是而欲战胜诸国，统一中原，不綦难哉？于是而变法之令出，其法惩奸宄以保人民之权利，务耕织以增进国民之富力，尚军功以树国威，孥贫怠以绝消耗。此诚我国从来未有之大政策，民何惮而不信？乃必徙木以立信者，吾于是知执政者之具费苦心也，吾于是知吾国国民之愚也，吾于是知数千年来民智黑暗、国几蹈于沦亡之惨境有由来也。

虽然，非常之原，黎民惧焉。民是此民矣，法是彼法矣，吾又何怪焉？吾特恐此徙木立信一事，若令彼东西各文明国民闻之，当必捧腹而笑，嗷舌而讥矣。乌乎！吾欲无言。[1]

---

[1] 中共中央文献研究室、中共湖南省委《毛泽东早期文稿》编辑组：《毛泽东早期文稿》，长沙：湖南人民出版社，2013年，第1—2页。

国文教员柳潜阅读此文后，作了多处批语，并给同事传观。批语云："实切社会立论，目光如炬，落墨大方，恰似报笔，而义法亦骎骎入古"；"精理名言，故未曾有"；"逆折而入，笔力挺拔"；"历观生作，练成一色文字，自是伟大之器，再加功候，吾不知其所至"；"力能扛鼎"；"积理宏富"。文末总评说：

> 有法律知识，具哲理思想，借题发挥，纯以唱叹之笔出之，是为押题法，至推论商君之法为从来未有之大政策，言之凿凿，绝无浮烟涨墨绕其笔端，是有功于社会文字。[①]

不知道这位老师是否了解他真诚肯定过的学生日后取得的成绩。一个不到二十岁的年轻人，能写下如此老辣的文字，对他多一点期许也是理所当然的。

徙木立信一事太富于传奇色彩，给商鞅变法带来了一种浪漫主义的味道。不过倘若翻检下史料，就会发现类似的故事在战国变法运动的主持者身上出现过很多次。

《吕氏春秋·似顺论·慎小》：

> 吴起治西河，欲谕其信于民，夜日置表于南门之外，令于邑中曰："明日有人能偾南门之外表者，仕长大夫。"明日日晏矣，莫有偾表者。民相谓曰："此必不信。"有一人曰："试往偾表，不得赏而已，何伤？"往偾表，来谒吴起。吴起

---

① 《毛泽东早期文稿》，第2页。

自见而出，仕之长大夫。夜日又复立表，又令于邑中如前。邑人守门争表，表加植，不得所赏。自是之后，民信吴起之赏罚。①

"表"就是立木，和徙木立信的道具一样，就是一根木桩。"偾表"就是扳倒木桩，比搬迁木杆更容易。功与赏的反差越大，其取信的效果也就越大。

关于吴起还有一则故事，《韩非子·内储说上》：

> 吴起为魏武侯西河之守。秦有小亭临境，吴起欲攻之。不去则甚害田者，去之则不足以征甲兵。于是乃倚一车辕于北门之外而令之曰："有能徙此南门之外者，赐之上田上宅。"人莫之徙也。及有徙之者，遂赐之如令。俄又置一石赤菽于东门之外而令之曰："有能徙此于西门之外者，赐之如初。"人争徙之。乃下令曰："明日且攻亭，有能先登者，仕之国大夫，赐之上田上宅。"人争趋之，于是攻亭，一朝而拔之。②

这个故事和徙木立信更接近了，同样是搬运东西，只不过搬运的是车辕和红豆。由此也可以看出吴起在战国时期的影响力。

有没有关于更早的变法家的故事呢，还有一则。《韩非子·内储说上》也记载了：

---

① 许维遹集释，梁运华整理：《吕氏春秋集释》卷二五《似顺论·慎小》，北京：中华书局，2009年，第674—675页。
② 《韩非子集解》卷九《内储说上》，第229—230页。

> 李悝为魏文侯上地之守，而欲人之善射也，乃下令曰："人之有狐疑之讼者，令之射的，中之者胜，不中者负。"令下而人皆疾习射，日夜不休。及与秦人战，大败之，以人之善射也。①

变法的祖师爷李悝，同样是以利诱民，然后导之。

看了这三则故事以后，再回顾商鞅徙木立信，完全可以相信，变法家们有一套笼络人心的秘密教材在他们内部流通。变法家由此获得了很多不足为外人道、却足以掌握人心的技巧和能力，从而将其锤炼为左右历史运动的关键性力量。

必须指出的是，后人批评指出的商鞅的很多缺点，大多数都是中肯的事实；而如果从个人奋斗与小国崛起战略的角度看，商鞅无疑是成功的典范。

商鞅更值得人称道的是，他对自己有充足的自信，从不自我怀疑，也不许别人质疑；从未自我否定，也禁止别人否定。商鞅的法令推行一年后，来到国都申诉法令不便于民的秦国百姓有上千人之多。这时正好太子犯法了。商鞅说，法令不行，是因为自上犯之。商鞅要处罚太子，不过太子是储君，不能用刑，于是就处罚了太子的师傅：太子之傅公子虔刑，太子之师公孙贾被黥面。这以后，没有人敢不服从法令了。十年之后，"秦民大悦，道不拾遗，山无盗贼，家给人足"。此处司马迁对秦地民风的描述是"民勇于

---

① 《韩非子集解》卷九《内储说上》，第230页。

公战，怯于私斗，乡邑大治"①。对比太史公对他所爱慕的齐地民风的描述"怯于众斗，勇于持刺，故多劫人者"，可以发现两处描写正好相反。看来，历史的方向，早已悄然确定了。最初那些来国都告商鞅黑状的人，又纷纷来到国都赞美商鞅。商鞅说，这都是刁民啊，将他们迁徙到边地去。从此，再没人敢议论商鞅的法令了。

商鞅变法，本质上是政治制度和经济制度改革。通过变法，宗法制下的土地制度、租税制度、世卿世禄制度，都向中央集权的方向转变了。土地不再属于宗主，而被国君占有。国君通过封爵赏赐有军功者田地和宅基地。过去向宗主缴纳的租税，变成向国君缴纳的田赋。农民要承担的税额一旦固定，生产力就被解放出来而释放出巨大的活力，秦的粮食产量也由此上升。宗法制条件下，固定的官职被固定的家族掌握，士和庶人没有机会染指。而商鞅变法之后，官职由国君直接安排，宗法贵族的力量衰弱了，中央集权加强，国力由此上升。

更为关键的是，商鞅将此前已经普遍存在的爵制，通过军功认证的方式，建立为一套将所有人囊括其中的身份制度。上到天子，下到公士，社会上的正常人都有爵位。一切的社会福利和政治待遇，都与爵相匹配。从大的方面说，社会上只有两类人，一类人有爵，一类人没有爵。后者，包括奴婢、刑徒亦即在押犯、士伍亦即刑满释放人员。没有爵的人处在社会的底层，勉强为生。有爵的人还想要更高的爵位，或者警惕自己不要成为无爵之人。分配爵位

---

① 　《史记》卷六八《商君列传》，第2231页。

的权力，掌握在国君治下的政府手里。封爵制度之前本就存在，将其与军功相联系也不是商鞅的独创。然而秦国执行这套制度特别彻底，这是秦在战国后期脱颖而出的重要原因。

战国时期周游各国、阅历丰富的荀子，曾经比较过当时主要诸侯国的兵士构成及作战能力。首先是齐国。所谓"齐人隆技击，其技也，得一首者则赐赎锱金，无本赏矣。是事小敌毳则偷可用也，事大敌坚则焕涣离耳"。齐国的主要军事力量可以理解为突击队。他们以斩首论功，战胜敌人而不斩首则无功，败于敌人而有斩首亦有功。试想，这样的队伍拉到战场上，兵士首先考虑的是自己的收获，而不会考虑有组织的协同作战；只有个人的作战目标，没有全局的作战目的；只能完成个别战斗的胜利，无法执行战役以上的任务。小打小闹可以，和大兵团作战，必然失败。荀子比喻他们"若飞鸟然"，飞得快，易翻覆，是亡国之兵——用这样的军队打仗，和用市场上雇佣的人或家里的奴隶出去作战没有区别。

荀子的话和司马迁对齐地人的描述非常接近。要知道，荀子曾经长期在齐国稷下学宫担任祭酒，是深入齐地生活、深知齐人个性之人。他的话，有着相当的可靠性。

接下来是魏国。魏国的队伍叫作"武卒"，这批人"以度取之"，选拔标准是"衣三属之甲，操十二石之弩，负服矢五十个，置戈其上，冠轴带剑，赢三日之粮，日中而趋百里"。这个队伍可以理解为今天的特种部队，属于军中的特种兵，有着惊人的耐力和军事素质。因为战斗力超群，所以赏赐也很隆重，"中试则复其户，利其田宅"。不过，这样的武装，不可能装备魏国的全军，也不易维持和更替，其结果便是"地虽大，其税必寡"，空耗国家大量财富却只负担起一支小部队，是危国之兵。

最后是秦国。"秦人，其生民也狭陋，其使民也酷烈，劫之以势，隐之以陋，忸之以庆赏，鳅之以刑罚"。这段话的意思是，秦国的土地很狭小，而刑罚又很严峻，百姓的生计很是艰难。胁迫百姓当兵打仗，让他们生活在秦国独特的地势中寻找战机，使他们习惯于赏功，钳制于刑罚。这样的士兵，回去种地没有好处，只有作战一条出路。所以秦人是天然的士兵。荀子说，"使天下之民所以要利于上者，非斗无由也"。这是包含普遍性和特殊性的评价。普遍来说，百姓只有通过战争，才能从君主那里获得好处；专门而言，这一点在秦国体现得特为明显。所以秦国"最为众强长久，多地以正。故四世有胜，非幸也，数也"[1]。

商鞅为秦国带来的是革命性的变化。他打碎了一个旧时代，带来了一个新时代。无论进入新时代的路是不是布满血与火，他也坚持着把这条路开辟出来了。历史固然厚重，而其厚重，是由诸如商君这样能持重致远的人所担负的。

秦国的"主客矛盾"

荀子到过秦国，对秦国的态度是既欣赏，又警惕。他的两个学生李斯和韩非，都奉侍于秦国，这似乎说明荀子的态度并非模棱

---

[1] 以上引文，见（清）王先谦撰，沈啸寰、王星贤点校：《荀子集解》，北京：中华书局，1988年，第271—274页。

两可。

李斯是楚国人。他年轻时做郡小吏，观察到，厕所中的老鼠吃着脏东西，又因靠近人和狗而经常受到惊吓；粮仓中的老鼠吃着粮食，住着大房子，没有人和狗的惊扰。李斯的价值观建立起来了：一个人是否能有所作为，完全看他所处的环境和位置啊。

于是李斯便向荀子学习帝王之术。所谓帝王术，就是治国之道、统御天下之术，说白了就是分析形势、作出判断。学成之日，他又作了一次形势的分析判断："楚王不足事，而六国皆弱，无可为建功者，欲西入秦。"这个判断很有见识，足见他是有抱负、也有眼光的人。李斯对老师说，"斯闻得时无怠，今万乘方争时，游者主事"，这是他要远游的前提。游必有方，李斯的方向就是秦国，"今秦王欲吞天下，称帝而治，此布衣驰骛之时而游说者之秋也"。这也是当时有见地的人都能理解之处。

李斯接着说："故诟莫大于卑贱，而悲莫甚于穷困。久处卑贱之位，困苦之地，非世而恶利，自托于无为，此非士之情也。"[①]这句话可是和他的价值观紧密呼应了。李斯不满于自己做小吏的身份，希望能够有所作为。他将身份的跃升，视作人生至乐；反之，则是人生至苦。对这番话，我们看不到荀子的答复。不过从李斯顺利赴秦来看，荀子应该是赞成的。

作为异国人来到陌生国度，谈何容易。想要有所作为，更是难上加难。李斯的做法非常简单，他直接找到当时最有权势的秦相

①　《史记》卷八七《李斯列传》，第2539—2540页。

吕不韦，希望做他的门客。经过一段时间的考察，吕不韦很欣赏李斯，便推荐他做郎官。郎，在当时属于诸侯王身边的近侍，承担警卫和服侍等日常工作。能够接触到此时的秦王，也就是日后的始皇帝，李斯得到了直接进言的机会。平时他们交流的对话是多是少，我们今天难以确认。不过司马迁记载的一段最主要的对话，便是李斯建议秦王抓紧时间统一六国，"灭诸侯，成帝业，为天下一统，此万世之一时也"[①]。

这段话算是说到秦王心坎里去了。

李斯得到秦王赏识，成为了受重用的客卿。不过这时秦国发生了一件大事，韩国派来的间谍郑国暴露了。秦国的宗室大臣对秦王说，从各国来的人不可用啊，还是把他们都赶走吧。李斯也在被驱逐之列。面对即将到来的命运，李斯没有选择等待，而是直接向秦王上书，这篇文字后来被称作《谏逐客书》：

> 臣闻吏议逐客，窃以为过矣。昔缪公求士，西取由余于戎，东得百里奚于宛，迎蹇叔于宋，来丕豹、公孙支于晋。此五子者，不产于秦，而缪公用之，并国二十，遂霸西戎。孝公用商鞅之法，移风易俗，民以殷盛，国以富强，百姓乐用，诸侯亲服，获楚、魏之师，举地千里，至今治强。惠王用张仪之计，拔三川之地，西并巴、蜀，北收上郡，南取汉中，包九夷，制鄢、郢，东据成皋之险，割膏腴之壤，遂散六国之从，使之西面事秦，功施到今。昭王得范雎，废穰侯，逐华阳，强

---

① 《史记》卷八七《李斯列传》，第2540页。

公室，杜私门，蚕食诸侯，使秦成帝业。此四君者，皆以客之功。由此观之，客何负于秦哉！向使四君却客而不内，疏士而不用，是使国无富利之实而秦无强大之名也。①

李斯用以劝诫秦王的，是秦国历史。他说从秦穆公时代开始，秦国就张开怀抱，欢迎外国客卿参与国政。秦穆公所用五名贤臣，没有一个是秦国人，反而成就霸业。秦孝公用了商鞅变法，秦国受惠至今。秦惠文王用了张仪，占据了巴蜀、汉中等战略要地，秦国有了稳定的后方。秦昭王用范雎，从此奠定了帝业的基础。秦国有四明君，数贤客，所以才有今天统一天下的形势。没有客卿，就没有秦国的富强，这个情况是很清楚的。

商鞅的事迹我们已经讲述得很清楚了。张仪和范雎在秦国历史上的贡献，也值得说一说。而从商鞅开始就存在于秦国的主客矛盾，也需要详细叙述一番。

首先看张仪。张仪是魏国人，据说他向鬼谷子学艺，而后游说诸侯，经过一番磨难，终于到达秦国。他经历的磨难是这样的。张仪曾和楚相一起饮酒，不久楚相丢了一块玉璧。门下人怀疑是张仪偷的，说这人一向很穷，又没有品行，一定是他偷了玉璧。楚相觉得有道理，让手下人将张仪捆起来，打了几百板子。张仪很硬气，抵死不承认，于是被释放了。回到家里，他老婆说：哎呀，你要是不读书，不游说，怎么会遇到这番耻辱呢？张仪说：你看看我的舌

① 《史记》卷八七《李斯列传》，第2541—2542页。按，"范雎"之名，从修订版《史记》，旧版作"范睢"。

头还在不在？他老婆笑着说：舌头还在呢。张仪说：这就够了。

后来，张仪做了秦国的国相，一门心思和楚国作对。他给楚相写了封信说：以前我和你一起喝酒，没偷你的玉璧，你却打了我。现在好了，你好好看守住你的国家，因为我要偷你的城池了。

这个故事是令人非常解气、非常痛快的复仇故事。后面还会看到一个一样的故事。不过我们接着说张仪遇到的主客矛盾。

秦惠文王当时面临一个战略方向的选择。蜀国和巴国互相攻击，各来向秦求援。秦王想要伐蜀，无奈蜀道艰难。另一方面，韩国入侵秦国。如果先伐韩，后伐蜀，怕错失良机；如果先伐蜀，后伐韩，又担心韩国趁虚而入。这样的困惑，不用说治国者，普通人也经常遇到。所谓左顾右盼，左右为难是也。

秦惠文王发扬秦国遇事不决就开会的老传统，令张仪和司马错两个人辩论。张仪持伐韩有利说，司马错持伐蜀有利说，各陈见解，一竞高下。

张仪说，我们现在联合魏、楚两国，共同伐韩，其目的在于伐周。韩是周的门户，门户洞开，周王必恐。届时我们就能得到周之九鼎，从此"挟天子以令于天下"，这是王业。蜀不过是僻远戎狄，兴师动众，得不偿失。"争名者于朝，争利者于市"，国家的战略目标要确定在合适的场合。现在韩和周，是天下的朝市，大王不去争取，而去和戎狄争夺，这是悖离王业的做法。

司马错说，不是这样的。富国者必先广地，强兵者必先富民，王者要先推广德政。三者都具备了，王业自然兴盛。现在我国地小民贫，我们应该先从容易的事入手来提升国力。蜀是小国，却是西方戎狄之长，又有桀纣那样的混乱。灭蜀就像以豺狼驱赶羊群一样容易，各个小国也可由此臣服，秦国可以借此广地足财，其他诸侯也会认为我们是止暴制乱的正义之师。反过来说，攻击韩国，胁迫周天子，是取不义之名，而攻天下所不欲，太危险了。

这番辩论张仪失败了。秦伐蜀，立蜀郡，开辟沃野千里，有了稳定的粮仓和后方，为日后统一大业奠定了基础。

司马错和张仪所论，仅从辩论角度看，的确是前者更周全一些。不过，伐蜀的成功，也存在着很大的偶然成分。倘若伐蜀失败，韩又入侵，则秦国灭亡亦有可能。换言之，决定只是一时，而实现决定的意志力，却是证明决定价值的关键。

虽然张仪和司马错所论，都是立足于发展秦国国力而言，但是背后却隐藏着主客之间的矛盾。司马错是司马迁的祖先。在《史记·太史公自序》中，司马迁详细介绍了司马氏的源流和迁徙情况。春秋时，司马氏祖上随晋卿随会逃亡到秦国，到了秦惠文王时，即以司马错为代表。这样看，司马错的祖先早就在秦国扎根，他自己可以称得上是老秦人了。而张仪却是魏人，以客卿的身份流荡于秦。司马错和张仪各自说话的分量，并不相等。甚至可以怀疑，张仪在这次御前辩论中落了下风，朝中宫内难免有些风言风语，说他并不是真心为秦国谋划。秦国的发展虽然很大程度上依赖客卿，但是老秦人的话有着巨大的影响力。双方的矛盾，既推动了秦国的壮大，也限制着秦国的壮大。

莫欺中年穷

张仪之后有范雎。

范雎同样是魏国人，游说诸侯。因为家里穷，只能先侍奉魏国中大夫须贾，希望通过这条关系，有机会见到魏王。

须贾替魏昭王出使齐国，范雎陪同他一同出使。使团停留在齐国几个月，也没有得到齐襄王的召见。不过齐襄王听说范雎这个人很有口才，能言善辩，有意结交，特意派人赐给范雎十斤黄金和牛酒。范雎没敢接受。须贾听说后非常生气，以为范雎泄露了魏国的机密才得到齐王的赏赐。回国之后，须贾将这件事报告了魏国国相魏齐。魏齐很生气，让人殴打范雎，打折了他的肋骨，打断了他的牙齿。这样的伤情一定是相当疼的，何况古代没有镶牙技术，打断了门牙就是毁容了。

范雎只能装死，被人用草席子裹了出来，丢在厕所里。围观这次行刑的宾客喝醉了酒，纷纷在范雎的身上小便。这个举动是魏齐授意的，意在惩戒后来人，不可以叛国。范雎清醒过来后，请求看守他的人把自己放了。看守他的人请示魏齐说，能不能把草席里的尸体扔掉。魏齐喝醉了酒，同意了。范雎由此脱困。后来魏齐后悔了，四处寻找范雎。有个叫郑安平的魏国人听说这件事，就保护范雎逃亡，让他躲藏了起来。范雎于是改名换姓，叫作张禄。

范雎所遭受的耻辱，几乎无法用笔墨形容。我想他一定度过了很多个独自默默沉思的夜晚。徘徊四顾，心内茫然。仰望星空，目光穿透虚无。茫茫天下，何处是我容身之所？一心期待效忠的魏国，一心托付的魏国，轻易地就将自己抛弃了。四海之人，还有谁值得信赖与托付？用舌尖舔舐断齿的尖茬，刺痛的感觉使人清醒。

很多人的成长是按部就班的，就像那些贵族子弟，生下来就有锦衣玉食，高官厚禄。他们按着一份时间表慢慢长大成熟，承担起有限的职责，享受无限的静好。而真正要成就大业之人的成长，往往是一瞬间完成的。好像蝉蜕天地之外，一下子便可以飞翔。那些日子里的范雎，完成了人生的质变。他变强了，也冷酷了。

范雎想要报仇，就只能去秦国。当时，只有秦国是魏国的对手，也只有秦国想要灭亡魏国。这是"国际"的形势，也是历史的趋势。只有在秦国，范雎所学的帝王术可以派上用场。

秦国使者王稽，此时就在魏国。郑安平找到机会告诉王稽：有个张禄先生，想去秦国效力，不过此人有仇家，白天是见不到的。王稽于是让他们晚上一起过来。当晚，郑安平携张禄，也就是范雎拜会王稽。谈了不多时，王稽就知道眼前这位不是普通人。于是他和张禄约定了会合的地点，要带张禄离开。

从前的范雎已经死了，今天只有张禄要去秦国历险。

王稽意识到张禄就是他此行最大收获。出使魏国得一贤人足矣。他马上向魏王辞行，带着张禄返秦。你以为张禄此行就是一片坦途了吗？非也，男人的道路上，怎会只有鲜花和掌声呢？车驾进入关中以后，他们远远地望见有大队车骑从西而来。张禄问王稽，这么大的派头，来的人是谁？王稽说，这是秦相穰侯，东行巡视县邑。

穰侯名叫魏冄，是宣太后的弟弟，秦昭王的舅舅。秦国的国政都握在宣太后手里,替她掌握政权的就是魏冉等外戚。张禄说:我听说穰侯专权,痛恨从诸侯而来的客卿,遇见他会很麻烦,我在车里躲避一下。不一会儿,穰侯到了近前,和王稽寒暄,问道:关东有什么新动向吗?王稽说没有。穰侯嘱咐王稽说:先生不会带着诸侯的客卿回国了吧,这些人没什么用,只会扰乱我国朝政。王稽说:不敢。于是穰侯告别离开了。

张禄说:我听说穰侯可是十分聪明的人,只不过反应稍慢。过一会儿他会再派人来搜查车里是不是有外人的。于是,张禄又下车步行,装扮成王稽的随从。果然,出发十余里后,穰侯的骑兵折返回来检查车中,没有发现可疑人等,这才作罢。牛刀小试,张禄之智足以令人刮目相看。

王稽带着张禄来到了咸阳。此时的咸阳,是秦国统一战争的大本营,可能也是所有试图在天下大势中有所作为之人的目的地。咸阳的街道上,汇聚着诸侯的质子、异族的使节、游荡的说客以及所有说不清来路却又野心勃勃的人。

王稽不敢耽搁,迅速向秦昭王报告说:我从魏国带回一位张禄先生,他是天下有名的辩士。他说秦国危若累卵,有他才能安定,但这些事太机密,不能以文字传达,他必须当面和大王说才行。

秦昭王已经做了三十六年秦王了。前面讲过,这三十六年中,几乎每一年秦国都在打仗。向南,已经拿下楚国都城郢;向东,破了齐国;对三晋,已经数次取胜。他已经不知道自己多少次头顶荣耀的冠冕,多少次身披胜利的战袍,也不知道见过多少个声称他遇到的难题只有他们可以化解的游士了。世界的图景早就在他眼前铺开，宇宙的秘密也曾有人和他分享。他品尝过最大的成功，却不曾遭受到失败。持久的胜利比持久的失败更让人心生厌倦。他累了，已不再年轻，再不想见到口出狂言的辩士了。

看来张禄来的不是时候。秦昭王让张禄在客舍休息，吃着粗粝的饭菜，等待王命。一等就是一年多。

不知道这一年多的时间里，张禄又在思考什么。是思考此行是否来对了，还是思考范雎曾经遭受的耻辱，抑或不停地磨砺自己的话语和心智，为着万分之一的机会，见到秦王以一明心迹。或许都有，或许都没有。也可能，他犹豫了，失望了，将生命寄托给腐草流萤，盘算着埋骨荒冢。他一定想到过死亡，也一定摇摇头战胜了死亡。他一定期待着明天，又不敢太过期待，以防梦想太美，落空时破碎得猝不及防。

当他偶尔将目光投向关中平原广袤的大地时，是否看见了微风吹拂金黄的麦田？白云悠悠，故乡遥遥，今生恐怕再难喝到家乡的甘泉水，再难见到家乡的亲人了吧。

无论如何，张禄在这一年多的时间里，只有继续磨砺心志。我们以为，经历了侮辱、隐匿、逃亡、放逐的范雎，到了秦国，就应该苦尽甘来了。不过人生往往如此，苦难没有吃够，就还要再经历苦难。人生的机遇，只属于那些在坚持不下去的时候，愿意再坚持一下的人。

终于，张禄等到了一个机会。

宣太后信任四个人。分别是自己的两个弟弟穰侯、华阳君，以及两个儿子泾阳君、高陵君。穰侯为相，余下三人为将，都富可敌国。令人疑惑的是，宣太后并不将权力交给自己的儿子秦昭王。此时秦昭王在位三十六年，已经五十四岁了。为王的三十几年间，权力一直掌握在母亲、舅舅和弟弟手中。何为王者，发号施令者为王。秦昭王虽号称王者，不过是母亲的傀儡，算不得真王。

母子之间的关系，虽称为天性，却向来让人费解。历史上母子寇仇的故事屡见不鲜，最著名的便是郑庄公和母亲武姜。庄公名寤生。关于"寤生"的解释，一种说法是难产，一种说法是在睡眠中产子。从庄公的情况看，应该属于前者。武姜因生庄公留下了惊恐的回忆，从此憎恶这个儿子。母子之间的仇恨直大到需要用鲜血来解决。武姜偏袒小儿子共叔段，希望他能取郑庄公而代之。郑庄公是老辣的政治家，逐步诱导自己的弟弟共叔段走向反叛之路，又无情将他镇压。赶走弟弟以后，母亲他也没留，安置到了城颍（当在今河南临颍县西北），并发誓说不到黄泉不再相见。

可能是出于政治上的考虑，很快郑庄公就后悔了。有人出主意：在地下挖个隧道，挖出地下水就说这是黄泉，母子于此相见，岂不美哉！这种自欺欺人的伎俩很受庄公母子俩赏识。两人乐呵呵地在地下隧道里相见，还赋诗"大隧之中，其乐也融融"云云。《左传》记载当时的情景说"遂为母子如初"[1]。

看起来是温情脉脉的。稍微有记忆力的人只要回忆一下，就知道这对母子的"初"是什么样子。所以说，对于人类情感，即便是默认为天性的那一类，也不可以深究。

---

[1]　《春秋左传正义》卷二《隐公元年》，第3726页。

秦昭王和宣太后的关系同郑庄公与武姜的情况类似，唯一的差别是，宣太后能将权力牢牢把持在手里，她不想换一个儿子做国君，只要现在这个儿子安心做傀儡就行。两人之间的矛盾，一定会爆发出来。

张禄的机会就是秦王母子之间矛盾激化。秦相穰侯计划出兵攻取齐国的纲寿。这次的军事行动，可以说是假借国家之名的个人行为，其目的在于扩大穰侯的封地陶的范围。更令人感到疑惑的是，秦国出兵攻取纲寿要越过韩国和魏国。春秋时期，越国出征的情况有很多，但是战国以后几乎没有了。那是因为春秋时期，小国林立，越国出征不至于被小国断了后路。还可以说，春秋时期，出征不是为了灭国，只是为了平国。灭国，是从地图上抹去；平国，则是打到对方服气。两者有所不同。而战国时期，无论是国家之间的环境，还是战争的目的，都变化了。更何况，韩国和魏国都是秦国实打实的敌国。穰侯的军队今天越境，明天他们就可能联合齐国从背后偷袭。

不清楚穰侯是怎么考虑的，或许这就是利令智昏。

秦昭王应该也看得出舅舅此举就是空耗国力，无奈自己没有能力阻止他。

张禄瞅准了这个机会，给秦昭王上书说：我可以解答您心中的困惑，能否给个机会召见我，听我说几句治国的大道，如果我的意见没有用，请您处死我。类似的上书表态，张禄可能在一年中没少做。不过这次，秦昭王对舅舅的倒行逆施确实忍无可忍了，所以他决定接见张禄。

会见完全是秘密进行的，地点在离宫。张禄故意闯进永巷，也就是后宫吧，这时宦者通传说秦王来了，张禄装作不知道的样子说：秦国有王吗？我只知道秦国有太后和穰侯。说者有意，闻者有心。秦昭王就走过去迎接张禄：我一直想得到先生教诲，不过最近忙于义渠的事务，不得空啊。最近义渠的事解决了，我才能向先生请教。话很客气，说明秦昭王真心有求于张禄了。

屏去左右之后，宫中只剩下昭王和张禄了。昭王问：先生有什么教导我的吗？张禄说：是、是。昭王继续发问，张禄继续敷衍。如是再三，昭王急了：先生莫非不打算教导我吗？张禄说：这倒不是。过去周文王和吕尚君臣相得，靠的是彼此信任。我是羁旅之臣，和大王过去没有交集。而我要说的事情，关系到您的骨肉亲情。我不怕死，只是不知道您的态度坚决与否。昭王说：这话从何说起！秦国僻远，我是个糊涂人，您来教导我，是天幸啊！您说的事情，不论大小，上到太后，下到大臣，都可以讲。

离宫中灯火幽幽，映着秦昭王和张禄两人的身影在墙上，朦胧又缥缈。秦昭王心里应该早就有了答案，他只是想听张禄说出来。张禄也知道这一点，但他此刻却不想替昭王点破心中的答案。

张禄说：韩国是秦国的心腹之患，应该先拉拢韩国。昭王说：早就想让韩国臣服，无奈韩国不听，怎么办？张禄说：攻占战略要地荥阳，切断韩国内部联系，韩国自然听从了。昭王说，好啊。

对话完毕。

秦王和张禄仍然在试探彼此。秦王在试探张禄的本事，张禄在试探秦王的决心。牌面是韩国，至于底牌，谁都没有亮出来。

　　过了几年，张禄甚得秦昭王信任了。这时候，张禄才说：我在山东的时候，只听说齐国有孟尝君，不曾听说齐国有齐王。同样，我只听说秦国有太后、穰侯、华阳君、高陵君、泾阳君，没听说秦国有大王。什么是王呢，"擅国之谓王，能利害之谓王，制杀生之威之谓王"。现在咱们秦国，您没有这样的权力，反而是四贵有这样的权力。就拿穰侯越境去打齐国这件事来说吧，打胜了，好处归他自己，打败了，坏处归于社稷。这样的人，这样一批人，谁对秦国有好处呢？您一个人空顶秦王的名头，毫无依靠。我担心，将来秦国不会传到您子孙手里。

　　张禄说的是实话。秦昭王也知道这个事实。后来的事就很简单了，史称昭王废太后，逐穰侯、高陵君、华阳君、泾阳君于关外。不过如果废黜四贵如此容易，恐怕秦昭王也不用等到张禄到来才操作吧。可以想象，秦昭王和张禄悄悄地做了很多削弱四贵权力的事，特别是将军权掌握在手里。如此等到了清算的日子。这一年应该是秦昭王四十一年（前266年），也就是张禄来到秦国以后的第五个年头。张禄做了秦相，被封为应侯。他所有的等待与忍耐，到了那天终于得到了报偿。

　　五年时光，以人生尺度来衡量，并不算很长。不过，不同人的经历赋予时间以特殊的价值和意义。张禄的五年，在思考、在等待、在忍耐，他就像一颗包裹在蚌壳中的石子，在岁月的造化中，变成了珍珠。思考、等待和忍耐，说来容易，实践起来异常艰难，稍有退缩，当即瓦解。这真是所有要成就大业的人必须参透的功课。

就此看来，从张仪再到范雎，游士面临着许多共性的问题，其中之一就是主客矛盾。主客矛盾不解决，任是游士口舌锋利，也无能为力。韩非总结过游说的很多危险之处，其中便有"论其所爱，则以为藉资；论其所憎，则以为尝己"[1]。论及爱憎，都是触及人主心意的事。说得对了，未必讨喜，稍有闪失，万劫不复。游士与天斗，与人斗，与命斗，将自己的一生托付于未知，伴随身旁的只有勇气与希望。他们不是人生的强者，还有谁是呢？

范雎化名张禄成为秦的国相后，张禄之名天下闻，范雎之名无人知。魏国听说秦国要东伐韩、魏，派须贾来秦国游说。范雎听说了，故意穿着旧衣来见须贾。须贾很惊讶范雎还活着，说道：范叔别来无恙啊！范雎说，还行。须贾问：范叔是在秦国游说吗？范雎说：我之前在魏国得罪相国，逃到这里保命而已，哪里还谈得上游说！须贾问：那你平时以何为生呢？范雎说：给人当雇工罢了。须贾颇可怜范雎，留他吃饭，感叹道：范叔贫寒到如此地步啊！于是取来自己的绨袍赠给范雎。席间，须贾乘机问范雎认不认识秦相张禄，听说张禄是秦王的智囊，天下的事全都由张禄主宰。要是能通上张禄的关系，这次出使秦国就算是成功了。范雎抹了抹嘴说：我家主人与张禄大人熟识，就算是我，也能见到他，我带你去吧。须贾说：我的马病了，车轴也断了，要是没有大车驷马，我不出门。范雎说：我把主人的大车马借来给您使用。

范雎驾着自己的车马，载着须贾，驰入秦相府，也就是回到了

---

[1]　《韩非子集解》卷四《说难》，第89页。

自己家。看到这一幕的人都很惊讶，纷纷躲避。须贾有点诧异。等到了相府后宅大门，范雎告诉须贾在这里等待，他进去通报。须贾等了很久，不见范雎出来，就问守门人：刚才进去那个范叔，怎么还不出来？守门人说：谁是范叔？须贾说：刚才带我来的那人啊。守门人说：他啊，是咱们大秦丞相啊。须贾傻眼了。还算他反应快，马上脱光了上身衣服，跪着进去，通过守门人谢罪求情。

须贾认识的范雎，不认识的张禄，也就是大秦此刻的丞相，盛张帷幕，罗列侍者，传唤须贾。须贾爬进来叩头谢罪说：我想不到您能自致于青云之上，我从此不敢再读天下书，不敢再言天下事了。我有罪，愿把自己放逐到蛮荒之地，是死是活，听凭您处置。

这个时候的范雎，应该是人生最得意的时候。古人说，人生有四大喜事：久旱逢甘霖，他乡遇故知，洞房花烛夜，金榜题名时。不过对于一般人来说，这四件事成功率都比较高。成功率高的事，只能说是寻常的喜事，却谈不上扬眉吐气。最让人快乐的事，是被人认可，是被过去不认可自己的人认可，是被自己一直期待认可自己的人认可。而且这种认可，还是以一种"我不需要了"的方式说出来的。那就叫一雪前耻。

范雎问：你犯了什么罪啊？须贾也老实了，说把自己头发都拔光了都不足以数清自己的罪过。范雎说：你罪过不多，就三条：第一，过去楚昭王时申包胥舍命救楚国，后来楚王封他五千户，他推辞了，因为他本就是楚国人，爱国是本分。我是魏国人，祖先的坟墓也在魏国，你却怀疑我对魏国有二心，让魏齐整治我，这是你第一条大罪。

这的确是须贾的罪过。罪在何处？罪不在于不识人，而在于不信人；不光在于不信人，更在于以常理度人。须贾虽识范雎为贤士，却不信任贤士；虽带范雎出访，却将他看作寻常士人，认为他也会见利忘义。朋友相交，贵在知心。既已结交，反而藏心，是大忌。人和人相交，贵在谦下。既已相交，却处处固执己意，这样的人，不仅不能干成大事，而且会因为猜忌、迟疑、犹豫而变得小器。须贾能在史书中留下一笔，全因为范雎，他自己还不自知，实在是愚不可及。

范雎接着说：魏齐在厕所中侮辱我的时候，你不制止他，这是你的第二个罪过。范雎又接着说：喝醉之后在我身上撒尿，你怎么忍心？这是你第三个罪过。

的确，这进一步说明了须贾的绝情与愚蠢。落井下石、不念旧情之人，不值得怜悯与同情。

范雎说：我还没杀掉你，是因为你刚才还对我表现了故人之情，赠送我绨袍。你走吧。

须贾向范雎辞行。这一次，秦相张禄请各国使节齐聚，摆上丰盛的酒宴，故意安排须贾在堂下，面前只有一盘草料。两个刑徒服侍须贾，像喂马一样喂他。秦国故意在列国面前羞辱魏国，这个羞辱有双重的意味。从国家层面说，秦国太强，主攻方向是魏国，此举形同宣战。从个人层面说，范雎曾经在魏国受过的侮辱，如今想必已经传遍列国了。他报复私人恩怨，在战国的文化环境中是天经地义、正大光明的事。从国家层面来说，列国会感到恐惧；而从私人恩怨来说，列国必定觉得这样做无可厚非。甚至可以想到，列国使节还会暗自赞叹：相国真大丈夫也！

范雎当众数落须贾说：回去告诉魏王，赶紧把魏齐的头拿下来送给我，不然的话，我就灭了魏国，血洗大梁城。这些话须贾还是认真传达了。魏齐怕了，跑去赵国，藏到了平原君家里。

干成这件大事的范雎，重重地报答了帮助过他的王稽和郑安平，此后他散尽家财，报偿曾经帮助过他的人，当然，也报复曾经伤害过他的人。《史记》说他"一饭之德必偿，睚眦之怨必报"①。

快意恩仇、恩怨分明，不是侠客又是什么？当范雎被须贾出卖，被魏齐殴打，被宾客侮辱，肋骨折断，毁容破相的时候，他知道自己会成为秦相而左右天下风云吗？当张禄执掌秦国大政，以天下为枰，以诸侯为子，权衡万物，游戏人间的时候，他还会回忆起曾经的耻辱吗？范雎张禄，谁是真身？两世为人，张禄的快意，范雎体会得到吗？

范雎的人生太过传奇，司马迁用了大量的笔墨不厌其烦地描绘，很明显有着他的深意和态度。而再怎么描绘，这区区数千字，能写出范雎张禄的云泥之判，却写不出他暗夜里的孤独。

他想过什么，他在想什么，他还想什么？范雎，无言。张禄，无言。司马迁，无言。无言，最是孤独。

给范雎的仇恨收个尾吧。秦昭王听说魏齐躲在平原君家里，直接给平原君写信说：我想和你作布衣之交，你来我这里喝十天酒如何？平原君不敢不来。来了，就被秦王扣下走不了了。秦昭王说：

---

① 《史记》卷七九《范雎蔡泽列传》，第2415页。

周文王有吕尚，齐桓公有管仲，这两人和王者虽名为君臣，形同父子。今天，范雎就是我的叔父，叔父的仇人在你家，你看怎么办好呢？前面我们讲过平原君，这个人看着不是很突出，就是个有钱的阔公子罢了。不过这次，在秦昭王的宫殿里，平原君表现得很硬气。他说：富贵时结交朋友，为的是不忘贫贱之时。魏齐是我的朋友，就算他在我家里住着，我也不会把他交出来——何况，他不在我家里呢。

秦昭王看平原君确实称得上四公子之一，也不麻烦了。他直接给赵王写信说：大王的弟弟在我们秦国，我们秦国国相的仇人在大王弟弟家里。把魏齐的头送来，不然，我就攻打赵国，也不放你弟弟回去了。对于国君来说，弟弟无足轻重，不过国家面临战争威胁就是另一回事了。赵王的执行力很强，迅速包围了平原君家。魏齐又一次逃了出来，跑到赵相虞卿家里。虞卿考虑了下：赵王应该不会为了魏齐和秦国打仗，自己又不想看着朋友白白死去，那就放下相印，跟随朋友一起去逃亡吧。诸侯都不敢和秦国撕破脸，天下之大，却没有急难之中可以投靠的人，只能去往大梁，想通过信陵君的关系投奔楚国。

虞卿带着魏齐来到信陵君家。信陵君呢，却"畏秦，犹豫未肯见"，曰："虞卿何人也？"侯嬴在一旁说：

> 人固未易知，知人亦未易也。夫虞卿蹑屩檐簦，一见赵王，赐白璧一双，黄金百镒；再见，拜为上卿；三见，卒受相印，封万户侯。当此之时，天下争知之。夫魏齐穷困过虞卿，

> 虞卿不敢重爵禄之尊，解相印，捐万户侯而间行。急士之穷而
> 归公子，公子曰"何如人"。人固不易知，知人亦未易也！ [1]

这是信陵君窃符救赵之前的事了。我们知道了侯嬴为什么是当时的
贤士，我们也知道了信陵君不像后来那样敢于与秦为敌，我们更
知道了史书中一言不发只作为客串出现的虞卿是位侠客相国。人在
一时一地的表现，未必代表一以贯之的心胸。荆棘之中可能生出甘
草，矮子里面也能长出英雄。知人则哲，知人实难。谁知道长久信
赖的人，会在什么条件下改变心意呢？谁知道从来瞧不起的人，在
何时让我们震惊呢？我们不知道。人性易动也易变。要说从历史中
能有点什么收获，那或许就是：不要轻易相信与托付。如果相信
了，就坚持下去，不要后悔。

听了侯嬴的话，信陵君很羞愧，亲自驾车迎接虞卿、魏齐。魏
齐听说了信陵君之前的犹豫，怒而自杀了。赵王听说，拿了魏齐的
头给秦王，秦王放回了平原君。

范雎报仇了。只不过，看起来魏齐也是个有血性的人。

原来天地间的事，不只有对错，更有时运。风云际会，沧海桑
田，一切本无定数。

还是前面说的，思考、等待、忍耐，是永远不变的道理。毕竟
除此之外，人们常常无可奈何。

---

[1] 《史记》卷七九《范雎蔡泽列传》，第2416页。

上蔡悲歌

回到李斯吧。他人生的高光时刻在秦统一以后。此时的李斯已经是秦朝的丞相了。秦的国策是，不分封功臣子弟作诸侯王，商鞅以来，一直如此。秦始皇三十四年（前213年），在咸阳宫置酒高会。有个博士名叫淳于越，是齐国来的，他说殷周历时千余岁，其原因就在于分封子弟为诸侯。如果不分封诸侯，只怕出现内乱的时候，没有人辅翼朝廷。这些话肯定不是淳于越自己想说的。他没有军功，分封诸侯也轮不到他。他背后的支持者应该是秦国的军功贵族，也就是秦始皇帝的亲属与秦国的军事世家。

秦始皇让李斯给个意见。李斯的意见很清楚：这种话不用理会，纯粹是儒生胡言乱语。与要不要分封诸侯相比，李斯觉得控制儒生的思想更加重要，不如"诸有文学《诗》《书》百家语者，蠲除去之。令到满三十日弗去，黥为城旦。所不去者，医药卜筮种树之书。若有欲学者，以吏为师"[1]。这就是著名的焚书。

李斯动议焚书，有一显一隐两个目标。

显性目标是禁绝诸子学说。文学《诗》《书》，说的是儒学。先秦秦汉称文学，多数时候指的都是儒学。儒生以五经作为教材，是周代贵族教育的平民化。百家语，说的就是其他诸子之学，内容驳杂，各式各样。禁绝儒家及诸子学说，目的在于统一思想。

淳于越建议分封诸侯，也算不上妄议朝政。就算是说错了，稍

---

[1] 《史记》卷八七《李斯列传》，第2546页。

作惩戒也就罢了，何必将诸子之学全都禁止呢。这便指向了焚书的隐性目标：警诫军功贵族。分封的最大受益者是军功贵族。他们在幕后动议，儒生在前台唱和，两者隐隐结成了联盟，其后果令人恐惧。更何况，淳于越来自齐地，在齐国任博士之职，不太可能是统一战争前就来秦国效力的，因为儒生一般不会这么做。那么，他是统一后入朝为官的。亡国之人迅速和战胜国的实权派结盟，这种情况不会引起始皇帝的警惕吗？李斯看清楚了这一点，提出焚书的建议，一方面，加强了思想控制；另一方面，敲打了军功贵族。这样看来，奉行刑名法术之学的官僚集团，才是皇帝真正的盟友。

其实历史上，秦朝关于郡县和封建的争论，出现过两次。除了刚刚提到的这一次之外，秦统一之初，丞相冯绾等人就提出，在遥远的燕国、齐国和楚国等地，分封始皇帝诸子作诸侯王。那时候，群臣皆以为便。时任廷尉的李斯说，郡县制下，中央对地方的控制力强，诸子功臣有赋税赏赐就够了，不能给他们土地和百姓。否则，就是重回战国时代。

注意到了没有，李斯又一次站到了秦国实权派的对立面。上一次是谏逐客，这两次是谏分封。两次矛盾的表现形式不一样，实质是一样的，都反映了秦国深刻的主客矛盾。

后人的注意力集中在郡县制和分封制的优劣上，忽视了主客矛盾的存在。即便是对于郡县制和分封制的差异，前人的讨论也有未尽之处，关于这一点，我们放到后面汉初历史的讨论再作交代。

李斯的儿子都娶了秦朝的公主，女儿嫁给了秦朝的公子。李家贵盛无两，和皇权深度绑定了。他的长子李由做了三川郡守。三川郡控制的是过去的周地，也就是洛阳平原。这里军事地位险要，政治地位独特。从秦始皇以后，秦汉两朝，由宰相子守洛阳形成定制。为何如此呢？就是前文所说，官僚集团是皇帝真正的盟友，他们的权力拜皇权所赐，离开皇帝则一无所有。官僚集团的首脑是丞相，他自然与皇帝休戚与共，同进退。他的儿子守洛阳，皇帝放心，丞相安心，算是彼此的一个保证和确认。

李由回咸阳休假，李斯大摆宴席，百官前来庆贺，门庭车骑千数。面对这等盛景，李斯却心生悲凉：啊，我曾听老师荀卿说，"物禁大盛"。我过去是上蔡布衣、闾巷间的老百姓。幸蒙陛下赏识，拔擢至一人之下、万人之上的位置，可谓富贵极矣。物极则衰，我不知道未来的归宿会在哪里呢！

谋求权力如同登山，每上一步都有风景。站在山巅，欣赏到极致的风景之后，没有人愿意面对上不能上、下不能下的情境。如果说，人生的意义在于成功，那么成功之后是什么呢？如果说，人生的意义在于平淡，李斯不是在少时就意识到，厕所中的老鼠担惊受怕、饭都吃不饱吗？生逢乱世，全力以赴地有所作为，尚且未必能生存，何况寻常百姓，想要什么岁月静好，无异痴人说梦罢了。李斯没错，成功没错，错在他怕了。往上走，走到头了，也不要怕。胜负自担就好。

当人开始意识到危机的时候，危机已经萌生了。顺利的人不会忧愁，掌控一切的人不会紧张。李斯的警惕，恐怕来自对始皇帝身体状况的熟悉。始皇帝一共只活了四十九年，按照古代的纪年方法，可以算作五十年。五十岁在今日正当壮年，在古代也不算长寿，始皇帝如此早逝，有些表征值得注意。

始皇帝统一天下以后，就开始派方士寻找仙人和仙方。此举当然是为了谋求长生，其实也暗示着他身体不太好。当时最擅长神仙方术的人都来自海边，以齐国人居多。所以史书上记载，始皇帝去得最多的地方就是齐地。来自遥远内陆的人，深信神秘海洋之上有着他们不曾掌握的知识和奇迹。始皇帝为了长生，甚至模拟神仙的生活方式，在咸阳宫中隐居，制造神秘的氛围。这个行为看起来荒诞，但是有着相当强的黄老理论作支撑。

身体健康的人不会天天关注养生，精神健康的人不会日日纠结死亡。始皇帝每天花很多的时间精力思考自己的身体和身后世界，足以证明长期的高强度脑力劳动和心理压力给他造成了巨大的精神伤害。他信任的方士侯生、卢生找不到仙药，两个人商量时的对话曾提到，始皇帝刚愎自用，专任狱吏，以刑杀为威，特别是"天下之事无小大皆决于上，上至以衡石量书，日夜有呈，不中呈不得休息"①，透露了始皇帝的工作状态。

"衡石量书"，说的是始皇帝每天要读重量为一石的奏疏，不完成这个工作量不休息。一石，是一百二十斤。秦代的一斤大概相当于今天的250克，也就是半斤。也就是说，始皇帝每天要读重量约为60斤，即30公斤的奏疏。

秦代的奏疏都写在简牍上，有木质和竹制的两种。一石奏疏，能写多少字呢？邢义田教授测算，如果司马迁的《史记》一如江苏

---

① 《史记》卷六《秦始皇本纪》，第258页。

东海尹湾汉简《神乌赋》和山东临沂银雀山汉简《孙膑兵法》的书写形式，每简38字左右，则全书130篇，52.65万字，需要竹简13855枚。"以木简的重量计，则达43.7—48.1公斤，甚至55.9公斤。如以新鲜的竹简计，则达58.33公斤；用新鲜红柳简则更重达101.62公斤。"①

王子今教授在此基础上进一步推算，参照邢义田教授对于书写《史记》竹简重量几种推算的平均数51.015公斤，如果秦始皇批阅的文书用同样的每简38字的形式书写，则"石，百二十斤"的篇幅可以书写31.79万字。秦始皇"以衡石量书，日夜有呈，不中呈不得休息"，每天必须处理的"书"，竟然超过30万字②。

放在今天纯粹的脑力劳动者身上，每天阅读30万字的文献，实属相当困难的事情。更不用说阅读之外还要做出决定，其压力之大可想而知。再加上秦汉时代人们的生活方式和今天不太一样，当时的照明条件很差，夜间阅读虽说不是不可能，但终究亮度有限，影响效率③。另外，当时的食物能够提供的热量也不能和今天相比，即便是贵为皇帝，食用的高质量蛋白质的来源也有限。到了汉代，一些今天人不太会尝试的食物，却作为古人餐桌上的美食，先后在帝

---

① 邢义田：《汉代简牍的体积、重量和使用——以"中研院"史语所藏居延汉简为例》，《地不爱宝：汉代的简牍》，北京：中华书局，2011年，第12页。
② 王子今：《秦始皇的阅读速度》，《博览群书》2008年第1期。
③ 徐畅：《秦汉时期的"夜作"》，《历史研究》2010年第4期。

王陵寝中发现①。工作强度极高，又吃了太多这样的食物，始皇帝的身体状况恐怕就很堪忧了。

一方面工作强度高、压力大，另一方面吃不好、睡不好，秦始皇本能地想要求仙，作为现实和精神层面的寄托。长期的出巡，舟车劳顿，海陆颠簸，又进一步恶化了他的健康状况。秦始皇三十七年（前210年），皇帝最后一次出游，先至云梦，沿江而下至会稽，再沿海岸线北上至琅琊，亲乘大船捕杀大鱼，至荣成山、之罘，最后抵达平原津。

始皇帝在平原津病倒了。

这次出游有着谢幕演出的味道。始皇帝似乎知道自己的身体支撑不了太久，所以要最后看一遍自己建立的庞大帝国。放在今天，从西安出发，去武汉、长沙，再到杭州、苏州，接着去山东转一圈，恐怕都是极大消耗体力和精力的事情。更何况在当时的交通条件下，这一趟出巡，绝对称得上用生命演绎的壮游。这一圈走下来，始皇帝已经支撑不住了。

明知自己可能支撑不住，还要走这一趟，是不是某种英雄主义的悲壮呢？历史上有暴虐之名的始皇帝，是不是也算一位勇敢的游侠呢？

他只是不服气与不甘心吧。

《史记》记载，始皇帝留下的最后一道命令，是发给远在北边

---

① 王子今：《北京大葆台汉墓出土猫骨及相关问题》，《考古》2010年第2期；张琦、侯旭东：《汉景帝不吃老鼠吗？——我们如何看待过去》，《史学月刊》2019年第10期。

防御匈奴入侵的长子扶苏的。命令说：回到咸阳参加我的葬礼把我埋葬。

这条命令没有说谁是帝位的继承人。在始皇帝的理想中，他可以长生不老，所以也一直没有立太子。而秦国一直也没有嫡长子继承的传统，所以扶苏也并没有被当作当然的继承人。

可是反过来说，熟悉权力运作的人都知道，至高权力的一颦一笑，都有深意。始皇帝最后联系的人是扶苏，不是他其余的儿子们，也不是他的兄弟们，这表明了始皇帝最信任的人还是扶苏。凭借这封诏书，朝臣们已经能够窥知始皇帝的心意。

更何况，皇帝一直修习黄老之术，习法家之道，效法真人，潜行隐迹，说话隐晦，让群臣琢磨。现在的诏书，已经是很清楚的皇帝命令了。

始皇帝这次出行，随行的核心人物有左丞相李斯、中车府令行符玺事赵高，以及少子胡亥。丞相是重臣，处在发号施令的核心位置，不能不随从。赵高的身份比较特殊。中车府令掌管皇帝车马，算是出行后勤保障人员。不过他还"行符玺事"，也就是掌握印信，负责收发文书。那赵高的身份就相当于皇帝身边的秘书长。皇帝出令、御史大夫发布、丞相执行，这是秦朝行政的流程。皇帝没带着御史大夫出来，赵高就是临时的御史大夫，在命令传递过程中，起着上传下达的作用。

自秦以后，中国形成了文书行政的传统。秦朝律令规定，行政事务不可以口头传达，必须落实到书面上。这条原则自此成为铁律，一直通行至今天。而且，书面命令不光有命令的内容，还要注明书写人、发令人，还要有印信封泥作为凭证。封泥和欧洲中世纪的火漆差不多，标记印章作为信用。承接文书的机构，在收到文书时，需要专门制作簿册，记录收录文书的时间和人员。秦代实行的一整套文书制作、发布、传递、收录的政策，非常严格，每一个环节都有专人负责。不如此不能保证命令传递的准确，也不能保证命令的严肃。如此制作和传递的文书，就给人一种肃穆端正之感。王权和皇权的威势，正是在类似的细节中，一点点建立起来的。

不过，这种模式化的流程，也制造了另一种权威，也就是控制文书传递关键环节的人，成为了皇权的化身。替天言事之辈，也成了王。算不得是真王，算是临时代理的假王。可是，假王也可以行使皇权。

王已死。新王未立。假王在位。

赵高和李斯，就是始皇帝驾崩时的假王。

皇帝死在都城之外，是天大的事情。李斯和赵高将这件事保密。幸好始皇帝平时也隐身潜行，用文书处理政务。他不露面，随从也觉得正常。

车队默默前行，一如既往。只有山川为证，哀悼着逝去的天子。

赵高找到李斯，拉拢他，要拥立胡亥作皇帝。李斯说：这些话是灭族的话，别和我说，我没听见。赵高说：知道你怕死，不过不听我的，你会死得更快。你仔细想，扶苏当了皇帝，到时候一定重用蒙恬。我在秦的宫廷中服务二十几年了，没见过秦朝的功臣将相有传两代的。一朝天子一朝臣，你伴随先帝干了那么多事，新皇登基，不会清算你吗？这话说到李斯心坎里了。他同意与赵高合作，拥立胡亥。赵高伪造了一封命令，让扶苏自杀，即刻派使者发了出去。

李斯下定决心的时候，仰天长叹，垂涕太息，说："独遭乱世，既以不能死，安托命哉！"

21世纪初，北京大学入藏了一批西汉简牍，其中有一篇叫作《赵正书》，记载了始皇帝驾崩，胡亥即位的另一个版本：

> 昔者秦王赵正出游天下，还至柏人而病。病笃，喟然流涕，长太息谓左右曰："天命不可变乎！吾未尝病如此，悲（以下残缺）"[乃召丞相斯]而告之曰："吾自视天命，年五十岁而死。吾行年十四而立，立卅七岁矣，吾当以今[岁]死，而不知其月日，故出游天下，欲以变气易命，不可乎！今病笃，几死矣。其亟日夜揄[引]，趋至甘泉之置，毋须后者。其谨微密之，毋令群臣知病。"
>
> 病即大甚，而不能前，故复召丞相斯曰："吾霸王之寿足矣，不奈吾子之孤弱何！……其后不胜大臣之纷争，争侵主。吾闻之：牛马斗而蚊虻死其下；大臣争[而]齐民苦。吾哀怜吾子之孤弱，及吾蒙容之民，死且不忘。其议所立。"
>
> 丞相臣斯昧死顿首言曰："陛下万岁之寿尚未央也。且斯非秦之产也，去故下秦，右主左亲，非有强臣者也，窃善陛下高议！陛下幸以为粪土之臣，使教万民，臣窃幸甚。臣谨奉法令，阴修甲兵，饬政教，官斗士，尊大臣，盈其爵禄，使秦

并有天下，有其地，臣其王，名立于天下，势周室之义，而王为天子。臣闻不仁者有所尽其财，毋勇者有所尽其死。臣窃幸甚，至死及身不足[以报]，然而见疑如此，臣等当戮死，以报于天下者也。"

赵正流涕而谓斯曰："吾非疑子也，子，吾忠臣也。其议所立。"丞相臣斯、御史臣去疾昧死顿首言曰："今道远而诏期窘，臣恐大臣之有谋，请立子胡亥为代后。"王曰："可。"

王死而胡亥立，即杀其兄扶苏、中尉恬，大赦罪人，而免隶臣高以为郎中令。因夷其宗族，坏其社稷，燔其律令及故世之藏。又欲起属车万乘以抚天下，曰："且与天下更始。"①

这段材料内容很清楚，明确说出胡亥被立为皇帝是始皇帝生前清醒时的决定。这个决定是皇帝和重臣们共同商议的结果。至于胡亥即位后，除掉长兄和蒙恬，完全是权力斗争的常态，无可厚非。

《赵正书》之外，今天还能在出土材料中看到二世元年（前209年）十月甲午诏书：

天下失始皇帝，皆遽恐悲哀甚。朕奉遗诏。今宗庙事及书以明至治大功德者具矣，律令当除定者毕矣，以元年与黔首更始，尽为解除故罪，令皆已下矣。朕将自抚天下，吏、黔首其

---

① 北京大学出土文献研究所编：《北京大学藏西汉竹书（三）·赵正书》，上海：上海古籍出版社，2015年，第189—191页。

具行事，毋以徭赋扰黔首，毋以细物苛劾县吏。亟布！

以元年十月甲午下，十一月戊午到守府。[①]

诏书中，二世强调自己是奉先皇遗诏而即位的，现在要与民更始了。这样说也无可厚非，毕竟他不会说自己是李斯和赵高共谋而立的。

关于秦二世皇帝即位一事，今天能看到的有两份历史记录。一份是司马迁的《史记》，一份是北大汉简《赵正书》。如果没有《赵正书》，司马迁的记录就是最权威的记载。甚至可以说，司马迁在其他方面表现出的不容置疑的史家操守，使他关于秦皇位继承的记录也令人深深信任。

《赵正书》的出现造成了历史记忆的混乱。

对很多人来说，秦二世皇帝如何即位并不是什么重要的事。特别是对今天的人来说，两千年前的事了，是非真伪有那么重要吗？确实没那么重要。不过对于每个普通人来说，重要的事情是，我们的记忆会不会出现误差，会不会被有意地修改？

举个很常见的例子。人们更容易回忆起痛苦而非快乐。很多宗教、哲学、心理治疗师都是这么说的，苦是正常的，欢乐是非常的。人如此活着而非生活，人如此自保而非前行。之所以会这样，是因为修改了记忆，一定程度上可以有效地缓解当下的、难以抵抗的巨大的苦痛。换言之，人不会主动遗忘，而痛苦教会了他们。历

---

① 释文根据陈伟：《〈秦二世元年十月甲午诏书〉通释》，《江汉考古》2017年第1期。

史上的痛苦多而欢乐少，人们也会选择主动记忆痛苦，而无视欢乐。这样，留下来的内容，可以让活下来的人变得坚硬。

既然如此，理解历史记忆的改动，对每个普通人来说就是有意义的。过去发生的历史，被记录者选取某一个侧面记录下来。其中有真实的部分，也有修订的部分。有主观的改动，也有客观的无奈。古人尚且如此，何况今日呢。

有学者认为，司马迁可能看见过《赵正书》中关于二世即位的另一种解释。司马迁选择记录二世谋杀扶苏，目的是符合汉朝的官方意识形态。因为西汉是陈胜农民起义的结果，陈胜起义之时，打出了替扶苏报仇的旗号，以否定秦二世的法统。刘邦建汉，这一态度也被继承下来。故而《赵正书》即便在当时存在，而司马迁也未必采用或不能采用。学者的这一见解是有道理的。

不过，这个问题可以从另一面考虑，如果将《赵正书》的记载作为真正的历史记录下来的话，后面李斯的悲剧则是另一种解读了。那样一来，《史记》叙事的连贯性就削弱了，这一点我们后文揭示。还是继续交代《史记》中李斯的结局吧。

李斯和赵高密谋扶持二世皇帝即位以后，大肆清算始皇帝诸子、公主和秦国旧族，诛戮甚重。二世得意忘形，继续调发民力，修筑宫室。然而二世没有始皇帝的能力和权威，陈胜、吴广揭竿而起，天下为之震荡。

这时，李斯多次表达了他的反对意见。他越是反对，二世越是恣意妄为。二世对李斯的信任，在一次次的反对中被消耗掉了；李斯越是表现忠诚，越是被二世认为轻视自己。过去，李斯的建议是二世重要的参考；现在二世觉得，应该兼听则明，不能只听李斯的话。不过他忽视了，李斯是对他最重要的大臣；而他听从的建议，来自赵高。

赵高为了加强自己的权势，在二世面前多次诋毁李斯。终于，导致天下大乱的帽子被扣在了李斯头上。赵高甚至暗示二世，李斯意欲谋反。就这样，李斯被逮捕了。他不死心，在狱中给二世皇帝上书明志，他说：

> 臣为丞相，治民三十余年矣。逮秦地之陕隘。先王之时秦地不过千里，兵数十万。臣尽薄材，谨奉法令，阴行谋臣，资之金玉，使游说诸侯，阴修甲兵，饰政教，官斗士，尊功臣，盛其爵禄，故终以胁韩弱魏，破燕、赵，夷齐、楚，卒兼六国，虏其王，立秦为天子。罪一矣。地非不广，又北逐胡、貉，南定百越，以见秦之强。罪二矣。尊大臣，盛其爵位，以固其亲。罪三矣。立社稷，修宗庙，以明主之贤。罪四矣。更克画，平斗斛度量，文章布之天下，以树秦之名。罪五矣。治驰道，兴游观，以见主之得意。罪六矣。缓刑罚，薄赋敛，以遂主得众之心，万民戴主，死而不忘。罪七矣。若斯之为臣者，罪足以死固久矣。上幸尽其能力，乃得至今，愿陛下察之！①

这封信被赵高拦住了，二世没看到。不过我想他就算看到了也不会有什么反应。心已远，怎么劝也劝不回来的。这封信里的话，

---

① 《史记》卷八七《李斯列传》，第2561页。

和《赵正书》的记录很接近。也说不定，《赵正书》和《史记》都取材了当时流行的李斯狱中书，无非就是将此信安放的位置不同罢了。

李斯最终被夷三族，他自己也被腰斩了。这个命运李斯或许有所预见。不过即便他有所预见，让他重新选择一次，他还会重走一遍走过的路吧。毕竟和死亡比起来，不为人知和无所作为是更大的痛苦。

司马迁是这样评价李斯的："李斯以闾阎历诸侯，入事秦，因以瑕衅，以辅始皇，卒成帝业，斯为三公，可谓尊用矣。斯知六艺之归，不务明政以补主上之缺，持爵禄之重，阿顺苟合，严威酷刑，听高邪说，废嫡立庶。诸侯已畔，斯乃欲谏争，不亦末乎！人皆以斯极忠而被五刑死，察其本，乃与俗议之异。不然，斯之功且与周、召列矣。"①司马迁对李斯的评价相当高。其实历史上并不缺乏用道术匡扶君主之人，他们往往也没成功。反倒是李斯这种能因势利导、有所作为的人才是少见的。司马迁对李斯的议论虽有贬抑，可看他前文不厌其烦地交代李斯的全部经历，足见司马迁对李斯的欣赏。

回到《赵正书》的问题上来。司马迁选择将李斯、赵高和二世如此记录，另一个原因是，如果不将二世写成阴谋篡位之人，就没有办法解释李斯之死与赵高弄权。试想，按照《赵正书》的记录，二世的即位是皇帝和重臣们共同商议的结果，其中压根儿没有赵高

---

① 《史记》卷八七《李斯列传》，第2563页。

参与，那么到了秦末农民战争时，赵高权倾朝野，指鹿为马，他的权力之路始于何处呢？李斯和赵高的矛盾又从何而起呢？从历史的完整性来说，司马迁的叙述更充分，这也是今天不能轻易否定《史记》的记载的原因。

千载风云激荡，无数英雄浮沉。凭谁问，正邪两立，和光同尘。掩卷太息，无用最是书生辈，空悼光阴无限恨。

第三章

秦楚之际：显名天下

秦二世元年，陈胜、吴广在大泽乡喊出"天下苦秦久矣"的口号，掀起反秦的浪潮。一时间，天下云集响应，只用三年时间就将不可一世的秦朝灭亡了。秦统一六国，虽结果于始皇帝时，而其积累却经历了数百年漫长岁月，其间天时、地利、人和缺一不可。六国各据优势，被秦逐一消灭，秦之强大，可知之矣。如此强大之秦，不曾为六国所破，反而被陈胜一班刑徒所灭；秦积累功劳如此之慢，大厦崩塌又如此迅速——这两件事，深深地震撼了当时的历史亲历者。西汉建立以后，总结秦盛与秦亡的经验教训，特别是后者，显得尤为迫切与重要。

秦汉之间，又夹着一个楚，普通读者或许会忽视，而专治秦汉史者对此极其熟悉。北京大学历史系已故的田余庆教授有一篇著名的学术论文《说张楚》，揭示出了楚的意义。他的结论：非承秦不

能立汉，非张楚不能灭秦①，成为今日学者思考这一时期历史走向的
基本出发点。学者在此基础上，生发出了"后战国时代"的概念，
即从秦二世元年至汉景帝时，这六七十年的历史，呈现出更强烈的
战国色彩。这也成为今天考虑这一时段诸多历史现象的重要背景。

　　秦楚汉之际，历史变革剧烈频繁。司马迁形容这时候是"五年
之时，号令三嬗"，即短短时间内，天下的统治者居然换过三个。
故而"自生民以来，受命未有若斯之亟者"②。一顶顶王冠落地，
一次次大浪淘沙，一切坚固的东西都灰飞烟灭了。生活在这时候的
人，感受到的剧烈变化，改变了他们的行为，塑造了他们的心态。

　　历史由此呈现出丰富多彩的面貌，我们的主人公——游士和游
侠们，又根据他们的价值观，演绎了精彩的故事。

秦汉之际的游侠鼻祖

　　如果要我们说出西汉创立的最大功臣，大家一定会不约而同地
说——张良。在传统的认识中，谋士就是第一位的功臣。我国一向
有崇尚智慧的传统，自宋代以后，崇文抑武的风气更使得人们倾向
于对文臣谋士灌注更多的好感。诸如"五百年前诸葛亮，五百年后
刘伯温"之类的民间传说虽不见诸正史，却在民间口耳相传，显示
出更加强劲的生命力。活在史书中的人，未必比活在人心中的人更

---

① 　田余庆：《秦汉魏晋史探微》（重订本），北京：中华书局，2004年，第
　　28页。
② 　《史记》卷一六《秦楚之际月表》，第759页。

有意义。人的真正的价值，取决于他的影响。

张良就是一位有着巨大影响而被人熟记的人。虽然在《史记》的排序中，张良尚排在萧何与曹参后面。当时之荣位不过代表了当时的政治判断，而千秋的记忆则代表了历史和文化的尊重。从这个意义来说，张良是历史的胜利者。

不过，张良最开始可不是以谋士的形象出现的。他初登历史舞台的时候，是个侠客。张良的祖父张开地、父亲张平，都是韩国国相，先后辅佐五世韩国国君。张良年少，还没有在韩国担任官职时，韩国就灭亡了。因为家族的因素，张良对韩国的感情远比一般人要深厚。他散尽家财，连弟弟死了都不埋葬，就是要雇人刺杀秦王，为韩国报仇。

人的情绪的确能爆发出巨大的力量，放弃一切的时候，反而能够有所得。张良雇用了一个大力士，他能运转重一百二十斤的铁椎。前面已经提到了，秦代的一百二十斤，相当于今天的六十斤。联想到《水浒传》里鲁智深的水磨禅杖，本来想仿效关王刀，打八十一斤重。铁匠劝阻鲁智深，"肥了不好看，又不中使"，就改成了六十二斤。直观看，张良雇佣的力士，和鲁智深是同一个档次的，一定英勇过人。

张良和力士开始追寻始皇帝的踪迹。皇帝居于深宫之中，绝对下不了手。但是始皇帝经常东游，这就给了张良机会。他们在博浪沙安排了一次伏击。博浪沙在今天河南省原阳县，秦代这里叫阳武县，是三川郡所辖，地处天下之中，最为要害。史书上记载这次伏击，只有一句话，"误中副车"。力士没能击中始皇帝，只杀伤了他的随从。如果仔细想象，一次暗杀行动，少不了之前长期的准备。其中包括刺探始皇帝出行的路线，选定刺杀地点，杀手们埋伏下来而不被发现，以及规划逃生路线。一系列复杂的活动，不可能只有张良和力士两个人参与，他们背后应该有一个组织和一个情报网提供支持。

这次失败的暗杀行动激怒了始皇帝。他开始在天下发布通缉令，寻找可疑的抵抗分子，核心目标就是张良。张良于是改了名字，亡匿到下邳去了。

下邳已经在淮河下游，是东南地区。史书没有记载他为什么选择这个地方，很大的可能是他有故人居住在此。投亲靠友素来是我国百姓长距离迁徙的模式，故而建立良好的人际关系是根植在中国人血脉中的习惯。

张良离家千里，一路流亡，他会想些什么，史书也没有记载。仇恨可以支撑一个人走很远。张良的前辈伍子胥，也是满怀仇恨而长途跋涉。仇恨可以支撑一个人活很久。在报仇之前，他可以抵御饥饿、风寒、困顿、侮辱，甚至身体的疾病都好像不治而愈了。精神的力量总是无穷的。

还有一些现实的因素也要考虑进来。秦朝自商鞅变法以后，出行与过关，进城与住店，都需要有符传。符传是基于户口由本地长官签发的通行证。没有符传，张良就是亡人，亦即脱离户籍的流亡人口。对这类人，秦代的管理非常严格。岳麓书院藏秦简中，保留了秦代《亡律》的内容，举一条为例：

> 男女去，阑亡、将阳，来入之中县、道，无少长，舍
> 人室，室主舍者，知其情，以律迁之。典、伍不告，赀典一
> 甲，伍一盾。不知其情，主舍，赀二甲，典、伍不告，赀一
> 盾⌐。舍之过旬乃论之⌐，舍，其乡部课之，卒岁，乡部吏弗
> 能得，它人捕之，男女无少长，五人，谇乡部啬夫；廿人，赀
> 乡部啬夫一盾；卅人以上，赀乡部啬夫一甲，令丞谇，乡部吏
> 主者，与乡部啬夫同罪。其亡居日，都官、执法、属官⌐、禁
> 苑、园⌐、邑⌐、作务⌐、官道界中，其啬夫吏、典、伍及舍者
> 坐之，如此律。①

根据法律规定，如果明知来投奔者是亡人，还予以收留的，就
要被迁徙。迁徙的目的地一般是边地，属于开发比较差的地方，等
于没有判死刑的死刑吧。里中的典和伍长都要缴纳罚金。如果收留
者不知情，他和典、伍长也要被科以罚金。往上而论，乡官和其他
有地方管理职责的治民官，都要负连带责任。

流亡和收留亡人的成本太高，使得这两件事成为了非常奢侈的
事情。张良虽然变异姓名，但他是亡人的身份不会改变。一路上风
餐露宿自不可少，不过更多的依然是靠着有侠义心肠的朋友收留与
保护。所谓的侠，就是在这一次次明知不可为而为之的行动中，成
就了传奇。

倘若做事都没有成本，都按部就班，人生固然没有波折，可

---

① 陈松长主编：《岳麓书院藏秦简（四）》，上海：上海辞书出版社，2015
年，第56—57页。

是人类也不会前进。纵观历史，所有的创造，都始于勇敢，成于不屈，终于坚韧。如果说成功有一个父亲，他的名字应该是勇气；而他母亲的名字，应该是忍耐。容易做的事情人人能做，难做的事情做成了才是英雄。张良就通过这次试炼脱胎换骨了。

张良虽然隐居在下邳，却也不是整天躲在屋子里过隐士的生活。他还"从容步游下邳圯上"。"圯"字有两种解释。其一，在当地方言里，"圯"就是桥的意思。其二，"圯"指的是沂水，"圯上"就是沂水之上。总而言之，张良出来游览了。这份闲情逸致不能不令人刮目相看。想成为大人物，首先得有良好的心态，简单地说，就是万事不在乎。作为全国通缉犯的张良，还大摇大摆地出来郊游，这份胆色，注定他不平凡的命运。

有个老人注意到了他。老人穿着很普通，看不出深浅来，气势却不小。他走到张良跟前，故意把鞋子掉到桥下，对张良说：小子，下去给我把鞋子捡上来！张良惊呆了，搞不清楚这老头什么来路，想要揍他吧，又觉得欺负老人胜之不武，于是强忍着气下桥把鞋子捡上来了。

老人又发话了：给我穿上！

张良咽下这口气，跪着给老人穿上了鞋子。反正也替他捡上来了，不差这一步了。

老人大笑而去。张良更惊讶了，注视着他离开。老人走了大约一里地，又折返回来了，对张良说："孺子可教矣。后五日平明，与我会此。"[1]

----

[1] 《史记》卷五五《留侯世家》，第2035页。

张良愈发惊异了，跪下对老人尊敬地说：好的。

五天后的一早，张良来到桥上。老人早就在这里等待了，他很生气地责备张良：和老人家约定时间，反而比老人来得晚，怎么回事？说完，老人就走了，甩下一句话：再过五天早上，还是这里见。

又过了五天。这次张良长心眼儿了，鸡鸣时分就奔桥上来了。没想到老人又先到了，少不了又是一顿数落。继续约定，再过五天，早上再来。

又过了五天。张良不到半夜就来到桥上等着了。过了一会儿，老人又来了。这次他挺高兴，说：就应该这样。

如此折腾一通张良，老人要干什么呢？他从怀里拿出一编书，对张良说：读这本书，可以做王者的老师。十年以后会奠定大业。十三年以后，你会在济北见到我。谷城山下面的黄石就是我。说完就走，再无废话，再不相见。

天亮了，张良看这书，就是《太公兵法》。回忆和老人相识的经历，心中惊讶，感觉这本书不同寻常，于是认真学习。

奇人奇遇。前面讲到，秦始皇三十四年（前213年）的时候，李斯动议焚书，兵书自在其中。从老人说十年之后张良事业大兴的时间推算，这时候尚未焚书，兵法在民间也应有所流传。不过，《太公兵法》是不是比较难得呢？保存汉代宫廷藏书面貌的《汉书·艺文志》中，记录兵法一共有四个门类，分别是"兵权谋""兵形势""兵阴阳"和"兵技巧"。不妨借此约略作个介绍。

"兵技巧"讲的是具体的军事技法，其中有《李将军射法》

《望远连弩射法具》《蒲苴子戈法》《剑道》以及《手搏》这样的书，很明显侧重于技术层面。"兵阴阳"讲的是如何根据时节与五行变化，推测战争走势。其中的书名虽然也叫某某兵法，如《太一兵法》《天一兵法》《神农兵法》等，却主要是阴阳类书籍，不能看作交代兵图阵法的书。比如其中还有一本叫作《别成子望军气》的书，透露出这一类书算是望气者流的绪余吧。

"兵权谋"比较接近我们熟悉的兵法，讲的是用兵之道。《汉书·艺文志》说："权谋者，以正守国，以奇用兵，先计而后战，兼形势，包阴阳，用技巧者也。"[1]按这个说法，"兵权谋"是兵法总论，无所不包。其中包括《吴孙子兵法》《齐孙子》《公孙鞅》《吴起》《范蠡》《大夫种》等等著作。前两本书，应该是我们熟悉的《孙子兵法》和《孙膑兵法》。历史上，对于孙武子和孙膑是不是一个人，以及《孙子兵法》和《孙膑兵法》是不是一本书，有着长期持久的争议。直到1972年，山东临沂银雀山竹简的出土，才廓清了人们心头的谜团：孙武和孙膑是两个人，《孙子兵法》和《孙膑兵法》也是两本书。

"兵形势"可能是更具体的战场布局方法，类似于战术手册。《汉书·艺文志》说："形式者，雷动风举，后发而先至，离合背向，变化无常，以轻疾制敌者也。"[2]这一类书中，有几篇值得我们注意，比如《魏公子》和《项王》。前者是信陵君破秦之后，天下宾客大写兵法呈送给他，魏无忌很大方地一一署上自己的名字。那

---

① 《汉书》卷三〇《艺文志》，第1758页。
② 同上书，第1759页。

时候的著作权和现在理解的不一样。普通人写的书，被大人物据为
己有，是大人物吃亏，普通人占便宜了。因为当时图书流传比较艰
难，只有这样，才能让自己的著作传诸久远。算是得实不得名吧。
项王应该就是项羽。项羽一直以勇猛著称，他居然也有兵法传世，
可能是他实战经验的总结。楚汉虽然对立，但是项羽的兵法却一直
被保留，这是楚汉两朝千丝万缕联系的一个表征。

在《汉书·艺文志》著录的五十三家、七百九十篇兵书中，没
有一篇叫作《太公兵法》的，也没有一篇叫作《黄石公兵法》的。
《艺文志》中确实收录了一本叫作《太公》的书，却被归入"诸子
略·道家类"。这本书包括"《谋》八十一篇，《言》七十一篇，
《兵》八十五篇"[1]。原来《太公兵法》只是太公驳杂知识的一部
分。八十五篇兵法体量太大，不可能从怀抱中拿出来。张良得到
的，应该只是一个缩录本，是精华部分，看起来确实比较难得。

《汉书·艺文志》还说："汉兴，张良、韩信序次兵法，凡
百八十二家，删取要用，定著三十五家。"[2]习语中有"韩信点兵，
多多益善"一说，因为韩信是汉初的大军事家，他整理兵法无可厚
非。《史记·太史公自序》说"汉兴，萧何次律令，韩信申军法，
张苍为章程，叔孙通定礼仪"[3]，看来韩信是汉初整理兵法的主要负
责人。《汉书》将张良放在韩信前面，是《史记》不曾记录之事。
但我更愿意相信张良在兵法上一定有独到见解，也一定参加了汉初

---

① 《汉书》卷三〇《艺文志》，第1729页。
② 同上书，第1763页。
③ 《史记》卷一三〇《太史公自序》，第3319页。

整理兵法的活动。因为真正的兵法，就是洞悉世态和人心。

在这方面，没有人比张良做得更好了。

张良在下邳做了侠客，收留敢死之辈。他的朋友中有个人叫项伯，项伯是项羽的叔父。这层关系，早晚会发挥作用。侠客虽然未必将人际关系作为未来的储蓄，但是知恩图报却是很多受到帮助之人本能的选择。

陈胜吴广起义之后，张良也纠合了百余人。正赶上刘邦率兵来到下邳，两人相遇，一时风云际会。张良给刘邦讲授《太公兵法》，刘邦相当喜欢，依计而行。张良也给别人讲过这本书，别人就是听不懂。张良说，看来刘邦是得天命之人，于是决定辅佐刘邦。

乱世之间，人人自得为主。兵强马壮者做天子本是常理。不过，当我们将目光放在那些最后成就帝王之业的人身上时，也不应该忽视，很多本也要成就帝业之人，为何放弃了独当一面的责任，转而选择辅佐某个强势人物呢？如果说张良是文人谋士，可一点也不符合他的本来面目。张良是个侠客、杀手，需要的时候，打老头也不会含糊。作为生逢乱世，敢于拉起队伍造反的狠人，为何他愿意辅佐刘邦，而不独当一面呢？或许就是在和刘邦的接触中，发现了刘邦身上比他更具备的领袖气质吧。本质上讲，张良和刘邦是一类人，只不过刘邦在某些事情上，做得比张良更为彻底。

张良在刘邦身边，扮演的总是那个帮助刘邦下最后决心的角色。有这么几件事。第一件是刘邦初到咸阳，被秦朝积累的珍宝美女迷住了眼睛，住在咸阳宫里不出来了。樊哙劝说无果，张良说：

您这就叫"助纣为虐"，刘邦才重新回到军营里。第二件是刘邦被放逐到汉中为王，张良要跟随韩王东去，临走时告诉刘邦烧绝栈道，以示无东归之心。第三件是刘邦被项羽大败，感觉已经兵败如山倒，再无还手之力了，询问张良：山东的土地我都不要了，用来收买人心，可以依靠谁？张良回答说黥布、彭越、韩信。后来汉并天下，靠的就是这三人之力。第四件，郦食其劝说刘邦分封六国之后为诸侯王，联合他们的力量对抗项羽。张良听说了这件事，对刘邦说：大势已去。我们这些人跟随您打天下就是为了分得好处，现在您分封六国，六国人都回去效忠自己的国王了，谁还追随您呢？刘邦断然停止了。第五件，韩信打下齐国后，要当代理齐王，刘邦很生气。张良劝说他：咱们现在也阻止不了韩信当齐王啊，莫不如顺水推舟，之后请他来会盟灭楚。第六件，汉朝建立后，刘邦在洛阳宫看到将军们坐在地上聊天，问张良：他们干什么呢？张良说：您不知道啊，他们谋反呢。刘邦说：天下初定，谋什么反？张良说：因为您还没分封他们，他们觉得受了委屈。刘邦说：现在军务繁忙，还来不及一一分封。张良说：您找一个和您有仇的人先分封了，剩下的人心就安稳了。第七件，刘邦一度想定都洛阳，诸将也想。齐人娄敬劝说刘邦定都长安，张良也赞成，这样汉朝就定都了长安。

这七件，没有一件不是关乎汉朝建立和稳定的大事。可以说，有任何一件做错了，汉朝的建立或许都难以实现，或者其时间会推迟，抑或是即便统一了也很快会动摇。干事业便如逆水行舟，不进而退。处处荆棘，却未必有处处转机。张良的贡献，实在太大。

司马迁说张良"所与上从容言天下事甚众，非天下所以存亡，故不著"①。上面若干件事，关乎天下存亡，至于其他在司马迁看来未必很重要，而对我们普通人来说就是天大的事情，司马迁都不屑于一记。

像张良这样的人，文能定策，武能行刺，兼资文武，功成身退者，可谓是战国游士和游侠最典型的代表了。

天子的面相是啥样？

刘邦确实有过人之处。

《史记》和《汉书》在刘邦本纪的部分，记载刘邦发迹之前的情况基本一致，说明在司马迁撰述《史记》之时，刘邦的历史形象已经形成了通行的认识。

刘邦本是魏国大梁人。《史记·高祖本纪》记载他是"沛丰邑中阳里人"②，这是他三十几岁以后的著籍地，也就是户口所在地。沛是楚地，大梁是魏地，两者不可含混。居住地的变换带来了文化认同的改变。后来的历史舞台上，刘邦更多地承认自己是楚人，其中蕴含着深刻的政治意味。而他在生活的某些细节上，却保持着顽强的魏传统，也不应被忽视。这些在随后的讲述中，将逐一交代。

古代帝王降诞都有神异。这个传统从商周时代就开始了。《诗经·商颂》说"天命玄鸟，降而生商"，这是讲商人祖先契的母亲

---

① 《史记》卷五五《留侯世家》，第2047—2048页。
② 《史记》卷八《高祖本纪》，第341页。

吞燕子卵孕育的故事。同书《大雅·生民》记载周人祖先稷的诞生情况是："厥初生民，时维姜嫄。生民如何？克禋克祀，以弗无子。履帝武敏歆，攸介攸止，载震载夙。载生载育，时维后稷。"和周同源的鲁国作《鲁颂·閟宫》，描述了后稷诞生的类似情境："赫赫姜嫄，其德不回。上帝是依，无灾无害。弥月不迟，是生后稷。"后稷的母亲姜嫄长期不得怀孕，她虔诚地向上帝祈祷，有一天在地上踩了一个大脚印而有所感，故而怀孕。顾颉刚先生总结这两个神话指出：商周不承认始祖的前一代是人，也不承认他们和别的种族有共同的祖先。这是非常有见地的意见。

降诞神异代表着预言式的倾向性，日后事业越大的人，降诞的神异就越奇特。不过这些事情，都是后人制造的，不可完全当真。甚至随着事业的陨落，降诞的神异也难以得到保留。可以推测，诸如秦始皇、秦二世和项羽等人，一定也有降诞的传说，不过随着身死名灭而烟消云散罢了。

传说刘邦也是神子。其母刘媪在大泽之陂睡着了，梦见神降临与她结合。这时候"雷电晦冥"，刘邦的父亲太公去野外找刘媪，看到一条龙盘踞在她身上。先民有一些风俗习惯，可以通过类似的记载予以推知。刘邦本人因此相貌不凡。他"隆准而龙颜，美须髯，左股有七十二黑子"[①]。"隆准"有两种解释，一个是说颧骨高，一个是说鼻梁高。"龙颜"指的是眉骨高。刘邦的面相感觉就是深目高鼻，在当时看是相当突出的。他的胡须生得漂亮，估计

---

① 《史记》卷八《高祖本纪》，第343页。

是又黑又长。古代对男子的审美集中在面部，侧重于立体感和厚重感，由此生出一种富含意志力和决断力的姿态。

我有个不成熟的推测，刘邦的身高未必很高。本纪上说他做亭长的时候，经常戴一种竹皮作的冠，后来富贵了也依然喜欢戴。人们称这种冠作"刘氏冠"。一个人偏好某种穿衣风格无可厚非。不过在帝王本纪中特地写下皇帝未发迹时的服饰习惯，却又显得有些另类。《史记索隐》引东汉末应劭的意见："（刘氏冠）一名'长冠'。侧竹皮裹以纵前，高七寸，广三寸，如板。"东汉末的蔡邕也有个意见："长冠，楚制也。高祖以竹皮为之，谓之'刘氏冠'。"[1]刘氏冠是楚地长冠的滥觞，只是竹皮所制，并不是很稀有。值得注意的是这种冠很长。高达七寸，大约相当于今日15厘米左右。其名曰长，应该是各种冠中最高者。古代男子自行冠礼后，公开场合必须戴冠。孔子的弟子子路在临死之前还特地整了整自己的冠说，"君子死，冠不免"，反映出一种礼仪上的郑重。头顶15厘米的高冠，倘若个子本就很高，就显得太过夸张了。如果个子不是特别出挑，头顶高冠，便显得相得益彰，器宇轩昂。要是这个推测不错，刘邦即便出身卑微，却十分注重修饬仪表，说明他内心有着改变命运的强烈诉求。

如果多说几句的话，战国秦汉时代特别重视观相术。《荀子》中有一篇《非相》，显示了大学问家对观相术的态度。开篇就说"相人，古之人无有也，学者不道也"[2]。古人说这种话一定要反着

---

① 　《史记》卷八《高祖本纪》注引，第346—347页。
② 　《荀子集解》卷三《非相》，第72页。

看。如果相人术不是在社会上广泛流行的话，荀子也犯不着专门写篇文章批评了。荀子觉得，"相人之形状颜色而知其吉凶妖祥"没什么道理，"相形不如论心，论心不如择术"。所谓"形不胜心，心不胜术。术正而心顺之，则形相虽恶而心术善，无害为君子也；形相虽善而心术恶，无害为小人也"。后面他举了几个例子，诸如"帝尧长，帝舜短，文王长，周公短，仲尼长，子弓短"之类，说明长得"长短、小大、美恶"都和一个人的成就没什么关系。关系人的事业的，乃是"论志意，比类文学"，而非"差长短，辨美恶"①。老夫子这番话说得入情入理，很给长得不太出挑的人以信心。不过他举的几个例子都是古代圣贤，孔子以上的几个人，要么是传说中的人物，要么是世代贵族，对后者来说，无论美丑，都有个位置可以坐，都有份事业可以做。至于普通士人如何进身，如何取信，是否有机会论志意，比文学，荀子都没提。

　　大家应该都记得《战国策》中记载的邹忌讽齐王纳谏的故事。邹忌受到周围人的蒙蔽，自以为容貌远胜过城北徐公。但当他见到城北徐公后，明白了己貌远不如彼。邹忌受此启发，讽劝齐威王纳谏除弊。引人注意的是邹忌劝谏的切入点——人之形貌。邹忌左右之人，都不以邹忌与徐公比美为怪；齐威王听闻邹忌与城北徐公比美之事也不诧异。邹忌夸耀形貌在当时并非特例。《吕氏春秋》记载了齐威王之孙齐湣王时的另一位"美男子"列精子高，他"善衣东布衣，白缟冠，颡推之履"而问侍者自己样貌如何，侍者回应他

① 《荀子集解》卷三《非相》，第72—75页。

"姣且丽"；但当他自窥容貌于井时，发现自己乃"粲然恶丈夫之状"①。如果史料所记不误，邹忌和列精子高生活的时代非常接近，又同处一国，由此来看似乎齐国有重视形貌之美的风气。荀子也曾长期在齐都临淄生活，他对这个风气不可能不了解。甚至还可以推测，正是因为荀子太了解了，所以才写了《非相》加以批评。批评固无不当，但是否能扭转风气、在多大程度上扭转风气，恐怕仍要存疑。

　　一直到了东汉初，王充作《论衡》，其中有《骨相》一篇，说明观相术又有了新的研究成果，从直观的"长短、小大、美恶"发展到透视骨骼层面了。这篇文章中，荀子用以论证相貌不影响命运的例子，通通被王充反过来使用，说相貌确实影响命运啊。王充还特别提到："类同气钧，性体法相固自相似。异气疏类，亦两相遇。富贵之男娶得富贵之妻，女亦得富贵之男。"②这个说法是历史早期对夫妻相的解读。长得相似，气韵相近的人，会互相吸引。不过具体怎么看骨相，王充只是说"案骨节之法，察皮肤之理，以审人之性命，无不应者"③。说了等于没说。这也完全可以理解。诸如相面相骨之类的技术，不赖文字教训，纯依口耳相传，属于师徒之间的绝对秘密，也依赖长期的实践经验。王充要么全然无知，要么一知半解，只能明白其大概而已。

---

① 《吕氏春秋集释》卷二〇《恃君览·达郁》，第565—566页。
② （汉）王充著，黄晖撰：《论衡校释》卷三《骨相》，北京：中华书局，1990年，第114页。
③ 同上书，第116页。

　　王充还提到这样一种观点："非徒富贵贫贱有骨体也，而操行清浊亦有法理。贵贱贫富，命也；操行清浊，性也。非徒命有骨法，性亦有骨法。惟知命有明相，莫知性有骨法，此见命之表证，不见性之符验也。"①这个观点是对荀子更进一步的否定。荀子说，人的心态和行为决定了人的命运，而不是人的相貌。王充则直接说骨相不仅决定了人的命运，还决定了人的行为。换言之，看到一个人的样子，就应该知道他会做什么事，而不是只知道他有怎样的命运。命运是长时段的生命趋势，而行为是短时段的具体操行。骨相居然能精确到这么具体的事，令人惊叹。王充举的例子就是越王勾践和秦始皇。范蠡描述前者的样貌是"长颈鸟喙"，这样的人"可与共患难，不可与共荣辱"。尉缭描述后者的样貌是"隆准长目，鸷膺豺声"，这样的人也是贫困时可以与人好好相处，得志便轻视人了。范蠡和尉缭都决定离开两人，不再辅佐他们，以求避祸。

　　这两种样貌是不是一定导致那样的行为，现在不做过多的辨析。不过值得注意的是，勾践与始皇帝都是王者，成败胜负之际，用人有所去取是无可厚非的。与其说范蠡和尉缭是由王者样貌而推知未来，不如说他们深谙君臣相处之道罢了。

　　《汉书·艺文志》"数术类·形法家"中有《相人》《相宝刀剑》《相六畜》等书。所谓形法，乃是"大举九州之势以立城郭室舍形，人及六畜骨法之度数、器物之形容以求其声气贵贱吉凶"，特别是"形与气相首尾，亦有有其形而无其气，有其气而无其形，

---

① 《论衡校释》卷三《骨相》，第120页。

此精微之独异也"①。有形无气则无灵应，有气无形则运无根。这些话看来是贯通汉朝的流行语。需要注意的是，形与气紧密联系，这是刘邦后来重视云气的一个社会意识基础。

刘邦凭借生得好，得到了未来岳父吕公的青睐。事情是这样的。《史记》记载，单父（今山东单县南部）人吕公"善沛令，避仇从之客，因家沛焉"，因为和沛县令关系好，吕公为了避仇，所以举家迁徙到沛县了。这句话信息量很大。首先，前面提到过，秦代迁徙比较困难，需要地方政府的批准。吕公能够举家迁徙，证明他有相当的经济实力和政治影响，在地方上是个说了算的人物。其次，在地方上有影响力的人物，要避仇迁徙，说明他的仇人势力比他更大，不排除是他原来所居县的令长。第三，秦朝统一天下以后，在地方任命的郡守和县令多数是关中人，也就是秦人。沛令是外来者，居然和齐人吕公交好，说明吕公是个很擅长交际、交游广阔的人。综合这三点来看，吕公应该是地方上的豪强，也是一个侠客。

吕公来到沛县是一件大事。沛县中的"豪杰吏"，听说县令有"重客"，都来欢迎。"重客"好理解，比贵客还要尊贵的角色。"豪杰吏"就值得玩味了。要么断句成"豪杰、吏"，指的是县里的豪强侠客与吏员；也可以不从中间点断，就直接理解为同时兼具豪杰和吏员身份之人。吏员是基层官吏，负责县中日常行政，是最直接与老百姓打交道的人。他们要是挂上"豪杰"的身份，就等于

---

① 　《汉书》卷三〇《艺文志》，第1775页。

说他们一方面是吏员，一方面又是豪强。吏员要维持官方的地方秩序，而豪强则要执行自己的准则，建立另一套秩序。"豪杰吏"的存在，标志着秦朝沛县的基层治理处在一种灰色的模糊状态。那里是官与侠共治的有主无法之地。

可以想见，在这样环境中混出名堂来的刘邦是个什么样的人。也可以想见，普通百姓在这样的环境里过着怎样一种生活。更可以想见，"天下苦秦久矣"，这种压迫有多少来自咸阳，又有几分来自秦的基层官吏和地方豪强的同恶相济。

给吕公操持欢迎宴会的人是萧何。萧何是丰沛当地人，但是他一直很喜欢刘邦。公务上刘邦经常犯点小过失，萧何都帮他遮掩过去了。因为会做人，办事有门路，萧何很得秦朝下派到沛县的御史赏识。御史准备回咸阳大大地夸赞他一番，推荐他入朝为官。萧何坚决地表示拒绝，这才没去咸阳。

圆融、冷静而有远见，萧何就是这么个人。

这次萧何张罗宴会，对来宾说，送礼不超过一千钱的，请在院子里落座。刘邦只是亭长，负责缉盗等事，算是吏员中的末流。他来赴宴一分钱也没带，他本来也没钱，不过估计他有钱也不会带的。刘邦又穷脾气又大，瞧不起同僚，不想和他们坐在院子里。他大声说，"贺钱万"。一万钱不是小数，相当于当时中等人家全部财产的十分之一。

吕公震惊了。居然有这么大方的人来捧场吗？他亲自到大门迎接刘邦。吕公有个业余爱好，就是给人相面。他一看刘邦相貌不俗，心生敬重。吕公安排刘邦坐到自己身边。萧何这时候委婉地提醒吕公，刘季这个人啊一贯爱说大话，很少办成什么事。看来萧何对刘邦也不是真心敬重，只是谁都不得罪而已。刘邦看到平素瞧不起的同僚都坐在堂下，自己大摇大摆坐在堂上，好不得意，说话愈发口无遮拦，鲁莽放荡的本性流露出来了。吕公却更欣赏了。他将刘邦留下来说："臣少好相人，相人多矣，无如季相，愿季自爱。臣有息女，愿为季箕帚妾。"①

注意这段对话，吕公自称为"臣"。臣有男性奴隶的意思，只有下对上才会这么说话。老丈人对未来女婿这么说话，有些不伦不类。更何况吕公也是豪强侠客，再欣赏某人，也不至于如此低声下气吧。所以这段话，很可能是司马迁以后来人的口吻写下的。刘邦做了皇帝，海内皆臣，老丈人也不例外。不过，也不可以完全排除吕公对自己年轻时掌握的相人术相当自信，真心结交刘邦，说话恭敬一点没坏处。刘邦的年齿应该和吕公相仿佛。因为刘邦的庶长子刘肥所生的刘章，后来吕后时期在长安做人质，吕后很喜欢他，"儿子畜之"。换句话说，刘邦的年纪作吕雉的父亲也够了。

吕公的女儿就是吕雉，后来的吕后。此时正当妙龄，青春年少。吕雉的母亲当然不同意这门亲事了。吕公说"此非儿女子所知也"，很快就安排姑娘过门了。

吕雉给刘邦生了一儿一女。儿子就是后来的孝惠帝刘盈，女儿就是鲁元公主，嫁给赵王张敖，生子封为鲁侯，故称鲁元公主或鲁元太后。元就是大、长的意思。这一家四口虽然后来是第一家庭，

① 《史记》卷八《高祖本纪》，第344页。

当时就是普通农户。吕雉下地种田，两个孩子放在田垄上。有个老人路过，向吕雉讨水喝。接过碗来惊呆了：夫人是天下的贵人啊！吕雉心里高兴，说看看我这俩孩子吧。"嗯，您之所以富贵，就因为这个男孩；女孩也是富贵相。"谁听了这话不高兴啊。刘邦回来后，吕雉转述了老人的话。刘邦听说老人还没走远，赶紧追了上去，请老人为自己看相。老人说：刚才我看到的夫人和婴儿都长得像您，您的相貌贵不可言。

这就是后来王充说"类同气钧，性体法相固自相似"的历史依据。

吕雉在建立汉朝和稳定汉家天下的事业上建立了很多功劳。她的两个兄弟追随刘邦打天下，她自己更是协助刘邦剪除了韩信、彭越等异姓王，还保证了从刘邦向惠帝的皇位继承。可以说汉朝是刘、吕共建共治的成果。后来吕后称制，无论是传世材料还是出土材料都明确表明存在着吕太后纪年，说明吕后确实做了皇帝或者取得了接近皇帝的身份，而且这个身份汉朝的宗室、老臣都认可，足以表明吕后地位的独特性。

吕雉最初的业绩，就是辅佐刘邦，合伙骗人。

始皇帝驾崩后，二世皇帝号称与民更始，实则我行我素，继续征发民力，广筑宫室。秦亡的原因有很多，其中一个就是最早的皇帝不知道皇权的极限在哪里。始皇帝之前，不曾有如此庞大的帝国，也不曾有一人掌握如此巨大的权力。始皇帝尽情地领略巅峰的景色，因为他领导了一场空前巨大的成功，因此便没有想过失败。二世皇帝也没有从父亲那里收到教训，他看到的依旧是成功的经验。所以，尽情享受吧，哪管洪水滔天。

刘邦也在被征发之列。他奉命送一队刑徒往骊山给始皇帝修陵墓。刘邦的朋友们都给他送了点钱。大家都知道此行有去无回，礼金虽说是路上花销，实则也是安家之用。别人都送三百钱，而萧何送了五百钱。这里还是能看出萧何的圆融。三百也好，五百也罢，再多的钱也换不了命。众人心情抑郁，估计刘邦的心情也称不上明朗。不过呢，刘邦有个特别大的优点，也是所有做过侠客的人都擅长的一点，甚至可以说，侠客的境界高还是低，就取决于这个优点的大与小。这个优点就是，万事不当真。

刘邦眼里，同僚无所谓，吕公无所谓，家业无所谓，甚至皇帝也无所谓，只有自己有所谓。他绝非一个负责任的人，然而恰恰是这份不负责，却使得他成为了最有能力对所有人负责的人。刘邦这种人呈现的道德感是很差的。不过成功与否与道德的关系最为悬远，这是历史和人性吊诡之处。道家说："天地不仁，以万物为刍狗；圣人不仁，以百姓为刍狗。"[1]刍狗就是祭祀祷雨的时候用草编成的草狗，祭祀完了就扔掉了。越是想要得到的东西，越不能直接去要。越是不以为意，越是什么都有。其中的深意，值得人细细玩味。

刘邦压根儿没把身上的使命当回事。还没走出丰邑境内，很多刑徒就跑了。估计到了骊山可能就剩刘邦一个人了吧。去休去休，放开手。刘邦在丰西泽中摆酒，和大家痛饮一场，然后让所有人各

---

[1]　朱谦之撰：《老子校释》，北京：中华书局，1984年，第22页。

奔前程。他说："公等皆去，吾亦从此逝矣！"①何等豪迈！有十几个人觉得刘邦能成大事，跟随他在大泽中潜伏下来。当晚刘邦让人在前面开路。这人回报说，前路有大蛇。刘邦借着酒劲说："壮士行，何畏！"于是拔剑斩蛇，大步而过。

今天的人可能不太好理解开路是什么情形。《西游记》中八戒经常负责开路。这个开路不是简单的侦查，而是在丛林草莽之中真正拓展一条路出来。刘邦生活的丰沛地区，是水网密布、湖泊众多之处。用今天的话说就是湿地。在这里找条路上山潜伏可不容易，一定要有侦察兵前行。刘邦借一个软弱的前锋，进一步展示了自己的勇气。无论是否生逢乱世，勇气都是人最宝贵的品质。只不过，乱世中勇气令人振奋的效果更加突出。

刘邦斩蛇之后，前行数里就醉倒了。后面的人经过斩蛇处，看到一个老太太在哭泣，于是问老太太哭什么。老太太哭诉说，有人杀了她的儿子。她的儿子是白帝子，化身为蛇，挡在路上，被赤帝子杀了。问话的人听了这篇鬼话觉得老太太骗人，想要吓唬她一下，不料老太太消失不见了。这个人惊慌地追上刘邦报告了这件事。可以料想，赤帝子斩杀白帝子的故事在刘邦的小团体中逐渐扩散，最终会流传到沛县去的。

是不是真的有赤帝子斩杀白帝子这回事呢？很明显这是伪作的。刘邦伪作这个故事，目的在于增加自己身上的神秘色彩。这套办法当然是谁都能想到的。陈胜吴广起义之时，在鱼腹中藏书，还

---

① 《史记》卷八《高祖本纪》，第347页。

去树丛中学狐狸怪叫。出身平凡之人，缺乏先天的血统加持，必须用神奇故事让自己与众不同。斩白蛇的故事相当粗糙，一看就是没有经过深思熟虑的产物，但是这个故事又有一定的社会思想基础，使得它在似是而非之间显得玄妙无比。

秦统一之后，确立德运为水德。德运这个东西，在周的时候不存在，春秋战国的诸侯国也不大用。所谓德运，原本指政权获得的天命。周人认为，地上的王国获得天命，都是通过勤修本业，加强与天的血脉联系而实现的。拿周人来说，他们的本业是农业，所以周王要藉田亲耕，不如此则天怒人怨。春秋时期，楚国想要取周而代之，当时人回应说"天命未改"，不可染指。在周的政治语境中，天命的获得与失去，并不是一件有明确表征的事。比如种地，种得多好算是勤修本业呢，没有什么标准可以参照。到了战国末期，出现了一种基于天道运行和四季更迭的德运观。德运的基础是时间，表现是季节更迭和五方气候不同。在这个观点里，金木水火土五行迭次当令，人间王国应占据其中之一的德运。以五行为基础的德运观就叫作五德终始。看起来更抽象，但比天命观好把握。

不过战国末期，五德终始说还没有形成一个特别明确的结构。表现之一就是哪个国家得何种德运，还不能说得具体。第一个承认这套说法并以之作为王朝建立依据的就是秦朝。秦为何定德运为水德，现在学术界还没有明确的结论。倘若从五行与方位匹配的关系看，秦在西方，应该属金德，以白色为国之正色。得水德的国家应该在北方，以黑色为国之正色。秦自以得水德，色尚黑，说明秦人确立自己的德运，依靠的是一种相对高级的理论测算，绝非单纯依靠方位而定。

反过来说，刘邦搞出来的赤帝子斩杀白帝子的传说，是非常明显的利用方位来确定德运的做法。刘邦以楚自居，楚和秦的方位分列中国的南方和西方，自然分别对应赤色和白色。显然，这是民间最朴素的德运认识。它借鉴了统治者的理论框架，但是又不理解其中的逻辑，所以用自己的方式去解读本意。这种社会不同阶层共享某种知识又不能彻底交流相关意见的情形，在秦汉以后的历史中经常出现。然而，万万不可以为下层社会在知识结构上有所欠缺，所以显得低级，且必然会失败。早已被历史一再证明的是，学者不适合作统治者。知道得多，不代表行动力强。常常是一知半解、参差不齐的知识结构，恰恰成为诸多王朝的指导理论。

永远不要轻视出身草莽的人。他们凭借在底层摸爬滚打的经历形成了足够以不变应万变的经验。他们的智慧和力量可能是无穷的。

秦始皇曾说"东南有天子气"，于是东游以镇压天子气，刘邦一度怀疑这"东南有天子气"的风谣可能就和自己有关。他和吕雉继续唱起了双簧。刘邦和他的队伍隐匿在芒砀山泽之间，不从事生产，所以粮食供给依赖丰沛子弟的输送。别人经常找不到刘邦他们的藏身地，吕雉却每次都能找到。刘邦问吕雉，你怎么找到我的？吕雉回答：你停留的地方上空常有云气，我跟随云气的指引就能找到你。刘邦很是高兴。沛县子弟听说了刘邦头上有云气，信服他的人就更多了。

事实应该是刘邦和吕雉约定好了下一次在何处相见，如此循环往复罢了。作为女性，吕雉一日能走的路途不太会超过常人行走的极限，也就是三十公里。刘邦虽说亡匿，但他的活动被限定在距离沛县半径三十公里的范围内。倘若将吕后返程的里程考虑进去，刘邦活动的范围就在沛县十五公里左右。在这么近的地方活动，却能用天子气的说法将身边人牢牢笼络住而不被识破，不得不说刘邦和吕后非常有手段。

说一句后话，刘邦加入项氏集团之后，绝口不提天子气的说法了。他心知肚明，项梁比他更有资格接受天子气的照拂。就此也看得出，刘邦这人确实有其过人之处。他知进退，明白什么时候该表态，什么时候该闭嘴。

后人多称赞刘邦豁达大度。历史记载中有两个将刘邦和刘秀作比较的对话，值得一读。

其一发生在两汉之际。割据天水的隗嚣派遣心腹马援出使洛阳，想深度了解下刘秀。这之前，隗嚣已经派马援去过成都，窥探于蜀称帝的公孙述的虚实。公孙述和马援原来是同里居住的邻居，关系非常紧密。马援以为两个人相见后"当握手欢如平生"。但公孙述并没有以对等的朋友礼节接待马援，反而盛陈官属仪仗，还表示要给马援"封侯大将军"之位。马援左右的人都很满意，只有马援说："天下雄雌未定，公孙不吐哺走迎国士，与图成败，反修饰边幅，如偶人形。此子何足久稽天下士乎？"[1]回到天水后，马援告诉隗嚣，公孙述就是个井底之蛙，咱们还是和刘秀联系一下吧。

---

[1]　《后汉书》卷二四《马援列传》，第829页。

马援到了洛阳。刘秀笑着迎接他说：听说你在两个皇帝之间遨游，现在见到你，我很不好意思啊。马援顿首辞谢说：现在这个时代，不光君择臣，臣也择君。我和公孙述是同县乡亲，年轻时就是朋友。之前我去成都，公孙述盛张宿卫才让我觐见。现在我远道而来，您怎么知道我不是刺客而毫无防备呢？刘秀又笑了，说：你不是刺客，只是说客罢了。马援说：天下大乱，想做天子的人不可胜数。陛下您"恢廓大度，同符高祖，乃知帝王自有真也"①。听了此话，刘秀更自信，身上的人君气象愈发尊重了。

马援从洛阳回来，告诉隗嚣：我和刘秀交谈几十次，每次谈话都是通宵达旦，这个人"才明勇略，非人敌也。且开心见诚，无所隐伏，阔达多大节，略与高帝同。经学博览，政事文辩，前世无比"，评价非常高。隗嚣急切地问：你觉得刘秀和刘邦比较起来，谁更厉害一些？马援说：刘秀不如高皇帝，"高帝无可无不可；今上好吏事，动如节度，又不喜饮酒"②。听了这话，隗嚣不高兴了：按你这说法，刘秀这不是比刘邦优秀多了吗？

短短两段对话，将公孙述、刘秀和隗嚣三个当时有可能一统天下之人的器局交代清楚了。其实这三个人出身很接近，都是受过系统经学教育的儒生。不过公孙述和隗嚣表现得更拘谨一些，刘秀更豁达一些。可是他们都不能和刘邦相比，刘邦最豁达。出身儒生的隗嚣，最介意刘秀"动如节度""不喜饮酒"，对他一板一眼的生活方式很是忌惮，却意识不到刘秀并不是因为这个特质取胜的。

①　《后汉书》卷二四《马援列传》，第830页。
②　同上书，第830—831页。

他不明白，切莫用自己习惯的眼光审视人，更不要在同类中挑选对手。人外有人，天外有天，世界之大，"无所不备，则无所不寡"，反而是我行我素，才更容易成功。

刘邦豁达的一个原因是他没受过系统教育，也完全不在意别人的评价。甚至刘邦能坦诚自己不如项羽。在刘邦心里，比较没有任何意义，胜利才有意义。世界运行的法则并不是最优秀的人拥有一切，而是想拥有一切的人才能拥有一切。这个道理，刘秀大致明白，公孙述和隗嚣彻底不明白。马援最明白。

其二是两晋十六国时后赵开国皇帝石勒和臣下的对话。石勒是有勇有谋、有胆有识的少数民族杰出君主，从奴隶到皇帝的典范。功成名就之后，一次宴飨高句丽、宇文屋孤使者，酒酣之际，石勒问自己的臣子徐光：我可以和古代哪一位创业之君相比啊？徐光说：您的神武筹略超过刘邦，雄艺卓荦盖过曹操，自三王以来无可比拟，大概是轩辕黄帝之俦吧。这番马屁拍得结结实实的，石勒自己听着都觉得有些直白了，他笑着说：

> 人岂不自知，卿言亦以太过。朕若逢高皇，当北面而事之，与韩彭竞鞭而争先耳。脱遇光武，当并驱于中原，未知鹿死谁手。大丈夫行事当礌礌落落，如日月皎然，终不能如曹孟德、司马仲达父子，欺他孤儿寡妇，狐媚以取天下也。朕当在二刘之间耳，轩辕岂所拟乎！[1]

---

[1]　《晋书》卷一〇五《载记·石勒下》，第2749页。

石勒也很清醒。要是生逢刘邦之世，他准备效法韩信、彭越称臣。要是遇到光武帝刘秀，他要逐鹿中原，真刀真枪地较量一番。石勒直接表示了对魏、晋创业的鄙视，当然是对自己与晋为敌状态的认可和权力正统性的肯定。他说自己当在二刘之间，这个评价，可以和上面马援的意见比较而看。

刘秀和石勒面对外来使者时，都保持了一种轻松自然的状态，一个显证就是他们言语间都在笑。笑是最为自信和无防备的表达，说明自己对自己的状态很满意。只有那些真正确认了自己实力的人，才笑得出来。反过来说，哪怕没有实力，却也能强颜欢笑，当然也呈现出政治上的敏锐和智慧。无论是哪一种笑，只要保持微笑，便立于不败之地。

相比较而言，公孙述大肆张扬，隗嚣斤斤计较，都缺乏君人之度。

马援形容刘邦"无可无不可"，意思就是咋样都行。这便是前文提到的，万事不理、毫不挂怀、从不负责的态度。正因为什么都不在意，才能超越胜败。这种状态，与其说发自天然，不如说是刘邦通过侠客的自我修行而达到的。特别是，是否喜欢饮酒成为考察一个男人志气与胆色的关键标志。马援提到的这两条证据，不具有相当的社会阅历是难以体会的。

那么马援是个什么样的人呢？他当然也是个侠客。马援年老的时候给自己喜欢"通轻侠客"的两个侄子马严、马敦写信，告诫他们：自己的好朋友龙伯高"敦厚周慎，口无择言，谦约节俭，廉公有威"，希望你们效法他；另一个好朋友杜季良"豪侠好义，忧人之忧，乐人之乐，清浊无所失"，不希望你们效法他。那是因为，学谨慎容易，学大度很难。这封信中最有名的话就是"画虎不成反类狗"，学人轻侠，学不好就会"陷为天下轻薄子"[1]。

曾经为大侠的马援，怎么年老就转性了呢？恐怕，并不是马援不想做侠客了。再者，按照他们家族的门第势力，家里子侄做侠客，也完全可以照应。只不过，马援意识到，光武帝刘秀不是喜欢侠客的人。虽然他曾经也是侠客，可是在野与在朝毕竟不同。刘秀做了皇帝，开始大肆讨伐侠客。杜季良很快就被剿灭了。侠客是社会的不稳定因素，时代越往后，政权对侠客的态度就越不友好。

刘邦当了皇帝以后，并没有大肆讨伐侠客。果然，他无可无不可，又喜饮酒，是个远远优于刘秀的人。

从"刎颈之交"到"表面兄弟"

并不是所有的侠客都能够坚持任侠精神的。因为自利而朋友反目的情况大有人在，当时最典型的例子是张耳和陈馀。

张耳是魏国大梁人，和刘邦是实实在在的乡亲。年轻时，张耳曾经当过信陵君的门客，后来自己积累了很大的财富和社会声望，也能招徕宾客了。张耳的门客中，就有布衣时代的刘邦。可以说，带领刘邦走上任侠之路的人，就是张耳。刘邦后来对信陵君那样崇拜，与张耳的影响密不可分。

---

[1] 《后汉书》卷二四《马援列传》，第844—845页。

秦灭魏，宾客作鸟兽散。张耳和另一个名士陈馀被秦通缉。他们两个是刎颈之交，好得不能再好的朋友了。好朋友们变异姓名，跑到了楚国的故都陈。此时陈也被秦人占领了，两个人就地潜伏下来，等待时机。

时机到了。陈胜起兵反秦，定都在陈。张耳、陈馀迅速被吸纳到统治核心中。面对楚国父老劝说自己自立为王一事，陈胜有所困惑，向张耳、陈馀问计。他们的意见是，咱们的力量还很弱小，现在就自立为王，就等于在全天下树立了一个靶子。不如趁着起义风头正盛，全力灭秦，同时寻找六国后人立为王，增加秦朝的敌人。"敌多则力分，与众则兵强"①，如此，灭秦必矣。

注意到没有，复立六国后人为王的倡议，不只有张耳、陈馀提到。前面说过，楚汉相争之际，郦食其曾劝刘邦复立六国之后，帮助他一道攻击项羽。再早些，范增也劝说项梁不要自立为王，而是扶植楚王后裔。这些意见表现出当时人浓厚的六国情结。以此出发，人们试图通过分散权力，壮大声势。

以今人的后见之明来看，战国七雄并立之时，六国尚且不能联合打败秦国，为什么人们一再相信，复兴的六国就能成为秦国的对手呢？一些站立在历史潮头的人，反而认不清历史的大趋势。即便是曾经被反复证明失败的教训，也不曾给他们以教益。根深蒂固的观念，对人的判断力真是有莫大的影响啊。张耳、陈馀在魏国都是掌握权力、有很大影响力的人。"每一段新的旅程都是在哀悼遗失

---

① 《史记》卷八九《张耳陈馀列传》，第2573页。

的过往。流浪者有时会试图在新的地方再造从前。"①他们留恋旧日时光，意图恢复往时的荣耀，出发点是对过往的眷恋。那时他们还意识不到，只有打碎旧的小有，才能获得新的大有。如果只是马上恢复旧日时光，恐怕什么也抓不住。

在这个问题上，陈胜非常清醒。他果断否决了这个意见，自立为王。后来刘邦也毫不理会六国后人。两个出身草根的人，没有任何历史包袱，反而能轻装上阵。值得注意的是张良。身为韩国重臣之后，他却对扶植六国后代毫无兴趣，特别是他还曾试图通过暗杀行为破坏秦统一，侠客热血、书生意气，在他身上都表现得淋漓尽致。是什么导致他在反秦战争爆发之后，保持了难得的冷静呢？可能就是十年光阴的沉淀，磨去了他身上的棱角吧。他一定很认真地总结了历史的经验教训，思考了未来的走向和趋势，琢磨出了一条新的统一之路。

看来，长久的思考与等待，未必不是一件好事。每个人都要经历一段漫长之旅，孤独地修行，用风霜磨砺自己的心智，在伤口上撒一大把盐，使劲地揉搓它，直到血水不再渗出，直到它变得粗粝，直到过去已经模糊，直到未来的路清晰可辨。

张耳和陈馀缺乏光阴的沉淀。所以他们虽然有名，但是无实。他们后来的经历一再证明了这一点。

张耳和陈馀说服陈胜开辟第二战场，选定了赵国。陈胜派遣的主将是武臣，以张耳、陈馀作校尉。武臣渡过黄河，广邀河北

---

① ［英］德博拉·利维著，付裕译：《自己的房子》，长沙：湖南文艺出版社，2023年，第9页。

豪杰，共乘陈王之风，大张反秦之帆，齐立王侯之业。找到豪杰不难，让豪杰们纷纷聚集在张楚反秦的旗帜下很难。人们只信任自己愿意信任的人，豪杰只会结交豪杰。张耳、陈馀就是豪杰和张楚之间的桥梁。

张耳、陈馀积极辅佐武臣，背地里藏着自己的私心。他们鼓动武臣自立为赵王，陈馀当了大将军，张耳做了右丞相。这个行为等于背叛了陈王。陈胜大怒，要将武臣、张耳、陈馀等人的家属杀光。陈王的相国房君劝谏说，秦未灭而杀武臣等人家属，等于又立一个秦国，不如祝贺武臣，并请他向西击秦。陈胜于是将武臣等人的家属囚禁在宫中，封张耳的儿子张敖为成都君。

前面提到，这个情况刘邦也遇到过。韩信打下齐国，要自立为齐王。刘邦得到的张良的建议，和房君对陈王的建议一样。一方面，对于历史的发展，有识之士有着惊人的一致性判断。与其说他们看到历史的趋势，不如说他们洞悉人性。这一点前面讨论张良的时候，也提到了。另一方面，人的思想是非常难以统一的。陈胜首建义旗，顺应楚国人心，全力反秦。陈胜心意如此，他的部将却未必如此。每个人都想在反秦的过程中，给自己捞一点好处。这个现实非常残酷，但是认清了也没什么不好，因势利导即可。

果然，武臣压根儿没有理会陈胜派来的使者，也完全没有向西攻秦。他听从了张耳、陈馀的建议，"北徇燕、代，南收河内以自广"，这样"赵南据大河，北有燕、代"，以收"楚虽胜秦，必不敢制赵"的效果[1]。他们的眼光依旧停留在战国时代，期待在乱世中

---

[1] 《史记》卷八九《张耳陈馀列传》，第2576页。

收到一些好处。

武臣的野心很快遭受了打击。和他背叛了陈王一样，他派去略取燕地的韩广自立为燕王，也背叛了他。韩广不仅背叛自立，还趁着武臣在外巡行之时，将他俘虏扣下了。燕国告诉赵国，用国土的一半来换武臣。赵国派去燕国的使者十几批了，都被燕国杀掉了。有一个负责做饭的小卒，自告奋勇要去燕国把武臣要回来。张耳、陈馀死马当活马医，派他去了燕国。

到了燕国，小卒问燕将，你知道我为啥来的？燕将说，你是来换赵王回去的。彼此的要求都是明牌，大家心知肚明，也用不着铺垫了。小卒不直接切入主题，反而问：你觉得张耳、陈馀是什么样的人？燕将说：贤人啊。小卒问：你知道他们两个想干什么？燕将说：他们想要赵王回去。小卒笑了：看来你还是不了解这两个人。武臣、张耳、陈馀打下赵国数十城，因利益聚在一起，各自都怀揣着南面称尊的野心，难道还能相始终吗？之前立武臣为王，不过就是仓促之间先稳定人心的做法罢了。现在武臣被你们扣下了，张耳、陈馀要分赵自立为王了。一个赵国就足以为难燕国了，现在要出现两个赵王，还都是能人，他们用你们扣押武臣为借口攻打燕国，灭燕易如反掌。

这个小卒没有留下名字。可他说的话，句句从形势和人心出发，声声入耳，丝丝入扣，丝毫不输当时第一流的游士。不过实际上，他说的内容无非就是用危险唤起合作，用惊恐提醒理智。智慧不生于温柔，友善换不来和平。人类如此愚蠢，光明又在何处？

反秦战争，是比秦灭六国更为残酷、更为改变国人心态的大变革。秦灭六国，只是军事上的残酷。反秦战争，则呈现了人性上的残酷。背叛叠加背叛，野心竞赛野心。上无天子，下有乱王，天下一日日混乱，世道一天天沉沦。人与人愈加孤立，理解和信任愈发匮乏。信仰什么，能将人心重新凝聚起来呢？

谁能成为真正的朋友？谁可以志同道合地一起走下去呢？张耳和陈馀提供了一个反例。

此后赵将李良内乱，杀赵王武臣，联合秦兵围邯郸。张耳、陈馀出逃而立旧赵国后裔赵歇为王，保守巨鹿。陈馀在外为游军，牵制秦军。巨鹿兵少粮尽，张耳数次派人邀陈馀解巨鹿之围，陈馀自度兵少，不敢前。

试想一下当时的情景。张耳登城眺望，目力所及，尽为秦人营帐。回顾城中，壮士已尽，健儿已绝，粮饷已罄，人心将散。思忖救援，派往楚国、燕国和齐国的使者已经出发，不知路上是否顺利，抵达之后诸侯们是否会发兵救援？楚国项梁新死，楚王素强，不知道是否会清洗项氏残部。齐国与赵国向来不睦，只因我收容了故齐王族田角、田间，现在齐国的实权握在齐相田荣手里，他会顾全大局出兵救赵吗？燕国，呵，韩广这老贼，之前就意欲吞并赵国，现在不坐收渔人之利，简直让人不敢相信。

张耳将目光投向北方，那是老朋友陈馀驻军的方向。或许，只有他还可靠吧。回想当年，我们纵横大梁之时，他虽以父事我，但我还是和他结成刎颈之交。我们一起隐居于陈，做了里监门。里吏有次要找陈馀的麻烦，依着他的性子，便要拼命。是我死死拦下他，让他挨了一顿板子。不如此，我们就暴露了。人生短暂，有为之躯，不可死于无益之事。现在巨鹿被围，我陷于危城之中，能够救护我的，恐怕只有曾随我一同游侠的陈馀吧……

只怕张耳日日作此想，一直苦苦等待陈馀数月。几个月的时间，张耳可能是按着天数，掰着手指，一天天挨下去的。不过，陈馀没来。

张耳大怒，派两名使者张黡、陈泽突围，见到了陈馀，转达口信："始吾与公为刎颈交，今王与耳旦暮且死，而公拥兵数万，不肯相救，安在其相为死！苟必信，胡不赴秦军俱死？且有十一二相全。"是啊，任侠之辈，是言必信、行必果的，不能计较自己的生命。魏国的老前辈信陵君不就是榜样吗。陈馀说："吾度前终不能救赵，徒尽亡军。且余所以不俱死，欲为赵王、张君报秦。今必俱死，如以肉委饿虎，何益？"张黡、陈泽说："事已急，要以俱死立信，安知后虑！"陈馀说："吾死顾以为无益。必如公言。"[1]张黡、陈泽想用侠义精神感化陈馀，倘若不能同生共死，偷生又有什么朋友信义？陈馀则从现实出发，去了也是送死，不如留得青山，还能报仇。

陈馀心中，已经默认放弃赵王和张耳了。说了大话之后，他拨给张黡和陈泽五千人，让他们向秦军冲锋以解巨鹿之围。结果自然是失败了。

怎么看待陈馀的作为呢？如果只看他说的话，自然算不上错。毕竟人都是从自己的角度出发的，考虑自己多一点完全没有问题。

---

[1]　《史记》卷八九《张耳陈馀列传》，第2579页。

不过，陈馀的力量是不是不足以救赵呢？《史记》上记载，当时陈馀"北收常山兵，得数万人，军巨鹿北"[1]。陈馀手握数万人，只派五千人作前锋，很明显这是一次无意义的冲锋。他的目的，就是想用张黡和陈泽的牺牲，堵住张耳和天下悠悠众口。

　　数万人够不够救巨鹿之围呢？看看项羽的成功经验吧。项羽派遣的先锋当阳君、蒲将军率兵两万渡河救赵，与秦军交战，"战少利"。项羽全军渡河，与秦军九战而大破之。项羽一共带了多少人呢？项梁渡过淮河，占据下邳时，队伍大概有六七万人，此后屡有胜负，人数应该有所消长。巨鹿围城时，章邯令王离、涉间围巨鹿，章邯军城南，筑甬道输粟。项羽围王离，绝甬道，大破秦军。巨鹿解围之后，陈馀给秦军主将章邯写信，劝他投降项羽，说"今将军为秦将三岁矣，所亡失以十万数"[2]。章邯丧失的军力以十万计，多数应该是被项羽击败的。兵法上说，十则围之，五则击之。章邯围困巨鹿的兵力应该是远多于陈馀所掌握的数万人的，这次作战，项羽的队伍"无不一以当十"，以少胜多，粗略估计，兵力大概也就数万人吧。

　　不过，项羽的胜利，是一次反军事常识的胜利。楚军渡河，在诸侯军的注视下完成了一场破秦的表演战。当时诸侯军救巨鹿者有十余个营垒，没有敢助战的。项羽命令楚军"皆沉船，破釜甑，烧庐舍，持三日粮，以示士卒必死，无一还心"，"楚战士无不一以

---

①　《史记》卷八九《张耳陈馀列传》，第2579页。

②　《史记》卷七《项羽本纪》，第308页。

当十，楚兵呼声动天"①。项羽这是拼命的打法。战争就是如此，战场上的困难对交战双方是平等的。你坚持不下去，敌人也好不了多少。所谓狭路相逢勇者胜就是这个道理。项羽如此拼命，还有两重考虑。一是他要为叔父报仇。项羽从小由项梁养大，二人如同父子一般。项梁被秦人所杀，此仇不能不报。二是项羽受制于怀王，此役如不成功，打成胶着僵持状态和打败了都是一样的，回去就会被纠察阵前夺帅之罪。所以项羽只能成功，不能失败。

再者说，按照当时诸侯之间交往的一般规律，楚国未必会举倾国之兵来救赵。加之怀王不是项梁，本身并不曾掌握军权，所以他不会放心将军队主力都派出彭城，而自己坐守空城的。甚至还可以推测，这次救赵，怀王让宋义统领的队伍，应该就是项梁的旧部。出去作战，胜利了固然好；失败了，消耗一下效忠项氏的力量，也未尝不可。所以项羽阵前夺帅，没有遇到太大阻力，原因就是旧部更忠实于项氏罢了。故而我推测，项羽带来救赵的军队，大概在五万人左右，和项梁在下邳所掌兵力相仿佛。

项羽也只有数万人，只因为心中有恨，有决心和勇气，所以打出了军威气势。陈馀也有数万人，迟迟按兵不动，只因为心中有私，只能坐以待毙。侠义，不是什么了不起的东西，只不过是一份源自信念的气势。有了信念便有了气势，有了气势，生死便不在心中了。

棋法上有句话，叫"棋从断处生"，指的是山穷水尽之际，更

---

① 　《史记》卷七《项羽本纪》，第307页。

要大胆突破，打断对方退路。引申来说，杀伐决断，果决第一。犹豫、考虑，必须要有万全之策才去行动，或者先考虑自己利益会不会受损才去行动，往往一事无成。凡事等到都算计好了再做，就只会如陈馀一样失败。只有如项羽一样，只管去做，不算计，不怕失去，或许还能够死中求生。大开大合一点，潇洒泼辣一点，爽快豪迈一点，才能够柳暗花明。

从这一点来说，项羽和刘邦才是那个时代真正的大侠，张耳、陈馀只是那个时代的笑话。

巨鹿解围之后，张耳和陈馀互相埋怨，散伙了。张耳追随项羽入关，因为人缘好，大家都夸他，项羽封张耳为常山王。陈馀呢，项羽觉得这人没跟着入关，和自己不太是一条心，只赏他三个县的封邑。陈馀心中不平，联结齐国进攻张耳，直把张耳打得弃城而逃，投奔了刘邦。这时，刘邦要东征项羽，需要得到赵国的支持，于是给陈馀写信，希望他能与自己结盟。陈馀的回复非常简单：杀掉张耳，我就同意。

这点点困难怎么能难倒刘邦呢。刘邦找了个长得像张耳的人杀掉，把人头送给了陈馀。陈馀这才派兵助汉。后来陈馀叛汉，刘邦派遣韩信和张耳灭赵，陈馀也被斩杀了。

张耳和陈馀就是任侠的反例。所谓刎颈之交，不过如此。或许，两个人都太过较真了，要是稍微有一点刘邦的洒脱劲儿，也不至于将关系恶化成这样吧。他们的交恶，给战国以降的任侠之风蒙上了一层阴影。过去那种士为知己者死的精神，一如往事之风，过而不返。所谓的承诺，所谓的誓言，所谓的投契，都抵不过现实利益的纠葛。两人交恶的起因是误会，误会的背后是什么呢？是人的私心。如果说，任侠的精神就是抛弃私心、拥抱大我的话，任侠的堕落就是拥抱私心、抛弃大我。

侠客衰败的挽歌，就从张耳、陈馀开始奏响了。

韩信算得上侠吗？

韩信也是一名侠客，起码他最开始是这样定位自己的。

韩信是淮阴人，淮阴属楚，他也是楚人。布衣时，韩信又贫穷，又没有操守，所以没有被推选为基层小吏。没有操守而做吏的人数不胜数，韩信的问题主要还是贫穷。他又不爱劳动，不做生意，只能天天去朋友家打秋风。时间久了，人家也烦。

可以作对比的是刘邦。刘邦本名叫刘季，排行第三。他兄弟四人，长兄刘伯，就是刘大。刘伯死得早，留下个寡嫂。刘邦经常带朋友来嫂子家吃饭。一次两次可以，时间长了，嫂子心烦。加之刘邦这个行为，本身就有点欺负老实人的意思。有一次，刘邦又带着朋友来了，嫂子故意在后厨弄出刮锅的声音。朋友们听见了，知道这家没饭了，就离开了。刘邦去后厨看了一眼，这不是有饭嘛。从此刘邦一直怨恨嫂子。直到他做了皇帝，心里还记着这怨气。刘邦的父亲对他说：你的兄弟子侄都封了诸侯，只是你大哥的儿子怎么没什么动静啊？刘邦说：我没忘了大哥，就是大嫂做事不厚道。于是封刘伯的儿子刘信做了羹颉侯。

羹颉侯的名号不是很好听，东汉史家荀悦作《汉纪》，将这段情况记载为"故号其子为刮羹侯"，意思就更直白了①。唐代司马贞作《史记索隐》，说"羹颉，爵号耳，非县邑名，以其栎釜故也"②，也以为此名暗示刮锅的行为。北京大学辛德勇教授考证，羹颉并非恶名，乃是地名而已，其说可供参考③。无论羹颉是否确有其地，司马迁等汉朝人已经默认了一种认识：刘邦对大嫂一家心存怨怼。

即便是刘邦这样的大豪杰，也会在心里存着些小意思。这样的情形也无可厚非。侠客虽然有超迈凡人的一面，但是恩怨分明也是侠客的本色。考验侠客品行的是生死，不是饮食。比起吃些什么，侠客更在意的是自己是否受到了尊重。可以这么说吧，哪怕大嫂家里吃糠咽菜，只要分给刘邦和朋友们一口，刘邦也不会有所怨言，反而会觉得，大嫂献出了真心。反过来说，即便是山珍海味，如果是嗟来之食，也只能引起刘邦的反感。

刘邦在意的是是否被真心相待，平等、尊重且善意。

韩信也同样在意。他曾经长期寄食南昌亭长家里。亭长的妻子和刘邦大嫂一样，也来了这么一手。韩信生气地离开了。

为了填饱肚子，韩信去河边钓鱼。有个洗衣服的老妇人看他不怎么吃饭，每天都给韩信带饭。这样持续了几十天。怎么会有人连着洗几十天衣服呢，老妇人分明是可怜韩信。韩信很感动，对老妇

---

① （汉）荀悦著，张烈点校：《汉纪》卷三《高祖皇帝纪三》，北京：中华书局，2002年，第40页。

② 《史记》卷五〇《楚元王世家》，第1987页。

③ 辛德勇：《羹颉侯、东昏侯与海昏侯爵号》，《浙江学刊》2017年第2期。

人说：我以后发达了一定好好报答您。老妇人生气了，说大丈夫不能养活自己，已经很耻辱了，"吾哀王孙而进食，岂望报乎"[①]。王孙的本意是王者之孙，如同公子的本意是国公之子，公孙的本意是国公之孙一样，不能随便用的。韩信出身平凡，祖上也没有阔过，叫什么王孙呢？这说明老太太很尊重韩信，即便批评他，话里话外也抬举着他。

这样的交流方式为侠客所习惯。其实侠客的来源不过两类。一类是春秋时期的贵族落魄了，政治地位和经济条件虽然丧失了，可精神上和生活方式上仍保持贵族的体面。如果对比下清末民初的旗人子弟遗老遗少，大致就能有一些体会。另一类是过去的庶人，他们希冀贵族的生活状态与交往方式，在内心中生出了对自尊和自我认同的渴望。为了这份尊严与尊重，他们宁可放弃自己的生活乃至生命。单纯从物质的角度来审视，侠客的追求似乎可怜到卑微，幼稚到可笑。可如果从个体意识觉醒的角度来看，侠客的追求又有着那么几分追求个人"幸福"的味道了。

幸福是什么？古往今来，海东海西，莫不对此产生种种疑问，又形成种种答案。追索愈多，答案愈重，距离真相似乎又愈远。正如一千个人有一千个哈姆雷特一样，一千个人可能有一万个关于幸福的答案。在这些回答中，幸福往往是一碗饭，一张床，一个房子，一份工作，等等之类的吧，就像是口渴要喝水，困了要睡觉一样，幸福是直接的物质满足。而侠客们追求的，似乎是超脱物质满

---

① 《史记》卷九二《淮阴侯列传》，第2609页。

足的东西。是被当作"我"，而不是被当作某一个家族的成员，不是被当成某一个姓氏的子孙，不是被当成某一个地方的人，不是被当成掌握某种技术的人，而只是被当成"我"。

侠客的幸福就是你和我交往，你和我彼此信任，你和我成为知己，你和我永远默契。侠客需要的是摒弃所有外在因素，纯粹的精神和心理上的认同。为了这份信任和默契，侠客可以舍生忘死，可以超然物外，可以上天入地，可以百死不悔。

韩信如此，战国以降的多数侠客都是如此。

天下大乱，韩信投奔项梁，依旧默默无闻。项梁死后，韩信成了项羽的卫士，得空便和项羽交流天下大事，项羽不理会。刘邦受封汉中，韩信离开项羽追随刘邦，刘邦也不赏识他，只给他个小官做做。韩信一度还犯了事，要被斩首。前面已经砍了十三个人的脑袋了，韩信是第十四个。轮到他的时候，韩信仰视监斩官夏侯婴说："上不欲就天下乎？何为斩壮士？"夏侯婴"奇其言，壮其貌"，把他放了。两人对谈，夏侯婴非常满意，便向刘邦推荐韩信。刘邦给韩信升了官，不过还不觉得他是个人物。

不要小瞧法场之言。韩信能在前面死了十三个人的时候，还敢大声说话，说出掷地有声的话，就冲这份胆色，他就绝对不是凡人。夏侯婴追随刘邦出生入死，见惯了英雄好汉，也见多了脓包软蛋。韩信不怕死，还敢拼死一搏，乱世之中不正是需要这种人才吗？

夏侯婴是刘邦身边最亲近的人之一，他推荐的人，刘邦没有重用，说明刘邦心中有解不开的结。刘邦被项羽封为汉王，远赴汉中封疆裂土，并不是让他开心的事。按照怀王之约，先入关中者王之，刘邦本来应该做秦王的。主要是关中这块地方太敏感，秦人据此宰制天下，所以项羽深深忌惮刘邦做关中王。那么谁能在关中称王呢，项羽安排了向他投降的三名秦将，章邯、司马欣和董翳，三分关中为王。这就是关中又被称作三秦的由来。这三个人做秦王，对项羽有什么好处呢？其一，关中一分为三，地利并非一家独占，过去像秦国那样占据关中东出天下的局面，短时间内不会出现。其二，这三个人过去都是秦军统帅，有一定战斗力。他们占据关中，能极大地限制刘邦由汉中入关中，进而东征天下。第三，也是最重要的，他们三个虽然都是秦人，但是过去带着秦人子弟打仗，失利不小。现而今他们做秦王，秦人不会亲附，所以也不用担心他们能造反。项羽这番谋划，一看就是花了很大心思的，也称得上是好手段。刘邦被安排到巴蜀、汉中做王，理由是这些地方过去也是秦国嘛。前面提到，秦惠文王时开辟了巴蜀之地，秦国因而富强。不过虽然经过百余年的开发，巴蜀等地还是边远地区，秦国一般流放犯人都往这里安排。现在让刘邦去称王，形同流放。

　　割据为王，重中之重的资源是人口。巴蜀、汉中一代开发时间短，人口少，在这里做王，远不如在山东六国故地做王有实力。另外还有个现实因素不得不考虑进来。刘邦带的人都是山东来的，基本上都是楚人。他们追随刘邦，离家万里，现在让他们在汉中扎根，大家心里都有些别扭。这个情况和日后刘备集团面临的局面很接近。现在保存在《三国志》裴松之注中，名为诸葛亮著的《后出师表》中提到：

自臣到汉中，中间期年耳，然丧赵云、阳群、马玉、阎
芝、丁立、白寿、刘郃、邓铜等及曲长屯将七十余人，突将无
前。賨、叟、青羌散骑、武骑一千余人，此皆数十年之内所纠
合四方之精锐，非一州之所有，若复数年，则损三分之二也，
当何以图敌？[①]

情况很清楚了。创业集团总是精英荟萃，但是在一处停留得久了，
人才便只有消耗，得不到补充了。对于类似的军事政治集团来说，
只有不停地进攻，不停地出击，才能不停地争取人才，不停地激发
斗志。这一点，刘邦和诸葛亮都很清楚。

如果将队伍解散，安心做个边远地区的诸侯王，了此残生，
好不好呢？毕竟刘邦之前不过是个亭长，能做诸侯王，已经是远超
预期的人生成就了。后来历史上有类似想法的人也不少，最著名的
当数三国时期的曹爽，和司马懿争权不成，希望做个富家翁就好
了。后来曹爽当然被司马懿除掉了。为何类似刘邦这样的人，没有
安稳度日的可能呢？原因就是他们被人忌惮。如果刘邦只是个无能
之辈，跟着项羽打打太平拳，类似张耳一类的人物，那他自然可以
安心做个诸侯王。问题是，刘邦已经灭了秦，这个大功劳让他在诸
侯眼中成为了不可忽视的、甚至是仅次于项羽的人物。即便没有灭
秦的大功劳，刘邦发迹和壮大的历史，也带给项羽一种深深的忧虑
感。他一定认识到了，刘邦是自己的同类，就是那种注定只能做统
帅，不会长久甘于屈居人下的人。同类最了解同类，在这个时候，

---

① 《三国志》卷三五《蜀书·诸葛亮传》注引《汉晋春秋》，第923页。

无论是躲起来还是臣服，都不会有用的。

楚汉必有一战，这是刘项都清楚的事情。

刘邦此刻的难题有三个：如何自保不被项羽除掉，如何维持自己的队伍不散，如何经营汉中以图东进。三者环环相扣，每一件都很迫切，每一件又都无从谈起。要想自保，莫过于以攻为守。可是东进关中，又不得不与秦地三王作战。战，没有全胜的把握。一旦陷入胶着，就给了项羽可乘之机。不东进关中，自己的队伍一天天凋零四散，干等下去，就是等待灭亡。刘邦需要一个帮他下最后决心的人。以前这个人是张良，无奈张良追随韩王回韩国去了。现在身边，都是旧部。

我相信萧何应该也和刘邦说过类似东进的话。不过萧何和刘邦太熟悉了。太熟悉的人，说话往往没有力度。萧何与张良不同。张良是半途之中与刘邦结识，头顶韩国贵公子的光环，胸怀太公兵法上的韬略，寻常的话经他口一说，也变得神奇起来。萧何过去和刘邦在一个县里共事，相交多年，彼此的深浅各自都知道。萧何所言，即便符合刘邦心意，刘邦也会觉得这种话和自己想的一样，没有点新意呢。这也便是后来张良经常声称求仙问道，不理世事的原因。人们都认为他在自保避祸，这种认识固然不差，不过还可以进一步理解：最高级的自保，就是塑造自身的神秘感。与其让人主不想杀你，不如让人主离不得你。前者是任人宰割，后者则是掌握主动。

萧何一定时时眺望营垒之外的群山。群山肃穆，寂静无言。追随汉王三年，阅览景致无数，自己已经贵为汉相，却越来越走不进汉王心里了。曾经的无话不谈，也抵不过时间造成的隔阂。任侠的义气，终究会在长久的相处中被消磨了。枯坐半宿，一声长叹。月明星稀，前路漫漫。

这时，有人向萧何报告，韩信逃亡了。萧何连忙起身，亲自去追赶韩信。又有人向刘邦报告，萧何逃亡了。刘邦大惊失色，自己的元从之臣都跑了，人心已经丧失到这种程度了吗？一两天之后，萧何回来了。刘邦又生气，又开心，说：你为什么跑？萧何说：我没跑，我追逃跑的人去了。刘邦问：你追的是谁？萧何答，韩信。刘邦说：你骗人，那么多人跑了你不追，你追什么韩信。

萧何说："诸将易得耳。至如信者，国士无双。王必欲长王汉中，无所事信；必欲争天下，非信无所与计事者。顾王策安所决耳。"[1]"国士无双"典出于此。韩信是国士，不同于刘邦之前见过的那些人，也不同于刘邦现在身边的这些人。刘邦要决定战略方向，一定要和韩信商量。

刘邦觉得可行，让萧何叫韩信过来，说看在你的面子上，拜他为将军。萧何说：用人就要重用。刘邦说：那拜他为大将。萧何说：不能召他来，您要郑重地择良日、斋戒、设坛场，礼节充分，方才可以。

汉王要拜大将的消息传出来，诸将都很高兴，琢磨着是自己要更进一步了。等到刘邦拜韩信为大将，一军皆惊。

现在营帐内只有刘邦和韩信两个人了。

---

[1]　《史记》卷九二《淮阴侯列传》，第2611页。

刘邦：丞相多次提起将军，将军有什么计策指导我？

韩信：不敢当。大王现在东争天下，对手莫不是项王？

刘邦：没错。

韩信：大王觉得勇悍仁强这几个品质，和项王比较，谁更优秀？

刘邦沉默良久，吐出三个字：不如也。

韩信再拜，祝贺刘邦说：我也觉得大王比不上项王。不过我曾经做过项王的卫士，我说一下他的为人吧。项王厉声怒喝时，成百上千的人都不敢动弹，但是不能分权任将，不过是匹夫之勇。项王待人恭敬慈爱，言语和气，遇到病人他还会同情流泪，把饮食分给别人。可是，当有人立功，应该受赏的时候，项王把封爵的印信放在手中把玩，迟迟舍不得赐予。您看这样的项王，有没有点君人之量呢？诸侯们看到项王将义帝流放，自己占据彭城。他征伐天下，诛戮甚众，百姓不亲附，已经失去了天下的人心。他的强大，不过是徒有其名。现在大王您要是能反其道而行之——任用天下英武勇敢的人才，有什么敌人不能诛灭！用天下的城邑分封功臣，有什么人会不信服！用正义思归之士东征，有什么敌人不能打垮！大王担心的秦地三王更不足为虑。他们长期带着秦人打仗，死伤几十万人，只有他们活着回来了。秦地的父老兄弟怨恨此三人，痛入骨髓。现在他们不过是仗着项王的威势在秦地苟延残喘罢了。想当年，您进入武关，秋毫无犯，与秦民约法三章，秦民都希望您能做关中王。更何况，从道义上说，按着怀王之约，您也应该做关中王，关中老百姓都知道这一点。当您被分封到汉中，关中老百姓无不怨愤遗憾。现在，您要是兴兵东进，三秦可传檄而定。

刘邦大喜，按着韩信的谋划部署队伍。

韩信所说的这些话，莫非之前没有别人能说出吗？以萧何的见识，这样的话一定经常在刘邦耳畔提起吧。只是远来之人更有说服力，而日常所见却不珍惜罢了。

刘邦很快占据三秦，并联合诸侯东征楚国首都彭城。这时，韩信被提拔到左丞相的位置上。然后，刘邦和韩信分兵，刘邦率诸侯联军直趋彭城，韩信和张耳平定赵地，形成进攻项羽的钳形攻势。韩信灭赵后，又平齐国，要求刘邦立他为代理的齐王。

韩信要求担任齐王的请求被使者送进了汉王的营帐。刘邦此时正被项羽围困在荥阳。当着韩信使者的面，读了韩信的信，刘邦破口大骂：我被困在这里，日夜望你来救我，你还想着自立为王？

太阳底下无新事。陈胜派遣武臣攻秦，张耳、陈馀巨鹿之围的历史又一次重演了。人一旦强大就会忘记初心，概莫能外。已经归来的张良，和从楚归附的陈平，两位谋士对刘邦耳语：现在我军失利，难道能阻止韩信的野心？不如趁机立他为王，然后请他自守，不然，天下形势会生变化。刘邦觉悟，继续骂韩信：大丈夫要做就做真王，做什么代理的王！于是派张良立韩信为齐王，征他的兵击楚。

刘邦比张耳更胜一筹的地方是，当韩信在内心背叛了他的时候，他毫不顾念旧情，自此撒开手，只把韩信当作同盟。知己是交心的，互相关照，同历祸福；同盟只是因为利益联结在一起，用利益引用，用利益驱动。两人虽可以共事，但再无亲近了。

刘邦比陈胜更胜一筹的地方是，他可以信赖张良调动韩信。陈胜无法驱使自立为赵王的武臣，乃是因为陈胜身边没有可以驾驭武臣的有威信之人。张良是刘邦身边最有智谋之人，他的威信在军中一定久著，无人不服。他作为使者立韩信为王，一方面代表着汉王对韩信的器重与信任，另一方面，韩信投桃报李，也应该对汉王有所表示。毕竟，代表汉王而来的是张良。韩信就是想有小动作，自己内心也担忧瞒不过张良吧。

当然，更重要的一点是，刘邦比韩信更拿得起，放得下。这就是后来韩信犹疑不敢轻易背叛刘邦的原因。刘邦能做到让所有人看起来都相信他是支持自己的，但是实际上他谁也不支持。

在韩信、彭越、黥布等异姓诸侯王的支持下，刘邦最终战胜了项羽。楚王之位空出来了。本来，继承怀王义帝法统的人是刘邦，不过刘邦现在已经成了皇帝，国号也定为汉，再改国号作楚显得不伦不类。刘邦将韩信从齐王的位置上迁到了楚王。当时默认的原则是本国人做本国王。韩信本就是楚人，做楚王也合情合理啊。

需要注意的是，楚国的都城一直是彭城。从怀王到项羽，再到韩信后面的楚王刘交，定都都在彭城，只有韩信的楚国定都在下邳。这说明，刘邦没有打算让韩信占有萦绕在彭城周围的天子气，也不打算让韩信继承楚国法统。甚至是，稍微能让人联想到定都彭城和制霸天下之间的联系的机会也不留给韩信。

刘邦做事果决、干脆，他交给韩信的是一个名不副实的楚国。

当了大王的韩信，回到楚国重谢了曾经给他饭食的老妇人，赏赐千金；给南昌亭长百钱，说你是小人，做善事不做到底。韩信还将当年让自己从其胯下钻过去的少年找了出来。估计任何人这个时候被找出来都会吓个半死吧。韩信任命此人做楚国中尉，表现出了仁德。

事情没有完。韩信一直担心刘邦不放心自己。正赶上项羽的部将钟离眛躲在楚国，他和韩信是好朋友，秉持着对友情和任侠精神的信任，钟离眛大胆地躲在韩信的羽翼之下。刘邦怨恨钟离眛，听说他在楚国，就下令楚国逮捕他。有人建议韩信，不如杀了钟离眛，用他的人头去换皇帝的信任，如何？

韩信找到钟离眛，问他如何抗住刘邦的压力。话里话外，透露出想用钟离眛的人头讨好刘邦的意思。

钟离眛说：汉王之所以不进攻楚国，就因为我在这里。如果攻打楚国，您为主，我为将，汉王无法取胜。现在您要是杀了我，我今天死，明天您就亡。看到韩信不为所动，钟离眛大骂，"公非长者"，于是自杀了。

韩信带着钟离眛的人头去朝见正在云梦泽巡行的刘邦，刘邦当即逮捕了韩信。韩信说：果然像人们传说的那样啊，"狡兔死，良狗烹；高鸟尽，良弓藏；敌国破，谋臣亡"。天下已定，我固当烹。

被囚禁在槛车上的韩信，是否想到了自己得拜大将时的情形？他会不会也想到，萧何曾经称赞他"国士无双"？所谓国士，应该胸怀天下，志存四海，谋而后动，骨性刚强；更应该与朋友交，言而有信，不卖友自保，不叛主求利。韩信向刘邦陈说天下形势时，一何壮哉！他在齐国谋求假王时，何其短视！在楚国睚眦必报，更用朋友之血染红自己的王冠，多么卑鄙！

　　如果说韩信号称国士，那么有谁称不上是国士呢？如果韩信也称得上是游侠，那么有谁还不是游侠呢？战国游侠的豪迈之风，在张耳、陈馀、韩信等人一再的背叛中，衰落到了极点了。汉朝建立以后，仍然有游士，也依旧有侠客。但是那些天下闻名并且能够左右世道人心的侠，那些只要存在就让人心生向往、愿与其共存亡的侠，那些一出言便宰衡朝局、一举足便诸侯震动的侠，再也不存在了。从此，游士和游侠的历史进入了新的时代，他们也在不断融入这个时代，不断调适着自己的心态与身份。

第四章

楚汉之际：要以功见言信

楚汉之际，还有一些活跃的游士和游侠，他们一直生活到了西汉初年，在这一时段的历史舞台上展示了自己的风采。值得注意的是，汉朝政府虽然做了一些打击豪强的工作，试图从根本上铲除豪强存在的土壤。不过对于那些最有名的侠客，朝廷是宽容的。反而是侠客自身感受到了时代的变化，而做出了不同以往的选择。正是这些选择，客观上促使侠阶层的整体衰落。

全凭舌尖压诸侯

任何政治体想要长久运转，都必须在其内部完成结构性的分工。有人发令，有人出力，有人理财，有人代言。有远见的领导者不可能只用自己偏好的人，他必须用他必须使用的人。刘邦的军队滚雪球一样壮大，他身边不可能只是贩缯屠狗之辈，需要有人替他敷宣王命，出使四方。

刘邦集团中首屈一指的使者就是郦食其。他是陈留高阳人，好读书，家贫落魄，做了里监门吏。这已经是第三次出现监门吏这个职务了。之前提到侯嬴及张耳、陈馀隐居时也担任这个角色。看来无论任何时候，都不要轻视看大门的人。潜龙勿用，往往藏身其间。

《史记》上没有写明郦食其读的是什么书，不过他要去拜见刘邦时，头顶儒冠，或许他是个儒生吧。即便他是个儒生，也不是一名腐儒，而是所学博杂，见识弘富之人。后面我们还将看到各种各样的儒生，正如我们不能因为某人来自某处，就判断他享有某些共性的文化背景一样，我们也不能断定儒生都是千人一面。

郦食其见过很多大人物，可他们都没有入郦食其的眼。直到刘邦的队伍过来了，郦食其才求见刘邦。他的开场白也比较独特："郦生，年六十余，长八尺，人皆谓之狂生，生自谓我非狂生。"[①]这些话和本书绪章中东方朔的上书很接近。应该说，东方朔从老前辈郦食其这里学到了用夸张的方式给人留下深刻的第一印象。但第一印象再好，后面说不出真东西来，也没什么用。郦食其头顶儒冠，通过这番话得见刘邦。刘邦对儒生素来反感。据说见到有人在他面前戴儒冠，他就要摘下来作尿壶。郦食其无所畏惧，本色相见。

刘邦正坐在床上，岔开双腿让两个女人给他洗脚。郦食其见此情景，长揖不拜，反问刘邦：足下是打算帮助秦国攻击诸侯，还是

---

① 《史记》卷九七《郦生陆贾列传》，第2692页。

打算率领诸侯破秦呢？刘邦骂道：竖儒，天下同苦秦久矣！所以同举兵反秦，怎么会有人站在秦国那边？郦食其说：您要是合义兵破秦，不应该用这种倨傲无礼的态度与长者相见。

这话也对。此时郦食其都六十几岁了，刘邦起兵时还不到五十。在刘邦面前，郦食其有资格托大。刘邦有个特点，就是喜欢听别人顶着自己说话。似乎越是有胸怀的大人物，越喜欢听一些和自己不一样的声音。当然了，逆耳忠言也得确实有道理才行。

刘邦不洗脚了，起身整理下衣冠，请郦食其上座，向他道歉。郦食其略谈了谈六国合纵连横的往事，刘邦更高兴了，请他吃饭，边吃边问：现在我这个队伍要作偏师灭秦，应该往哪个方向突破呢？郦食其说：您带着这支临时招集、没有经过训练的队伍，不足一万人，要去灭秦，无异于羊入虎口。现在您驻防在陈留城外，这里是交通要道，粮储众多。我和陈留令关系不错，我去说服他向您投降。以此为根基，徐图进取。

郦食其的想法不错。事实上，刘邦以偏师能先入武关灭秦，其主要原因就在于一路上大肆使用招降纳叛等非军事手段。此后刘邦的部队到了宛城，攻不下来，又不敢绕过去走，还是通过招降的方式，将宛城纳入囊中。不仅如此，宛城以西诸城皆闻风效法，莫不投降。到了武关之下，刘邦又派了郦食其、陆贾用利益诱惑秦将，破关而入。刘邦的入秦之旅，大致是有征无战。其中发挥主要作用的，除了军事将领之外，就是郦食其这批使者了。

郦食其更大的功劳在于兵不血刃地招降齐国。楚汉相争之际，齐国举足轻重，向楚则楚胜，向汉则汉胜。刘邦数次败于项羽，欲放弃成皋以东地区，退守巩、洛。郦食其挺身而出，建议刘邦再坚持一下，他孤身前往齐国，说服田广、田间与汉联盟。

这是一着险棋，非大勇者不可为。楚汉之际的齐国与其他诸侯国不同，表现出极强的独立性。相继而立的几个齐王如田儋、田荣、田横，都是性格强横、宗族强大之人。他们并不是陈胜以降的楚政权略地至此而立之王，乃是趁着天下大乱自立为齐王者。从一开始，齐国对楚政权就表现出很强烈的疏离。向楚向汉，齐人自有主张。郦食其不能在汉与齐的关系上找到连接点，他的游说就很难成功。

郦食其对齐王田广说，天下将归于汉。天下的局势，是所有诸侯王都必须考虑的问题。齐王也不例外。他来了兴致，问为什么这么说。郦食其讲，汉王有几大功劳，其一是先入关中，其二是为义帝报仇，其三是立诸侯之后与有功之将。反观项羽，在这几方面都很失败。特别是现在刘邦分兵定赵，占有了大河南北的大部分地区。从大趋势上看，这是天意令他征服天下。齐王早点归顺，还能保有齐国社稷，晚了恐怕会被一并剿灭。

齐王觉得郦食其和他很投缘，听信了这套言论，放松了历城的防务战备。两个人日日饮酒高会。这时，韩信的军队受刘邦派遣，来到齐国边境。刘邦应该是做了两手准备，一文一武平齐。韩信听说郦食其已经和齐国结盟，迟疑要不要继续进攻齐国。范阳辩士名叫蒯通的人对韩信说：您受诏平齐，没有接到停军的命令，停下来干什么！郦食其一个辩士而已，凭借三寸之舌，下齐国七十余城。您率领数万军队，一年多时间才下赵国五十余城。为将数岁，反而不如一个竖儒功劳大吗？听了这话，韩信大举渡河攻齐，在历下大败齐军，直驱临淄。

齐王认为郦食其欺骗了自己，对他说：你要是能阻止韩信，我就放了你，不然，就杀了你。郦食其说：成就大事的人不拘小节，道德高尚的人不怕别人责难。你老子我不会替你废话。郦食其因此而死，齐国也因此而灭。

怎么看待蒯通和韩信的行为呢？

先说蒯通吧。他是一个游士，侍奉韩信，所以他考虑问题也从韩信的本位出发。在他的心中，只有主人的利益，这是游士的本色，无可厚非。韩信做了齐王之后，项羽派名叫武涉的辩士游说韩信，请他与楚联合，韩信断然予以拒绝："臣事项王，官不过郎中，位不过执戟，言不听，画不用，故倍楚而归汉。汉王授我上将军印，予我数万众，解衣衣我，推食食我，言听计用，故吾得以至于此。夫人深亲信我，我倍之不祥，虽死不易。幸为信谢项王！"[①]韩信这些话，有几分侠士的本色。

蒯通却不以为然，他对韩信说：我会相面，给您看看吧。"贵贱在于骨法，忧喜在于容色，成败在于决断。"看您面相，不过封侯，又危险不安定。看您背相，妙不可言。韩信自然问他什么意思。蒯通又将天下大势说了一遍，意思就是韩信就应该割据齐国，窥测天下局势，并趁机做皇帝。韩信将对武涉说的话又说了一遍。蒯通马上举当代张耳、陈馀的例子，告诉韩信人情最靠不住了。因

---

① 《史记》卷九二《淮阴侯列传》，第2622页。

为您已经有震主之威、不赏之功了，想躲也躲不掉的。韩信依旧犹豫，蒯通只能装扮成巫者隐遁起来了。

　　后来刘邦除掉了韩信，听说蒯通曾经建议韩信反叛自己，命人把蒯通逮捕了，带到面前，问他：你教唆过淮阴侯谋反吗？蒯通说：有这事。就是这小子不听我的，要是听我的，陛下还有机会杀他吗？刘邦大怒，要杀了蒯通。蒯通高呼冤枉。刘邦说：你死有余辜，哪里冤枉了？蒯通说：

> 　　秦之纲绝而维弛，山东大扰，异姓并起，英俊乌集。秦失其鹿，天下共逐之，于是高材疾足者先得焉。跖之狗吠尧，尧非不仁，狗因吠非其主。当是时，臣唯独知韩信，非知陛下也。且天下锐精持锋欲为陛下所为者甚众，顾力不能耳。又可尽亨之邪？[①]

这可是非常实在的话。辩士就像家里养的狗，谁是主人他听谁的。蒯通是韩信之臣，自然只为韩信效力。推而广之，今天看得见韩信是汉朝的威胁，谁不知道想当皇帝的人在在皆是，只不过是没机会罢了。莫非，能将这些人都杀了不成？刘邦可是明白人，听了就将蒯通放了。

　　蒯通的话大有可以琢磨之处。战国以降的游士，虽然表现出异彩纷呈的姿态，但是如果用操守或者忠心来衡量的话，他们所重视的，只是直接的委质关系。游士只效忠畜养他的人，如同门客只服

---

① 　《史记》卷九二《淮阴侯列传》，第2629页。

侍他的主人，游侠只替投契的人出力。这样结成的关系，是一种私人联接。将人与人结合的是情感和影响力。即便说游士或者游侠与主人之间的"忠"是一种道德感，那也只是一种发生在私人领域的道德感。在后代被普遍接受的，世人都要对君主效忠的观念，在这个时代并不存在。战国秦汉之际，是一个各为其主的时代。

郦食其临死而无怨言，他清楚这个时代的旋律，也自认为是其中的一个音符。昨日种种，皆以此而生；今日种种，亦由此而灭。生灭循环，自无怨言。假使郦食其与蒯通易地而处，所作所为也不会有太大差异。

这样的时代里，对统帅的要求非常高。刘邦、项羽、韩信之流，都是时代的弄潮儿，但是他们团结人的方式，并非只有战功。不知读者是否注意到，韩信两次面对辩士的游说，都提到了刘邦"解衣衣我，推食食我"。这个举动，纯粹是个人恩义的行为，与战国时期孟尝、信陵所为并无二致。可是转过来说，只给人一点点生活上的恩惠，是不能换来性命的托付的。还记得韩信说，项羽也将饮食送给别人，可等到封疆裂土的时候，他便犹豫不决了。为什么刘邦的饭就让韩信记忆深刻，项羽的饭就成了他的弱点呢？

这个时代，士人的胃口变大了。诸如侯嬴与信陵君、冯谖与孟尝君之间，纯粹只要满足基本的物质条件，甚至连物质条件都不需要满足，只要有精神上的投契，便可以生死相依的关系，已经瓦解了。到了秦楚汉之际，士人已经见惯了统一与分裂的动荡，也看到了荣华富贵的诱惑，他们知道，自己的本事可以换取卿相之位，而某一两个大人物的青睐与承诺，就显得微不足道了。与其说人心不古，不如说人心随着时代条件的改变而自然发生变化。拘泥于某一种固定的道德准则，而要求古今一贯的做法，无异于胶柱鼓瑟。

或许，士为知己者死的贵族精神本就是十分难得的吧。正因为侯嬴、朱亥、冯谖、虞卿等等不计代价地急人之难，所以他们才在史书中被大书特书。至于历史上那些早就将目光锁定在财富与名位，周旋于诸侯王廷的游士们，他们可能很早便认清了变化的现实。

再举几个显著的例子作对比吧。

《史记·儒林列传》记载了一位叫伏胜的济南儒生。他在秦始皇的宫廷里做博士。始皇帝焚书，宫廷里仍然有博士传承儒家经典，只不过秘不示人罢了。伏胜所传的经典是《尚书》，其中记载着虞夏商周的典谟诏诰，是重要的历史文献。这部书，伏胜觉得烧了可惜，就在家里的墙壁上掏了个洞，把书藏了进去。秦汉时代的墙壁都是夯土而成，很厚实，所以掏个洞藏一套书乃至藏个人都有可能。当然，说句题外话，这个情况也提示着，凿壁偷光不太容易。

秦亡，天下大乱，伏胜逃到济南。汉朝建立后，天下初定，伏胜找到了自己藏的书，虫咬鼠啮，损失了几十篇，就剩下二十九篇了。伏胜在齐鲁间收徒教学，于是函谷关以东地区的经学大师，又可以传承《尚书》了。伏胜这一辈子就干了保护《尚书》和教授《尚书》这一件事。只做一件事，一辈子也就过去了。

济南自然是齐地了。齐地还出了一名辕固生，他主要研究《诗经》。汉景帝时期，辕固生做了博士，他和另一名儒生黄生在汉景帝面前争论汤武革命的正当性。商汤和周武王，用夏和商的视角看，算是犯上作乱的逆臣贼子，可是儒家经典里说，这俩人是实打实的圣王。这个问题是死问题，没有答案的。辕固生争论这个，说明他脑子不是很灵活。汉景帝的母亲窦太后，很喜欢黄老学说，要求皇室子弟都得学习黄老之道。有一天，窦太后叫辕固生来，问他怎么评价《老子》这部书。辕固生说："此是家人言耳！" 窦太后回复他说，"安得司空城旦书乎"。这个解释起来比较复杂，简单陈述一下。

先说"家人言"，唐代司马贞《史记索隐》说《老子》"理国理身而已，故言此家人之言也"①，颜师古则以为家人是"僮隶之属"；至于"司空城旦书"，东汉服虔说"道家以儒法为急，比之于律令也"②，裴骃《史记集解》赞成这个解释③。"家人言"指仆隶之言似乎比较好理解④，但"司空城旦书"颇令人费解⑤。倘若考虑到经典是口头和文本并行传播的，那么"言"和"书"就应该分别代表口传和书写两个相对的概念。汉初崇奉黄老的长者，普遍厚

---

① 《史记》卷一二一《儒林列传》，第3123页。
② 《汉书》卷八八《儒林传》，第3613页。
③ 《史记》卷一二一《儒林列传》，第3123页。
④ 郑慧仁、黄卓颖：《"家人言"辨证》，《殷都学刊》2011年第4期。
⑤ 赵彩花认为辕固生说黄老思想是庶人之言触犯了出身低微的窦太后的隐讳，而窦太后所说意思是"你认为黄老之言就是讲述那些奴隶、苦役犯之主张的书吗"，这种解释似乎又有些迂曲了。赵彩花：《〈史记〉〈汉书〉"家人"解》，《语文研究》2003年第3期。

重少文，讷言敏行①。"少文"便是"无文学"，比如周勃"每召诸生说士，东向坐而责之：'趣为我语。'"②长者不爱读书，听讲也只听个大概，黄老的文献更是朴质隐晦。和经典众多、传承有序的儒家比较起来，黄老信徒缺乏系统的文献知识体系，也缺少凝固力和组织力。辕固生讽刺窦太后研习的经典不过是没文化的人口耳相传的知识，揭破了黄老学说尚未完成整合的痼疾。窦太后的反问便可以理解为："你说我学的知识是仆隶口传的，我还说你传的书是刑徒的判决书呢。"

经过这一番解释，读者自然明白了，辕固生真是硬骨头，太后的话他也不买账。这样的人留在长安早晚惹太后生气，汉景帝送他去做清河王太傅，不久就因病免官了。等到汉武帝朝，武帝想见识见识这个老儒生，就征召他来长安。可是，武皇帝周围的"诸谀儒"深切诋毁辕固生，说他太老了。当时辕固生已经九十多岁了，确实不年轻。汉武帝不喜欢老年人，因为这个原因，汉武帝也没见他。

不过毕竟也一度有征召的命令。辕固生乘上了来长安的传车。同行的还有一并被征召来的薛人公孙弘。公孙弘当时也六十多了，须发皆白，很有气派。他侧目打量辕固生，辕固生对他说："公孙子，务正学以言，无曲学以阿世。"③

---

① 陈苏镇：《〈春秋〉与"汉道"——两汉政治与政治文化研究》，北京：中华书局，2020年，第245—249页。

② 《史记》卷五七《绛侯周勃世家》，第2071页。

③ 《史记》卷一二一《儒林列传》，第3124页。

在同行的传车上，辕固生察觉到了什么，以致有此一说呢？我不知道。不过，一个九十几岁的老人，仍旧愿意千里迢迢地前往长安，而他已经一再证明，他不是汲汲于名利之人，此行应该是为了理想作最后一次努力吧。一路走来，许是沿大河而行。逆流而上，见逝者如斯，震慑心魄的滔滔河水是否令他感到老当益壮？齐地风光自与关中不同，满目所及又是少年时经历，几番顿挫，而今重行，是否又自生穷且益坚之感呢？一个人已经活到九十多岁了，即便内心充满了执着，也应该学会了适当的变通，可有些事他依旧做不来。时乎运乎，一切都如这滚滚长河，东流入海吧。

这样的儒生看起来确实和时代格格不入。不过，在所有人都学随世转的时候，有这么几个格格不入的人，就好像海浪冲刷不垮的岩石一样，留给人一点坚韧的希望。这一生，的确时运不济吧，不过他们坚信，自己留下的事业与品性，可以传诸百世万世，这是比一切帝王功业都要长久的。

世上不能没有辩士，即便是变了味儿的辩士，也能成为国家兴衰的催化剂。可世上更不能没有坚韧的儒生，或者是坚守道义的游士，或者是坚持侠义的游侠，总之是那些坚持某些理念，看起来颇为愚蠢的人。正是因为他们的存在，让我们意识到，很多时候我们就像没刮干净鳞片的鱼一样可鄙，而他们则是贝壳中的珍珠一样莹洁。

吉凶悔吝，穷通变化，讲多久也讲不完人生百态。不妨回到前面提到的，司马迁对齐地有着莫名的好感。想一想，有伏胜和辕固生的地方，究竟能差到哪里去呢？司马迁应该永远对这里保有一份敬意、一份信赖、一份期待吧。

刘邦用的另一个重要的使者是陆贾。陆贾在平秦灭楚之际虽有功劳，却不如他在汉朝建立之后的功劳更大。

汉朝建立之后，南方的南越没有臣服。控制南越的人叫尉佗，本来是秦朝将领。中原方乱，他割据南越，自立为王。这块地方，以当时汉朝的实力打不下来。不过还得敦睦友好，不然他向北骚扰，也生边患。安抚尉佗的工作就落在陆贾身上了。换句话说，朝廷一不支持军事征服，二不打算经济收买，纯粹希望陆贾去做一场没本钱的买卖，说服南越与汉相安无事。

陆贾到了南越，带来刘邦的诚意——册封尉佗作南越王。其实也没什么诚意，因为他已经是南越王了。接受汉朝的印绶，无非就是名义上承认臣属于汉罢了。尉佗对陆贾不是很尊敬，也是岔开双腿坐着，梳着椎形发髻接见他。陆贾说：你是中国人吧。你家里的兄弟、亲戚和祖先坟墓都在真定，现在不遵从中原的服饰，想凭借区区南越之地和天子抗衡，马上就大祸临头了。你还不知道咱们汉家天子有多厉害吧。告诉你，他三年平秦，五年灭楚，马上就要踏平你这里。无非就是他可怜天下百姓劳苦，不想妄动干戈，所以派我来给你个投诚的机会。你就应该郊迎天使，北面称臣。如若不然，汉朝把你祖宗的坟墓挖了，杀光你在北方的亲属，派一偏将率十万大军灭了你南越，易如反掌。

这些话纯粹都是大话。要是汉朝有这种实力，根本不需要派使者来交好，直接做就是了。不过，出使之人，言辞就得夸张一点，说一些提振士气的话。和别人谈条件，上来就很客气，把自己的标准定得很低，甚至把底牌露出了，后面就没法谈了。就从这几句话看，陆贾是老于世故的。

尉佗看陆贾有两下子，起身道歉。交谈之中，尉佗问：我与萧何、曹参、韩信这些人比起来，谁更优秀一点？尉佗能问出这种问题，说明他对中原的情况很了解，情报工作做得充分、扎实。陆贾说："王似贤。"陆贾就更狡猾了，夸也不真诚地夸，只是说，看起来您好像不错。话没有说尽，不完全顺着尉佗，又不完全否定，让尉佗还有问下去的欲望。果然，尉佗被陆贾勾住了话头，迫不及待地继续问：我和皇帝比，谁更优秀？

陆贾这次可得到机会了，再次狠狠地夸了一顿刘邦：

> 皇帝起丰沛，讨暴秦，诛强楚，为天下兴利除害，继五帝三王之业，统理中国。中国之人以亿计，地方万里，居天下之膏腴，人众车舆，万物殷富，政由一家，自天地剖泮未始有也。今王众不过数十万，皆蛮夷，崎岖山海间，譬若汉一郡，王何乃比于汉！[1]

这些话一边赞美刘邦，一边拉踩尉佗，反复告诉他，你还弱得很，别翘尾巴。尉佗大笑说：我没有在中原逐鹿，所以才在此处屈居王位。要是我在中原，怎知不能和刘邦一较高下呢？

尉佗特别喜欢陆贾，留下陆贾陪着说了几个月的话。他说：越地没有能和我交流的人，您来了，使我每天都能听到过去听不到的

---

[1] 《史记》卷九七《郦生陆贾列传》，第2698页。

话。尉佗当然很赏识陆贾，不过在愉悦精神的交流过程中，也反向了解了更多汉朝的内幕吧。外交场合中想要只占便宜不吃亏的情形是没有的。同理，人际交往中也没有单纯受益而不付出的一方。陆贾在说了很多场面话之余，一定也在私下里和尉佗说了很多不适合公开的言论。

　　陆贾返回汉朝，带回了南越称臣的结果，刘邦也很高兴。本来就是没本钱的买卖，能得到这个结果就非常成功了。哪怕只换来五年的和平，也是刘邦乐于看到的。务实的政治家，从来不会只计较一个决定是否有着长远的结果，而会更在意能否在现实当下取得好处。毕竟现实当下的好处是长远结果的开始。至于陆贾可能的某些逾矩行为，刘邦更是忽略不计，拜陆贾做了太中大夫。

　　太中大夫就是陪在皇帝身边聊天的清客。陆贾天天对刘邦说《诗经》上怎么说，《尚书》上怎么说，这可苦了刘邦。刘邦本就是个粗人，最不喜欢"子曰""诗云"那一套东西了。现在做了皇帝，身边需要几个有学问的人装点下门面，你陆贾怎么还当真了呢。刘邦不耐烦了，骂他：你老子我是马上得天下，要《诗》《书》干什么啊！陆贾在这件事上却不含糊，他说："居马上得之，宁可以马上治之乎？且汤武逆取而以顺守之，文武并用，长久之术也。昔者吴王夫差、智伯极武而亡；秦任刑法不变，卒灭赵氏。乡使秦已并天下，行仁义，法先圣，陛下安得而有之？"[1]陆贾抓到刘邦的软肋了，只要他一提秦灭亡的教训，刘邦马上就听

---

① 《史记》卷九七《郦生陆贾列传》，第2699页。

从了。

刘邦这一代人，是亲眼见到秦朝统一，又亲身参与灭亡秦朝的一代人。过去在始皇帝治下，大家也都算是顺民吧，转身推翻秦朝的时候，也没见到谁犹豫的。后来人自可以涂抹历史，举出秦朝的种种不是来。可是，哪个王朝的统治能没有半点问题？又有哪个王朝能一碗水端平，将各方的利益都理得顺呢？刘邦当了皇帝，深感居大不易，也必定对始皇帝的所作所为有了切身理解。过去当个老百姓，看秦朝处处不对，现在当了皇帝，只怕觉得秦朝的一套还是有可取之处的。这不，汉朝所用的官僚制度、司法制度、郡县制度，一仍秦旧。不这么办，看着这批贩缯屠狗的老兄弟，哪个人会治民，哪个人会断案，哪个人会理财啊？大家凭着血气之勇，攻城略地、杀人放火还行，要是安定下来让民心归顺，五谷丰登，政平讼理，他们还真是有点外行了。既然秦朝这么优秀，怎么又突然灭亡了？刘邦也在思考，特别是，换了位置来思考，易地而处来思考，从老百姓和皇帝的不同视角来思考，究竟怎么做，一个王朝才能长治久安呢？

陆贾现在点醒了他。刘邦虽然不高兴，也还是指示陆贾：你给我把秦亡天下和我得天下的缘由写下来，也把古今国家兴衰的道理写下来。陆贾大致归纳了一下，形成了十二篇文章。这十二篇文章的内容有些艰深，刘邦也不看，是陆贾一篇篇读给他听的。每听完一篇，刘邦就说好，左右的人高呼万岁。文章结了集，名为《新语》。

《新语》的标题让人联想起战国时期的语类文献。没有错，这样的文章就是拿来游说人主而用的。《新语》称引古今，其中一个比较重要的观点，就是主张对老百姓轻徭薄赋，不要动摇他们的生活生产。人君能做到这一点，国家的安定就有保证了。陆贾的思路很明显是和黄老学说一脉相承的。汉朝初期也遵照了这个建议，在统治上奉行无为而治。

　　陆贾是个非常清醒的人。刘邦死后，惠帝即位，吕后掌权。吕后对这些能言善辩的游士比较反感，生怕他们对自己执政指手画脚。陆贾心里清楚，于是办理病休回家了。他过去出使南越，尉佗曾赠给他价值千金的财物。陆贾将变卖财物得来的千金平分给五个儿子，让他们积累产业。自己则准备了好车好马，以及"歌舞鼓琴瑟侍者"十人，怀抱价值百金的宝剑，周游于五子之门。他和儿子们约定：到了谁家，谁就负责自己的吃穿用度，停留十天就去下一家。要是不幸死在谁家了，谁就获得他的宝剑、车骑、侍者。一年之中，他不会登一家门三次。因为"数见不鲜，无久恩公为也"。"恩"这个字，三国时吴人韦昭解释为"污辱"，唐代司马贞解释为"患"[1]。"久恩公为"说的是不要因为停留的时间久了就讨厌父亲了，而"数见不鲜"更明确讲出了人和人交往的经验法则。

　　再亲密的关系，相处久了也会厌烦。父子天伦尚且不能避免，何况并非血缘关系，纯粹凭借交往纽带而结成的关系呢。陆贾久在世间周旋，对人情冷暖早已看透看淡。抵达南越时，他也不过盘桓数月。回到高帝身边，也只是谈了谈治国大道。至于他心中是否将

---

[1]　《史记》卷九七《郦生陆贾列传》，第2700页。

尉佗和刘邦当作朋友，估计是连想一想都不曾有过的念头。

这么做，未免太绝情了罢。到头来，人岂不是很孤独？的确如此，人本来就是孤独的。前面提到的信陵君与侯嬴，孟尝君与冯谖，算得上人与人相处的典范了。不过侯嬴和冯谖，似乎从未把自己视作公子们的朋友，而是守住了客的位置。既然地分主客，则义属君臣。主可以对客施恩，客却不能对主有过分的要求。侠客们已经是世间最为清醒的人了，他们意识到，自己身上有为人可用之处，故而有人愿意奉养他们；倘若自己无为人可用之处，自然也不会有人奉养自己。有用即来，无用则去。人情冷暖，本就如此。

那么刘邦呢，是不是有很多朋友？《史记》中记载的谁算得上高祖的朋友呢？萧何吗，刘邦做了汉王之后，对萧何就是提防大于任用了。韩信吗，他的结局已经说明了一切。张良吗，张良晚年求道修仙，自绝于朝堂之外，刘邦对他也没有任何挽留。樊哙吗，做了皇帝之后，刘邦就不怎么和樊哙交流了。所以刘邦喜欢饮酒。只有饮酒的时候，他才能忘记那些曾经托付了心意，最终又远离了的人们吧。

游士定大计

西汉定都长安，东汉定都洛阳，是人所共知的史实。正因为都城有东西之别，故而汉也有东西之分。但西汉建立之初，刘邦是很认真地考虑过定都洛阳的。

刘邦之所以要定都洛阳，主要有两个原因。其一，刘邦属下多是山东人。前文提示过，这个山东，不是今天山东半岛的山东，而是崤山以东，也就是秦国以东的地方。人莫不安土重迁，更何况都希望衣锦还乡，所以刘邦及其属下臣子，多乐意定都于山东。其二，刘邦眼见秦建立的庞大帝国对东方统治薄弱，才招致了迅速的败亡，既然如此，为何不直接定都山东，控制广大疆域呢？基于这两个考虑，刘邦始终停驾于洛阳。

不过在楚汉战争之际，刘邦的大本营是关中。萧何奉太子留守关中，择定的都城是栎阳。栎阳这个地方曾经是秦国东征时候的基地，基础甚好。汉在此地建了宗庙、社稷、宫室、县邑。刘邦多次被项羽打败，却能一次次死里逃生、卷土重来，其根源就在于有关中这个稳定的财源、兵源基地作为支撑。学者指出，汉承秦制，有两个方面，便是据秦之地和用秦之人[1]。前面也提到过，秦人的组织程度在战国诸侯国中是最高的。用秦人作战，只要指挥得当，就很难失败。刘邦属意于山东定都，却又放不下关中，为此踌躇。

齐人娄敬是一名戍卒，他经过洛阳时，穿着羊皮袄去拜见同为齐人的虞将军，希望通过他面见刘邦，有话要对刘邦说。刘邦已经是皇帝了，戍卒与之身份差异何啻天渊。虞将军看在乡里的份上，替他禀报。见皇帝之前，虞将军要给娄敬换上华美的衣服。娄敬说：我要是穿丝绸来的，就穿丝绸见皇帝；穿麻布来的，就穿麻布见皇帝，不会因为见皇帝就更改我的本色。看来娄敬和郦食其一样，都希望给刘邦留下深刻的第一印象。

---

[1] 陈苏镇：《〈春秋〉与"汉道"——两汉政治与政治文化研究》，第45—62页。

刘邦见到娄敬，问他有何事。娄敬问刘邦：陛下要定都洛阳，是"欲与周室比隆哉"？刘邦说：当然了。这两个人都很客气，也很狡猾，第一句话都在试探，没说真话。刘邦想定都洛阳，才不是为了和周王室比威望呢。他心里有没有周王室、周王室是个什么样子，谁都不好说。娄敬也看出来，刘邦定都洛阳有私心，却也不点破：顺着刘邦的心意说就好了。

娄敬说，周王室的成功不可复制。周王室是积累了很多代、很多年的德行，以德服民而建立起来的。后来周王室分裂的时候，德行也没有太衰弱，只是诸侯的实力强大，不受周王室控制了。再说陛下吧，纯粹是靠着武力取天下的，天下之人肝脑涂地、暴骨中野的情况不可胜数。现在哭泣之声未绝，伤残之人未起，想要修文德与成康时代比美，这不太聪明吧。如果预计天下还会打仗，还有人觊觎您的帝位的话，那就效法秦国。秦占据关中，被山带河，四塞之地，人口滋繁，田土肥美，实在是天府之国啊。如果定都关中，山东即便再次叛乱，您还是有条件重新一统的。这就好像和人摔跤，您不卡住对手的脖子，摁住他的后背，能取胜吗？现在陛下要是定都关中，就等于卡住了全天下的脖子，摁住了全天下的后背一样啊。

这个理由很明显说动了刘邦。其实说服人的并不是观点，而是和对方心中想法契合的观点才更有说服力。人只会被自己想听到的意见说服，就像苹果只会落向大地一样。

刘邦还是继续征询了张良的意见，张良也认为娄敬说的有道理。刘邦即日动身西都关中了。因为娄敬功劳大，刘邦就赐他姓刘，拜为郎中，号为奉春君。郎中是皇帝的警卫员，平时也负责出使。

到了汉七年的时候，韩王韩信谋反。这个韩信不是做过楚王的淮阴侯韩信，而是韩国的韩信。张良一度辅佐的就是他。韩王韩信也谋反了。他还联络了匈奴人。刘邦大怒，派人出使匈奴窥探虚实。已经派去十名使者了，他们异口同声地回报说，匈奴的草原上都是老弱的兵士和瘦弱的牲畜，匈奴人没有战斗力，可以与之一战。但刘邦心里还是有些嘀咕。他以多年的军事经验本能地觉得不太对劲，但是又说不出来哪里不对劲。刘邦决定派遣刘敬走一趟。

刘敬回来后和刘邦说：我这次去，确实看到的都是老弱的兵士和瘦弱的牲畜。不过，两国开战的时候，都会自然地夸耀自己的优长之处，匈奴人这么做太反常了，一定有诈。我认为不可以和匈奴作战。

此时刘邦已经率军越过雁门以北，二十余万兵马催动，哪里是说停就停得下来的。刘邦内心烦闷，觉得刘敬的话印证了自己的怀疑，可又不能服软。于是他大骂刘敬：齐国的浑蛋！以口舌得官，现在竟敢胡说八道败我军兴。将刘敬收监，押在广武。刘邦率军队到了平城，也就是今天大同，被匈奴人出奇兵包围在白登。围困了七天，听了陈平的和亲之计，才解了围。回到广武，刘邦释放了刘敬，向他道歉，并说自己已经斩杀了之前那十名声称匈奴可击的使者。刘敬被封为关内侯，号为建信君。

怎么看待刘敬的被捕呢？刘邦一定在内心觉得，刘敬说的有道理。但是一方面，毕竟有十名使者说匈奴人可攻击，这必定在军中形成了很大的影响。大军发动，靠的就是气势。如果无视这十个人的话，而只凭刘敬一言就撤军，刘邦的威信就会扫地。刘邦刚刚坐上皇帝之位，根基并不稳固，一旦左右质疑他的权威，恐怕损失就不是一次败仗那么简单。更何况，出击匈奴本来就有风险，万一失败了，也不至于一败涂地。可一旦侥幸取胜，就更是好事了。另一方面，如果带刘敬随军出征，则刘敬会不断地重申他的意见。很明显，汉军的将领们应该都听不进去这种意见，到时候就会有矛盾。对于军队来说，内部的和谐统一重过意见分歧。所以可以这样理解：刘邦为了维持军队的团结，也是为了保护刘敬，将他留在了后方。

那么，不囚禁刘敬，只是将他留在后方做个太平官员可不可以呢？也不行。统治者事事都要有态度。刘敬的意见和大多数人相左，刘邦对此不表态，将军们心里就会犹疑。将军们犹疑，士兵们就会软弱。军队由此便涣散了。所以刘邦等于是丢卒保车，舍去一个刘敬，换来汉军的团结。

看来当游士，凭口舌得官，实在是一件有性命之忧的事情。此前的十名使者，何尝不是凭口舌得官之人呢？今日看到刘敬技高一筹，便为他鼓掌喝彩，殊不知多少同侪，因他技高一筹，也就命丧刀下了。游士的确是冒着性命危险来换得富贵之人啊。

不过，不冒险的日子又有什么值得一过呢？普通人尚且为军功去杀敌，有才能的人为什么不在刀尖上讨生活呢？这就是当时的常态。时间久了，生活的方式会发生变化，隐藏在背后的冒险精神及其风险，却是一点也没有变的。

刘邦也是一个富有冒险精神的赌徒。他的赌注不光是自己的身家性命，还有天下。他是一个屡败屡战的典范，之前多次败给项羽，这时候又败给匈奴人的头领冒顿单于。他很会挑选对手，他的对手都是不世出的英雄，是那些看起来比他更像英雄的人。

冒顿单于是头曼单于的太子。蒙恬死后，头曼单于将自己的势力范围扩展到黄河以南的河套地区。头曼单于不喜欢冒顿这孩子，想将他除掉，另立所爱的阏氏生的小儿子。于是，冒顿被派去大月氏当人质。他抵达大月氏之时，就是匈奴兵锋所到之日。毫无意外，大月氏要杀冒顿，冒顿英勇地偷了大月氏的好马逃了回来。

草原上最敬重的就是英雄，不经过试炼的少年是不能长成英雄的。头曼单于觉得自己这个儿子是条好汉，让他统帅一万名骑兵。冒顿准备了一种响箭——鸣镝，以此为号令训练部众。冒顿下令：鸣镝所射之处，万箭齐发，倘有迟疑者，立斩。

规矩定好了，就开始训练。冒顿率部行猎鸟兽，鸣镝所向，有不射者，立斩。下一次，冒顿将鸣镝射向了自己的好马。左右有迟疑者，立斩。又过了一阵子，冒顿将鸣镝射向了自己的爱妻，左右很惶恐，不敢射，又立斩……一如商鞅徙木立信，草原上的雄鹰们已经知道了太阳的方向，再不会有所违背。再下一次，冒顿将自己的鸣镝射向头曼单于的好马，左右万箭齐发，再无犹豫。冒顿明白，人心可用了。

冒顿找到了一个随从父亲射猎的机会。这一次，他将鸣镝射向了自己的父亲，于是他成为了新一任单于。我不清楚，冒顿将鸣镝射向父亲时，心内是否有过犹豫。或许有，不过那一定只是片刻。

古语云，箭在弦上。冒顿用鸣镝训练队伍的时候，就已经弯弓搭箭了。

　　当时草原上强盛的部族还有东胡。他们听说匈奴换了主人，派遣使者前来，索要头曼的千里马。这很明显是趁人之危，在敌国内乱的时候去加一把火。冒顿问群臣：送出宝马，还是不送呢？群臣皆曰，千里马不可以送给敌国。冒顿反而说，跟邻居怎么能吝惜一匹马呢？于是将千里马送给了东胡。东胡觉得匈奴很软弱可欺。不久，东胡的使者又来了，向冒顿索要他后宫的女人。冒顿又问左右：我的女人，能给邻国吗？左右皆怒：东胡无道，竟敢索要单于的女人，打他！冒顿说，跟邻居怎么能吝惜一女子呢？于是将自己最爱的女人送给了东胡。

　　东胡王这下子更加得意了。东胡和匈奴之间有块空地，广千余里。草原上的牧场都是按着牧民的习惯划分的。这块地，双方尚存争议。东胡王的使者又来了，对冒顿说：两国中间这块空地，你们也占不了，给我们吧。冒顿又问群臣：你们说，这块地给东胡吗？群臣说：这块地咱们也用不上，给也行，不给也行。冒顿大怒说：土地是国之根本，怎么能给人？于是将赞成把土地送给东胡的人统统问斩，上马出征东胡，令于国中：有掉队后退者问斩。匈奴大军其疾如风，东胡王毫无准备，举国大败。匈奴乘胜西击月氏，南并楼烦、白羊河南王，收复所有秦始皇时期蒙恬占领的土地，兵锋竟抵达朝那、肤施一代，也就是今天甘肃、陕北地区。此时楚汉相争，无暇北顾。匈奴势力臻于极盛，控弦之士达到三十余万。

　　冒顿单于对自己的父亲、宝马、女人毫不吝惜犹豫，杀戮与出让一言而决，残忍和坚韧在他身上融为一体，竟让人无法评价他的行为究竟应该被赞颂还是应该被唾弃。草原上的生活从来都是朔风骤雨，不给人留下迟疑的机会。上马而行，下马而卧，只有当机立断者才有活路。就此而言，他和刘邦、项羽是同时代可以互相匹敌的人。军事战争进行到后期，本质上就是统帅意志力的较量。谁更果敢、谁更坚强、谁更承受得起更大的损失和痛苦，谁就能胜利。

刘邦被冒顿围困在白登。这是汉初和匈奴作战的第一次大败仗。因为皇帝被围，这也是被汉朝牢牢记住的一场战争。当时天"大寒雨雪"，士卒冻掉手指者达十之二三。刘邦被围困七日，内外消息隔绝。如果再围困几天，汉朝的历史就要改写了。

仓皇逃回中原的刘邦，对如何处理汉匈关系很是困惑。对匈奴，打是打不过了；认输，也不能太轻易，还是得在斗争中妥协，这样才不至于损失太大利益。刘邦问刘敬该如何是好。刘敬说：现在天下初定，妄动干戈是不成了。冒顿这个人，残忍狠辣，用仁义之道劝导他，意义也不大。有个好办法，可以为子孙作长远打算，只怕陛下不能用。

要是办法好用，有什么不能用的？究竟是什么办法，说来听听。刘邦可是迫不及待了。

刘敬说：陛下要是能把长公主嫁给冒顿单于，并准备丰厚的嫁妆，单于一定动心。他们得知这是您的女儿，冲着汉匈联姻，也会将您的外孙立为太子。这样一来，将来的单于就始终有我们汉家的血统，就不会与咱们为敌了。不过，陛下要是用宗室女冒充公主，被他们知道了，这个计策也就不灵了。

刘邦说，好。打算依计而行。

看来，刘邦果然是和冒顿一样坚韧狠辣的人。

吕后日夜哭泣，坚决不同意将长公主远嫁匈奴。刘邦没办法，另选了一位宗室女，让刘敬送往匈奴和亲。汉匈和亲的大国策，是从刘敬发端的。

刘敬出使归来，又向刘邦建议迁徙六国的旧族豪强到关中充实人口。一方面，削弱六国旧族在东方的根基，加强控制。另一方面，使得关中有足够的兵源，既可以应对匈奴的入侵，也可以应对东方的变乱。刘邦大为赞赏，迁徙了十余万山东人口来关中。

《史记》上记录，刘敬给刘邦出了三个有效的建议，第一是定都长安，第二是与匈奴和亲，第三是迁徙六国旧族。话不多，字斟句酌，掷地有声。这三个建议，可以说是西汉立国之本，内政外交都包括了。刘敬作为口辩之士，面对汉朝建立之初的政治、军事和社会矛盾，提出了自己独到的观察，定下了长远的计策。他可以视作从游士向大臣的过渡人物。自汉朝安定下来以后，游士的生存空间就越来越小了。只有将自己摆到大臣的位置上，从统一王朝的角度考虑问题，士人才可能在朝廷中谋得一席之地。

不经意间，天翻地覆。游士的命运，已经悄然改变了。

侠客的追求

战国之际的游侠，到了楚汉战争时期，也被卷入到巨大的历史动荡之中了。他们以自己的价值判断和行事风格，对战时代转变的风车。兵刃未交，胜负已分了。

楚人季布"为气任侠"，在当地很有声望。项羽任命他做将军，多次窘困刘邦。汉家一统以后，刘邦悬赏千金，捉拿季布。若有人敢藏匿他，便要罪及三族。刘邦确实是恨季布恨得入骨啊。季布流落江湖，先藏到了濮阳周氏家里。周氏说：将军，官府现在追捕您追捕得很紧急，很快就要搜查到我家了。要是您能听我的，我就给您出个主意；不听我的，我就先自杀了。

这是典型的侠客语言。怎么区分侠客语言和非侠客语言呢？很简单，将自己的利益摆在前面，就是非侠客语言；将别人的利益摆在前面，就是侠客语言。前面说过，韩信为了保全自己，想要出卖前来投奔自己的好朋友钟离昧，他的话就不是侠客语言。现在周氏先把态度摆在前面了：不听我的，我就自杀。用自己的生命作自己言语的担保。侠客能接受这种态度，他们的行为和活动都是基于舍己而为人的价值观而发生的。

周氏给季布改变了装束。《史记》上说"髡钳季布，衣褐衣，置广柳车中"[1]。髡钳就是剃去头发，戴上刑具，在当时是刑徒的典型外貌。衣褐衣就是穿上普通人的粗布衣服。广柳车略有些复杂，有人认为是丧车，拉棺材用的；也有人认为是覆盖了柳条的大牛车。现在看，丧车的可能性比较高。假死这一招，在逃命的时候经常起效。变异形象，为的是在异地生活时，改变自己的身份。

季布就这样和另外几十个家僮都被卖到了鲁地的朱家家里。朱

---

[1] 《史记》卷一○○《季布栾布列传》，第2729页。

家也是一名大侠。《史记·游侠列传》记载的汉初第一位大侠就是
朱家：

> 鲁朱家者，与高祖同时。鲁人皆以儒教，而朱家用侠闻。
> 所藏活豪士以百数，其余庸人不可胜言。然终不伐其能，歆其
> 德，诸所尝施，唯恐见之。振人不赡，先从贫贱始。家无余
> 财，衣不完采，食不重味，乘不过轺牛。专趋人之急，甚己之
> 私。既阴脱季布将军之阨，及布尊贵，终身不见也。自关以
> 东，莫不延颈愿交焉。[1]

朱家是反鲁地风俗的存在。鲁地是孔孟之乡，朱家居然行侠仗义，
成为了首屈一指的豪侠。他的品德很高尚，从不将自己的功绩挂在
嘴上，帮助别人不留名姓。他救了季布，然而季布富贵之后，他再
也不见季布了。这样的德性，远超韩信、张耳之流，比较战国四公
子也不遑多让。

　　朱家知道这个奴隶就是季布，为了他故意将周氏带来的奴隶都
买下了。朱家安排季布种田，但是告诫他的儿子说：怎么种地，听
这个奴隶的，一定要和他吃同样的伙食。这在当时条件下是相当的
尊重了。周氏和朱家做人做事圆融妥帖，既帮助了季布，又不给他
特别的压力。

　　如果只做到这一步，朱家就只算个寻常的侠客。令他与众不
同之处，是他能安排季布的前途。朱家来到洛阳，去见刘邦的老兄

---

① 　《史记》卷一二四《游侠列传》，第3184页。

弟汝阴侯夏侯婴。夏侯婴号称滕公，和刘邦有着非常密切的私人关系。朱家在滕公家喝酒数日，问滕公说：季布犯了什么大罪，皇帝如此穷追不舍？滕公说：季布替项羽多次将陛下逼到十分困窘的境地，陛下怨恨他，所以一定要抓住他。朱家又问：您看季布是什么人？滕公说：是一个有才能的人。

朱家开始申论他的观点了：人臣各为其主所用，季布为项籍所用，是他分内的事。替项羽办事的人那么多，难道都能杀光不成？现在陛下新定天下，因为私人恩怨追捕一人，怎么能向天下人显示自己胸怀不广的形象呢！如此追捕季布，早晚把他逼迫到北边的匈奴或南方的越地。这不就是给敌国提供人才吗？您何不找个机会对陛下劝说一番呢？

话说到这个程度，滕公琢磨出来了，季布肯定藏在朱家家里。他答应了朱家的请求，找到机会向刘邦进言，刘邦因此撤销了对季布的通缉。当时朝中大臣都赞赏季布能摧刚为柔，忍辱负重适应形势。朱家也因此闻名当世了。

季布能忍，朱家有义。不是这样两个人相遇，则不可能有季布后面的表现。前面提到，刘敬建议刘邦将山东豪强迁徙到关中地区。朱家很可能就在被迁徙之列。他过早地暴露了自己的巨大影响力，引来皇权的深刻忌惮。侠客精神与统一国家的好尚完全不一致，随着统一的实现，侠客生存的土壤也要被铲除了。

汉惠帝时，季布做了中郎将，这个职务的工作就是保护皇帝。当时，匈奴单于给吕后写了封信，内容非常猥琐。单于称自己没有妻子，而吕后新寡，二主何不互通有无呢。吕后大怒，命将军们商讨对策。

樊哙这时已经是上将军了。在刘邦的老将中，樊哙排序最为靠前。他娶了吕后的妹妹，于关系上也最近。他很有信心地说：给我十万人，我将横行匈奴境内。意思是用一场战争洗刷外交上的耻辱。樊哙的表态，很代表了当时人们的态度，也符合吕后的心意。历史经常给出这样的经验，愤怒时作出的决定往往是不理智的。统一性的意见背后，倡议者一定是少数，而多数人都是被裹挟的。朝议中一边倒的呼声，给主战派很大的鼓舞。这时，季布站出来说：樊哙可以问斩了。过去高皇帝率众四十万，仍然被匈奴困在平城。现在樊哙带着十万士兵，就能在匈奴境内横行？这纯粹是当面欺骗皇帝。秦朝大伐匈奴，境内空虚，陈胜趁虚而起。现在长期战争的后果还没有被消化掉，樊哙又当面欺骗陛下，他的行为将动摇天下的根基。

敢于说出振聋发聩的话需要勇气，敢于发表反对多数人意见的振聋发聩的话需要的就不仅仅是勇气了，而是舍弃一切的无畏精神。这样的话，往往都是从侠客口中说出来的。金石之声，胆怯之人听听就怕了，故而朝臣震恐。吕后由此感悟，不再讨论攻打匈奴的事情了。

不过，季布似乎因为太敢说话，也没有长期在朝中做官。他被外放为河东守。到了文帝朝，有人向皇帝进言，说季布这人很贤能。汉文帝将季布召回，想要任命他为御史大夫。御史大夫是皇帝的秘书长，是文书运转的核心角色，可以说是重用了。又有人向文帝进言：季布这人有勇无谋，喝了酒就跋扈了。文帝又迟疑了。

季布滞留长安一个月，没有见到皇帝，就被皇帝派遣回去了。换一般人，也就听话返回河东了。然而季布不是平凡之辈，他就势给文帝上书说：我在河东任郡守，从来没有与皇帝深入交流过。陛下突然召我来国都，一定是有人在您面前过度地称赞我。等我来了，您又没给我进一步的指示，一定有人在您面前诋毁我。陛下因一个人的赞誉而召见我，因一个人的诋毁而将我遣回。我担心天下有见识的人知道这件事，就会窥知陛下的深浅了。

这番话入情入理。治国者不担心做错事，担心的是被人窥知自己的思考和心绪。皇帝可以武断、可以犯错，但是绝不可以被臣下看透。普通人被看透了尚且是一种侮辱，皇帝被人看透了是一场灾难。季布看透了汉文帝，他给汉文帝带来了恐怖的精神压力。侠客有胆色毫不顾忌地批评皇帝，表达对皇帝愚蠢行为的指责，这样的勇气毕竟是游离于统治之外的另类的存在。在汉文帝以后的历史中，类似的话只见于那些依稀保有侠客精神的黄老之士身上。

为了找回自己的颜面，汉文帝说：河东是我的股肱之郡，所以特地请你来长安述职。相信汉文帝已经吸取了教训吧。

季布的弟弟季心，虽然生活在关中，依旧保持任侠本色。方圆千里之内，士皆争为之死。季心曾经杀人，逃到了吴国，收留他的人是时任吴国国相袁盎。季心将袁盎当哥哥一样侍奉，将灌夫、籍福当成弟弟一样善待。季心的名气太大，当时的少年行走社会，都假借他的旗号。关中地区流传，季心的勇气和季布的承诺，是人间最值得信赖的事情。

侠客爱惜自己的名声，名声带来了追随者，追随者继续传播侠客的名声，形成了循环往复的动态平衡。人生的经验告诉我们，没有利益的事情虽然可以做，但不能持久。那么名声给侠客带来了什么？那是纯粹追慕前贤豪士的一种传统和积习吗？传统的确拥有持久的生命力，可以让人抛弃短暂的现实利益而追求恒久的精神享受。侠客的任侠，从主观上看，的确是一种不计报酬的奉献。这样的作为如果需要依赖现实的利益作支撑，那恐怕需要数不清的回报。从这一点看，侠客应该是抛弃了物质上的追求。

有这样一个例子。楚人曹丘生，同样是个辩士，他很擅长利用金钱的力量在长安权贵中间周旋。季布很瞧不上他，曹丘生却毫不在乎，非要和季布接近。这天，曹丘生来季布家里拜访，对季布说：咱们楚人流传一句话，"得黄金百，不如得季布一诺"，您是如何在梁楚之间获得这种名声的？我是楚人，您也是楚人，我在贵人之间周旋，足以替您传名天下，这难道不重要吗？您为何与我保持这么疏离的距离呢？季布很高兴，留下曹丘生作为上客住了几个月。后来曹丘生果然替季布扬名，季布的名气更大了。

注意到没有，侠客在意自己的名声，却不在意名声的传播者是什么人，也不在意名声传播给了谁。他只在意自己的名声传播得越远越好，最好是名扬四海，远及匈奴和南越。

换言之，侠客在乎的不是肉身的存没，而是名声的久远。春秋时期，卿士大夫已经开始思考和重视死后如何不朽。晋国正卿范宣子就生命的价值发出追问。《左传·襄公二十四年》：

穆叔如晋，范宣子逆之，问焉，曰：“古人有言曰，‘死而不朽’，何谓也？”穆叔未对。宣子曰：“昔匄之祖，自虞以上为陶唐氏，在夏为御龙氏，在商为豕韦氏，在周为唐、杜氏，晋主夏盟为范氏，其是之谓乎？”穆叔曰：“以豹所闻，此之谓世禄，非不朽也。鲁有先大夫曰臧文仲，既没，其言立，其是之谓乎！豹闻之：‘大上有立德，其次有立功，其次有立言。’虽久不废，此之谓不朽。若夫保姓受氏，以守宗祊，世不绝祀，无国无之。禄之大者，不可谓不朽。”[1]

这段话非常有名，是古来探讨生命何以不朽的经典。人们追求不朽，就是追求永恒的、超越生命的价值。人生在世，终究会面临死亡问题。从耳闻到目睹再到亲身体验，死亡是环绕在人头脑中的终极结果。生命既然有限，如何能保有或者留存一些永恒，突破有限的束缚进入无限的境地，成为精神力旺盛之人的当然思考。

晋国正卿范宣子，为人足智多谋，权势已足，他的人生在此生应该没有大的遗憾了。他执着于死后是否能够被人所铭记，于是向鲁国的穆叔发问，如果家族绵延不绝，代有传人，祭祀不断，世代传承，算不算得上不朽呢？

穆叔直接否定了范宣子。后嗣不绝，世代为官，只不过是家族地位能够维持而已。人生追求的不朽，不在自家后人的纪念，而应该在举世不忘的怀念。鲁国先大夫臧文仲曾说，人有三种不朽，最上等的是立德，次一等的是立功，再次一等的是立言。德、功与

---

[1] 《春秋左传正义》卷三五《襄公二十四年》，第4296页。

言，是人树立在世间的纪念碑，会永远被人所铭记。

范宣子和臧文仲所言，代表了两种生命态度。前者是物质性的，后者是精神性的。政治家务实，注重世代保有财富和地位；思想家纯粹，试图被人永远铭记。两种观点直到今天也共同存在。

人经历世事，在不断的摔打中长大，他们既学会了一些东西，也给世界留下了一些东西。有些人只能在所有条件都具备的时候才敢于创造，有些人在条件不具备的时候也有勇气挑战。更多的人依违在两者之间，既不前进，也不后退，停在原地，等待命运的安排。不同的生命选择，似无所谓高下之别，只要随心就好。不过，按照臧文仲的意见，好的名声，是人可以保持不朽的一个办法，一条通往永恒之路。侠客没有机会像正卿一样获得足够的政治地位和财富，甚至可以说，侠客无论怎样努力也不可能成为正卿。那他们怎么做才能不朽呢？那便是追求无边无际的名声，走自己的路，走一条能被人看见并且认可的路。那就是舍己之路。

舍己是反人性的高级做法，舍己而助人，代表着人有权力处理自己的生命。《左传》上记录了更早的为国事为民众牺牲生命的例子。《左传·文公十三年》：

> 邾文公卜迁于绎。史曰："利于民而不利于君。"邾子曰："苟利于民，孤之利也。天生民而树之君，以利之也。民既利矣，孤必与焉。"左右曰："命可长也，君何弗为？"邾子曰："命在养民。死之短长，时也。民苟利矣，迁也，吉莫

如之！"遂迁于绎。五月，邾文公卒。君子曰："知命。"[1]

邾文公面对迁都将不利于自己生命的占卜结果，果断选择迁都而利民。其理由就是"命在养民"，国君的使命就是让民众得到利益，只要对民众有利，个体生命的长短也置之不顾了。

既然不愿选择堕落地生，那就选择高贵地死。当为别人而死之时，自己的死也就有了值得铭记的价值。侠客会不会考虑让他们帮助、拯救过的人永远记住他们呢？似乎不是如此。侠客对自己保护的对象，更多的是期待永远不被他们记起。他们所希冀的，是被更多的旁人所记住。

侠客是一群在物质上相当质朴但是在精神上又相当贪婪的人。他们生活在精神世界中而不能自拔，所有的行动只为印证生命的价值，追求不朽的境界。他们藐视王侯却不能远离权力，他们挥金如土却又追逐金钱，他们践踏法律却又保护弱小，他们极端自负又异常敏感。所有矛盾，都来自侠客对物质的否定和对精神的追求，其本质便是侠客对必死命运的无能为力和对有涯之生的充分珍视。

正因为如此，我们每个人，在心里都保有一个侠客的梦。

田横五百士

王子也希望成为侠客。做侠客没有什么特别的要求，只要按照侠客的方式勇敢地生活就好了。

---

[1] 《春秋左传正义》卷一九下《文公十三年》，第4022页。

　　楚汉之际，末代的齐王是田横。他虽贵为诸侯，身上却展现出浓厚的侠客气质。今日人们熟知的徐悲鸿名画《田横五百士》，画的就是田横与自己的国人别离的场面。韩信平齐，刘邦建汉，天下已定。田横不愿臣服于刘邦，只能跑到海岛上去了，追随他的据说就剩下五百个人。刘邦的使者带来皇帝的话，请田横来洛阳相见。这话的意思很清楚，田横要是不来，五百个人都得死。今天使者能来，明日，大军也能来。

　　田横和追随他的士人作最后的告别。人们每每形容凄风苦雨之际的离别最让人悲伤。殊不知，最痛苦的悲伤，往往发生在艳阳高照的时候。蓝天白云绿树小河，都生机勃勃地看着你不知道的未来，看着你被突如其来的未知击碎，看着你一瞬间找不到方向，再含着泪将破碎满地的东西拼凑起来。徐悲鸿的画就是呈现了一个大晴天，他对人生的猝不及防应该深有体会。

　　田横也是这样吧。流亡的生活虽谈不上多好，毕竟还是和国人守在一起。刘邦的使者突然抵达，让他苦心经营的桃园变成了火狱。

　　他必须离开。如果田横是齐湣王之流，那他或许可以考虑去洛阳谋个一官半职，在对刘邦的摇尾乞怜中获赐几块骨头。田横也可以效法项羽，在最后一场战斗中被最后一把剑刺中，由此成为一个神话。田横都没有这样做。做齐湣王，就是抛弃了国人，将他们交给异国国君统治。做楚霸王，就是将国人带上绝路，让他们为自己殉葬。田横选择做自己。他将自己贡献出去，换来刘邦对国人的宽大。他将自己的心撕碎，换来国人的光明。

田横一定是悄悄地打点行囊，悄悄地出发。不过，这怎么可能瞒得住呢？为他送行的人，围拢在他身旁。他看看这个，瞧瞧那个，往日的时光一起涌上心头。我们曾一起逐鹿中原，奔波四方，与诸侯力战而无怯色；我们也曾谋划天下大势，讨论齐国进展的方向，向何处去，奔何处走，一一记在心头；我们也曾失败，那时互相鼓励，吹拂山风，聆听鸟鸣，在林木芬芳的加持下，获得力量；即便退居海岛，也能结网、捕鱼、划船，面朝大海，听波涛哼鸣，看海潮涌动，从此整顿起勇气，图谋再起。未知来得太突然了，虽然心中曾有所准备，但当那一刻到来之际，依旧觉得仓促。

他毅然踏上前往洛阳的路。回到中原，曾经熟悉的场景，勾起一幕幕往事，啮噬着他的心。欢歌已成过去，前路茫然不知。走啊走，走啊走，多想走得慢一些，和自己的国人近一点。走啊走，走啊走，多想走得快一些，不要被往日情景折磨。

抵达洛阳城外三十里处，田横对刘邦的使者说，我需要在这里洗沐更衣，才能入见天子。他对身边陪他来的两位门客说：过去我和刘邦同样都南面称孤，现在他做了天子，我居然要北面侍奉他，太过耻辱。我曾经烹杀了刘邦的使者郦食其，而郦食其的弟弟郦商还在汉朝做将军，我怎么和他同朝为官呢？现在，刘邦想要见我，不过是想见见我的面貌罢了。我此时自杀，你们将我头颅割下，送去洛阳，容貌尚未改变，足够趁他的心意了。

田横，末代的齐王，富有侠客精神的诸侯，怀着对国人的无限眷恋，光荣地赴死。死亡是不朽的另一面。田横选择了死，将自己的人生终结，留给刘邦一个永远无法臣服的灵魂。

　　刘邦看到田横的头颅，大为惊叹：他也是从布衣而起，兄弟三人都做了王，没有这种精神，怎么可能呢！刘邦为田横哭泣，是英雄之间的惺惺相惜。他令田横的两名门客主持田横的葬礼，发卒两千，以诸侯王的礼节安葬了田横。

　　丧事已毕。两名门客也在田横的坟墓旁自刎而死。刘邦更为惊讶。他没有想到，田横与门客的感情如此之深厚，门客竟然如此有情有义。于是他下诏征召海岛中隐居的剩下的田横宾客，希望他们能够来到汉朝效力。剩下的宾客听说田横已死，全部都自杀了。

　　海风阵阵，海浪无言，留下的是田横五百士的传说，永远被世人铭记。

　　司马迁感慨说："田横之高节，宾客慕义而从横死，岂非至贤！余因而列焉。不无善画者，莫能图，何哉？"[1]熟悉汉朝绘画风格的人知道，汉朝的人物画像，往往以侧影的方式呈现人。司马迁曾见过张良的画像，对张良的形象与作为之间的差异大感惊讶。他希望看到田横的画像，也是想知晓如此贤能的人，究竟长的什么样子。

　　不过司马迁未必止步于此吧。阅读《史记》可以发现，除了汉朝宗室刘姓以外，司马迁为战国时齐国田氏撰写了最多的人物传记，有《田敬仲完世家》《田单列传》和《田儋列传》。田氏本身的历史表现当然非常丰富精彩，不过司马迁为他们挥洒了如此多的笔墨，不能不说他对田氏有着独特的情感。司马迁虽生长在大河之

---

① 《史记》卷九四《田儋列传》，第2649页。

西，却对海岱齐土有着发自天然的喜爱与尊敬。这种情愫，是今人可以体会但无法深究的。

有一点可以肯定，司马迁对光荣的死有着发自内心的认同。他自李陵案后，身心遭受巨大的摧残，一定不止一次想到了死亡。何莫一死，一了百了。像战国汉初的侠客一样，通过死，洗刷掉自己的耻辱。司马迁没有死，他选择屈辱地活。活着为了什么，就为了把自己的思考用写作表达出来。我想他通过写作治愈了自己，他也用他的写作治愈了更多的人。

司马迁不是懦夫。敢于想到死的人，从不是软弱的人。要知道，司马迁从青年时代便壮游天下，挥洒心中的种种，开阔心胸。可是他依然会迟疑，会犹豫，会在决定自己生命去向的问题上徘徊不前。他遭受的创痛也真是够大了，像田横一样大。

梁启超在《谭嗣同传》中曾记下了谭嗣同的话："不有行者，无以图将来；不有死者，无以酬圣主。"[1]谭嗣同距离田横和史迁，何止千载，而其心其行，却又如此一致。这是侠义之风的千古流响，也是志士仁人一脉相承的豪迈。

田横之后，齐地虽换了主人，而任侠之风却沿而不改。刘邦的长子刘肥，在汉朝建立以后被封为齐王。齐国是战国时期最富饶的国家，韩信也一度迷恋这里的繁华。刘肥虽为长子，却并不是吕后所出，所以没有机会做皇帝。对此，刘邦将他封为齐王作补偿。在当时，有齐国是东方之秦的说法，那么在齐国做王，和在关中做皇

---

① 尹飞舟编：《湖南维新运动史料》，长沙：岳麓书社，2013年，第888页。

帝也差不多吧。特别是汉朝建立以后，对东方六国故地并没有实质的控制力，各国依然以本国人为诸侯王，汉朝实际控制的疆域也只有秦统一之前那么大。换句话说，在齐国为王，不仅没有汉家皇帝那么多的限制，实际掌握的权力又不一定比皇帝小，是一件大大的美差。

刘肥本人在史书上没什么记录。按他的年纪，应该是追随刘邦左右，不断立有战功之人。《史记》上他的人生记录就是从受封齐王开始。后来他的儿子刘章自称"将种"，说明刘肥确实戎马倥偬。所以虽然史书失载，却不能将刘肥视作是只乐种田的谨厚长者。

刘肥的几个儿子都不很安分。他去世后，子刘襄即位，后来谥为哀王。另外两个儿子，刘章、刘兴居，久居长安。这时吕后称制，大权独揽，刘章被封为朱虚侯，取了吕氏女为妻，刘兴居被封为东牟侯。名义上，他们二人在长安是宿卫皇帝的宗室近臣，实则被吕后扣留为人质，以防齐王刘襄有所动作。猜忌之外也有拉拢，刘章和吕氏通婚，表明吕后还是很希望能够增强与齐国的关系的。

朱虚侯刘章二十岁，有气力，是个充满任侠精神的少年人。吕后将他当儿子看待，所以总是给他一些特权。这一次，吕后设宴，款待刘、吕宗亲。刘章担任酒吏监酒。他向吕后请示：我可是将门之后，这次监酒，要军法从事。常言道，酒品见人品，对那些喝酒偷奸耍滑之辈，确实不宜客气。吕后当然同意了，皇室家宴，需要有点雍容做派，但严格一点也是对的。

酒过三巡，刘章起身舞蹈，并对吕后说，我想为太后演唱一首耕田歌。太后笑了，说：你爸爸还种过田，你生下来就是王子，富贵无两，怎么会种田呢？刘章说：我知道。吕后说：那你说说看种田有什么讲究？刘章陈说：

深耕概种，立苗欲疏；非其种者，锄而去之。[①]

原来种田是这样啊，耕田要深，布种要密，等禾苗长起来了要注意疏苗，最关键的是，杂草一定要除掉。说得没错，不过吕后就不爱听了。这话的意思是，皇帝只有刘姓可以当，诸侯王也只有刘姓可以当。现在，吕后以女主称制，还分封子弟为诸侯王，这两点最忌惮被人指出。刘章敢冒天下之大不韪，犯颜色，触忌讳，一方面自然是恃宠而骄，另一方面也是少年意气。

吕后默然，满座默然。

不一会儿，有个吕氏亲属喝多了，想要提前离席，被刘章追出去，拔剑杀掉了。他回报说，有一人逃酒，我按军法斩之。逃酒虽然可耻，但是因此就杀人却太过激。

吕后大惊，满座大惊。

这场酒席自然不欢而散了。朱虚侯刘章在朝廷上亮了相，表明了立场和态度。吕后及其宗亲对刘章开始警惕起来，而忠于刘氏的大臣们私下里和朱虚侯亲近起来。

吕氏忌惮，刘氏益强。

吕后驾崩。赵王吕禄是上将军，吕王吕产是相国。他们一文

---

① 《史记》卷五二《齐悼惠王世家》，第2001页。

一武，把持朝局。刘章的夫人是吕禄的女儿，他得知吕禄等人要有所行动，便派人联络兄长齐王，要他发兵长安，自己和刘兴居作内应，诛灭吕氏，立齐王作皇帝。

齐王向吕氏之外的诸侯王发布檄文，说：

> 高帝平定天下，王诸子弟，悼惠王于齐。悼惠王薨，惠帝使留侯张良立臣为齐王。惠帝崩，高后用事，春秋高，听诸吕擅废高帝所立，又杀三赵王，灭梁、燕、赵以王诸吕，分齐国为四。忠臣进谏，上惑乱不听。今高后崩，皇帝春秋富，未能治天下，固恃大臣诸侯。今诸吕又擅自尊官，聚兵严威，劫列侯忠臣，矫制以令天下，宗庙所以危。今寡人率兵入诛不当为王者。[①]

这段话信息量很大。首先，刘邦平定天下之后，在东方设立诸侯王统治。在过去秦国故地，由汉朝设立郡县管理。在东方六国故地，设立王国管理。这套制度，是郡县和诸侯并行的制度，后人称之为"郡国并行制"。和纯粹的郡县制比较起来，郡国并行制度是历史的倒退。诸侯国王各自按照本国法律与习俗统治。换句话，汉朝虽然建立，政局与战国并无太大区别。之所以如此，有两方面的考虑。其一，东方六国故地，一直对统一中央王朝比较抵触。究其原因，在中央集权统治下，要求当地服役、纳粮、完税，都需要到关中或者广阔的帝国边境线上完成，从空间运输上说是很重的负担。

---

① 　《史记》卷五二《齐悼惠王世家》，第2002页。

其二，统一政权派往六国故地的行政长官，要协调皇帝法令和当地习俗两者的关系，也是一种挑战。做得好了，万事皆备。做得不好，对当地人来说就是很大的压迫。由此而言，统一尚未形成一种有深厚根基的政治传统，故而不得不以后退半步的形式存在。郡国并行，保证了形式上汉朝实现了统一，而在实质上，又维持某种地方自治。这个制度取其大者，没有纠结在小的方面，表现出高超的政治智慧。

其次，刘邦设立同姓诸侯王，分封兄弟子侄在六国故地，内心也是期待他们能够藩屏皇室的。当时最重要的大国是楚国，楚王由刘邦的亲弟弟刘交担任。刘交很清楚楚国在刘邦心中的分量。故而他基本上是无为而治，主动削弱楚在汉初政治格局中的影响力，加强了汉朝一统的进程。齐国则是刘邦的庶长子刘肥为王。亲子自然没有理由反对父亲。然而吕后为了加强自己的宗族力量，逐一铲除了刘邦的几个小儿子，先后灭掉了三个赵王。等到吕后统治后期，健在的刘邦子，只有代王刘恒和淮南王刘长。这两个人还能活着也是运气。刘恒娶吕氏女为妻，而刘长则从小养于吕后之手，情同母子。刘邦设计的由刘姓诸侯王拱卫刘姓皇室的计划，被吕后修订为由刘姓和吕姓诸侯王共同拱卫刘姓或吕姓皇室。这个做法当时人心里有意见，一时也接受不了。毕竟刘邦对异姓诸侯王非常排斥，所以他才屡兴兵端，先后灭掉了韩信、彭越和黥布三个最大的异姓诸侯王。现在吕氏还要设立非刘姓的诸侯王，是不是又要重燃战火呢？

最后，齐王是张良作为惠帝使者亲自册立的。张良在刘邦政权中一直表现得尤为超然。他功高却不争，名重而位不显。越是如此，越显示出他在政权中的重要地位。不要忘记，上一个被张良册立的齐王是韩信。换句话说，当前的齐王，凭借张良的册封，获得了在汉朝至关重要的位置。

齐王的檄文是建立在这三个背景之上的。他号召刘姓诸侯王履行刘邦交给他们的使命，联合起来进攻长安。

汉相吕产派遣刘邦的老将灌婴东击齐国军队。灌婴可不含糊，早就对诸吕不满了。他到了荥阳就停下来，和齐王联军联合，等待关中有变而反戈一击。

当时的局面，人们都看得出来吕氏长久不了。一个最简单的端倪就是，吕氏既然要讨伐齐国，怎么能派亲刘的将军统帅大军呢？吕产和吕禄，二人必须一人留守，一人自将出征，这样或许还能绝处逢生。现在将军队都拱手让人，谈何破刘！所以人们便注意到，这两个吕家后人完全没有吕后的眼光和手腕，也不是长安城中亲刘老臣与朱虚、东牟的对手。所谓的变，就是等着他们率先对诸吕发难。

诸吕灭亡只是时间问题，要紧的是，确定下一个皇帝由谁来做。吕后称制时，皇帝号称是惠帝子，但其实惠帝身体很差，据说他一直也没生出孩子来。当然了，这个说法是《史记》中所记，宫闱秘闻，外人莫知。也有人坚持认为当时的小皇帝就是惠帝子嗣。不过铲除诸吕的大臣与刘姓宗亲，他们完全不认可这几个小孩子的惠帝血统，将他们统统处死了。下面出现了两种争议：是在刘邦的儿子中选个人当皇帝呢，还是在刘邦的孙子中选个人当皇帝。

长安城中，拥有决定权的是周勃、陈平等刘邦老臣。他们首先考虑齐王。齐王是刘肥长子，刘肥又是刘邦长子，排序下来，算是刘邦长孙，身份上说得过去。再者齐王率先发难，加速诸吕灭亡，大功一件，应该酬劳。不过有人反对，理由是齐王的母家"恶戾"，也就是齐王的舅舅驷钧，"虎而冠者也"，不是个好人。要是立齐王为皇帝，那他舅舅还会像诸吕一样专权。这个观点最有力的支持者是当时的琅琊王刘泽。他是刘邦的远房兄弟。琅琊和齐国是邻国，齐王起兵时曾将琅琊王骗到齐国来，因此控制了琅琊国的兵权。因为此事，刘泽与齐王结了仇，他坚决反对立齐王作皇帝。

既然这样，刘邦的孙子辈里便没什么人了。从子辈中挑选，大臣又先考虑淮南王。这淮南王年轻，好控制，请他当皇帝好不好呢？也有反对意见说淮南王刘长的母家也不是好人，所以不能立他作皇帝。

用排除法，最后留下的就是代王刘恒了。刘恒是刘邦在世的长子，仁孝宽厚，他母亲薄氏非常恭顺，所以立刘恒是合适的。就这样，大臣们派遣使者邀请代王入继大统。

帝位继承是个大问题。始皇帝就是没有提早安排继承人，导致仓促间出现了关于二世不当立的种种传说。诸吕一灭，惠帝子统统被杀，惠帝法统到此断绝了。选刘邦孙辈作皇帝的思路，是接续惠帝法统的想法。要是按照这个想法立齐王，问题并不在外家恶上，而在于齐王将以惠帝子身份入继大宗，这样对此前吕后称制时的诸小皇帝就必须予以承认和解释。这在礼仪上和历史记录方面都很麻烦。

诸大臣不愧是刘邦旧部，解决问题简单干脆。他们直接绕过惠帝法统，追溯高祖法统。选择刘邦子即位，直观的好处就是避免给惠帝诸子一个历史地位。兄终弟及，兄之子可不在礼法上作结论。而坏处也很明显，就是此举打破了"高皇帝约"的约定。

刘邦铲除异姓诸侯王以后，和功臣、诸王杀白马盟誓，号为"高皇帝约"。主要的内容有三条，前人只关注其中两条，即：非刘氏不得称王，非有功不得封侯。这是汉朝封建的基本思路，诸侯王得姓刘，封侯之人必须有军功。纵观两汉历史，这两条原则基本上是坚持下来了。

"高皇帝约"还有第三条规定，人们往往忽视，便是：父子相传。这条规定因为太习以为常，被人遗忘了。父子相传并不是说说而已，在无法父子相传的时候就有大意义了。比如，这条规定保证了汉朝不可以轻易剥夺诸侯王或列侯的王位爵位，必须保证父子相传。如果剥夺了，那就是破坏了汉朝对诸侯的义务。故而可以看到，汉初，除非诸侯王犯下谋逆大罪，基本没有被汉朝夺国夺爵的情况。吕后借赵国之地接连杀掉刘邦的三个儿子，却并没有废除赵国，就是这个意思。

现在，惠帝驾崩，诸子被戮。按照"高皇帝约"的规定，皇帝应该在刘邦孙辈中产生。诸老臣既然放弃了刘邦孙辈，也就在形式上破坏了"高皇帝约"，这使得汉文帝虽然作了皇帝，但是这个帝位却不是很稳当，后面要用很长的时间，才能处理好这次即位造成的历史后果。

楚汉之际游士与游侠的表演在皇权的干预下逐渐走上下坡路

了。诸侯轻侠好客，游士遍布天下的局面，宛如山间薄雾，被风吹拂，消散无踪。此后可以看到，游士和游侠越来越退居到王朝的边缘，在那里注视着核心的动向，默默揣摩着自己的行止。

第五章

文景之际：时过境迁

文景时代，因为主上奉行黄老无为而治，民力得以恢复。汉初高祖、惠帝和吕后时期对民间豪强的压制政策，在文景时代有所缓和。特别是黄老学说和任侠精神之间，有着千丝万缕的联系。故而在这个时代，游士与游侠的力量有所抬头。他们继续演绎出与众不同的精彩。

侠气与王气

代王刘恒做了皇帝，君臣分定，齐王只能退回国境之内了。灌婴没有在拥立新君的事情上立功，此时迫不及待地要表现一下。他本来和齐王联盟，属意拥立齐王。现在，他冲到了清算齐王的第一线了。齐王起兵，身边的主要谋士是齐国中尉魏勃。当初齐国国相召平不赞成起兵，魏勃当机立断逼死召平。他可是个狠辣的人物。灌婴就拿魏勃开刀。

《史记》记载："灌婴在荥阳，闻魏勃本教齐王反，既诛吕氏，罢齐兵，使使召责问魏勃。"[1]齐王首先发难，拉开诛灭诸吕的大幕，即便意图称帝，也不过是当时人人都有的想法，算不上多么说不过去的事情。史书将其记作谋反，意味着吕氏的统治也算是正确的。反与不反，全在政治方向的衡量与判断。

魏勃说："失火之家，岂暇先言大人而后救火乎！"[2]这意思是说，家里着火了，哪里能先禀报家长，"我要救火去了，行不行啊"，然后再去行动呢？事发仓促，只得从权罢了。魏勃这两句话，说得还是很有骨气的。不过他说完，退到自己的位置上，开始止不住地发抖，直到面部肌肉失去控制，说不出其他话来。

看来魏勃是被灌婴吓坏了。灌婴这老谋深算的家伙，是刘邦宿将，他身上自然有股杀气。人情莫不恃强凌弱，灌婴见到魏勃如此胆怯，仔细地赏玩了他一会儿，如同猫抓到老鼠之后戏弄一阵子，说：人人都说魏勃勇武，我看就是个庸才罢了，能干成什么！于是就将魏勃放了。

魏勃身上残存着一点任侠气，但是任侠气在灌婴裹挟的王者气面前，居然不堪一击。说起来，魏勃的父亲曾经侍奉过秦朝皇帝，估计是始皇帝吧。魏勃少年时，想求见当时的齐相曹参，因家贫没法打通关系，就天天凌晨去曹参舍人家门口打扫。他每天都来，舍人以为闹了鬼，暗中窥察，把他抓住了。魏勃说明了原因，舍人就替他引荐了一下，安排他做了舍人。有一次魏勃和曹参一起乘车，

---

① 　《史记》卷五二《齐悼惠王世家》，第2004页。
② 　同上。

聊了几句，曹参认为他能干，就将他推荐给了齐王，而后齐王重用魏勃。到了齐哀王刘襄时，魏勃成了齐国最有权势的人。

魏勃没经过大的挫折的磨砺，虽然有一定的耐心，但是勇气上还缺少历练。不过话说回来，在强大的皇权面前，王者尚且不能自保，何况他一个小小的齐国中尉呢。

"反攻倒算"来得非常快。汉文帝即位之后，最忌惮齐王三兄弟。他首先将吕后时期从齐国分出去的城阳郡、琅琊郡和济南郡都还给了齐国，还增加了朱虚侯、东牟侯的食邑。看起来是很友好的行为，殊不知，将欲取之，必先予之。后面文帝的手段就更狠辣了。

齐哀王在汉文帝元年（前179年）就去世了。按照当时的情况，他的年龄应该也就在二三十岁，正值壮年，一度发兵争夺帝位，怎么可能是多病孱弱之躯呢？他的死亡没有任何解释。

紧接着，汉朝又将齐国的城阳郡划出来，分封朱虚侯刘章为城阳王；将齐国的济北郡分出来，立东牟侯刘兴居为济北王。

汉文帝三年四月，城阳王刘章薨。他与哥哥齐王刘襄一样正值壮年，史书对他的死亡也没有任何解释。

这一年六月，汉文帝向北巡行。济北王刘兴居趁机谋反，被汉朝诛杀，封地归入汉朝。济北王刘兴居是诛灭吕氏的功臣，为何谋反？史书上同样没有任何解释。

齐王三兄弟在三年之内接连死亡，至此对汉文帝威胁最大的三个人都不在人世了。史书的隐讳之处正是想象开始的地方。齐王刘襄、朱虚侯刘章、东牟侯刘兴居，因他们在平定诸吕时的突出表现，曾经是帝位的有力竞争者。代王即皇帝位，他们三人内心是否能接受这一结果呢？即便他们心悦诚服地接受了，毕竟利高者疑，新皇帝未必能对他们放下心来。这时，或许不需要直接的命令，只要一个眼神，一个暗示，总会有人将某些无法言说的意志变成现实。高处不胜寒，绝对的权力巅峰上飘荡着冷酷狠辣的云，吹拂着铁腕强力的风。在最大的利益面前，永远不能犹豫和迟疑，否则代价就是生命。

除了齐王外，汉文帝的小弟弟淮南王，也被他找个过失铲除了。淮南王自幼丧母，由吕后抚养长大。说起他丧母的原因，也与侠客有关。刘邦的女婿张敖，是张耳之子。张耳死后，张敖继承赵王之位。高祖八年，刘邦途经赵国，张敖将自己后宫的美人献给刘邦，很快，她就意识到自己怀有身孕。张敖不敢再将此美人纳入自己的后宫，而是另筑一座宫殿，供她居住。

上一年，刘邦也曾经来到赵国。那次赵王张敖早晚都穿着干粗活的衣服，伺候刘邦吃饭，礼节上甚为谦卑。他之所以如此，一方面因为他是刘邦的臣子，另一方面，也因为他是刘邦的女婿，娶了刘邦的长女鲁元公主。刘邦呢，大模大样地享受他的服侍，不是很客气。张敖的臣子贯高、赵午都六十多岁了，过去都是张耳的门客，也就是老游侠们。他们生气地对张敖说：天下豪杰并起，能者先立。现在大王侍奉皇帝很恭敬，皇帝对大王却很无礼，请大王允许我们杀了他！

少年人天生爱意气用事，这是种本能的表现。故而少年人做侠客并不奇怪。老年人气血沉稳，依旧有侠义之心，那就是理智的决定，是真侠客。只不过，任侠成了多少软弱少年逞强的借口，又成了多少豪迈老成人冒险的理由。

张敖没有父亲的血性，也不如贯高等英雄，他咬破自己的手指流出血来，请求贯高等人不要意气用事。贯高等人相商：我们的王如此忠厚，我们却不能忍受这种耻辱。咱们自己安排一下，行刺刘邦。成功了就推大王当皇帝，失败了我们几个一力承担。

第二年，也就是张敖将美人贡献给刘邦的这一年，贯高等人谋划在刘邦将要留宿的馆舍刺杀刘邦。刘邦忽然感觉心跳不安，没有住宿就离开了。再后来，贯高的仇人出首，将贯高等人的谋划告发了。刘邦正想逐一除掉异姓诸侯王，这可得到一个好借口。赵王张敖、赵相贯高等十几个人都被抓起来了。贯高以下这些人争着要自杀，贯高骂他们：今天咱们都死了，谁替大王辩白！死多容易啊，要忍到保下大王那一天。

赵王一行被抓到长安。贯高挨了几千下板子，被铁针刺，刺到浑身上下没有一块好的皮肤，他嘴里始终就一句话：谋刺是我们几个人的计划，张王不知情。

吕后不能看着女婿死，几次对刘邦说：张敖是我们的女婿，不会谋反的。刘邦大怒说：等张敖当了皇帝，还缺你闺女一个女人吗！刘邦真是难得的清醒。他非要置张敖于死地。吕后也不是不知道铲除赵国机会难得，不过是涉及自己女儿，关心则乱。

廷尉看贯高是条好汉，将他死不招供的情况汇报给刘邦。刘邦这个人有个绝大的优点，就是赏识人才。前面提到的季布，多次将他逼入窘境，他都予以赦免。他的敌手田横，他也要予以重用。刘邦对于仇人，并非不存赏识之心。不过请注意，他只是赏识人才，绝不是心软。听了贯高的情况，刘邦不禁赞叹：真是壮士！我们这边谁了解贯高的来历，试试私下里问问他。

中大夫泄公报告说：贯高是我同乡，我一向了解他。他是"赵国立名义不侵为然诺者"①。这句话翻译过来就是，他是赵国讲究名誉道义，不背弃自己所作的承诺的人。刘邦派泄公去探视贯高。贯高趴在床上，已经下不来了。他仰视来人，视线模模糊糊，问道，是泄公吗？泄公像老朋友一样和他聊起家常，顺便问起张敖有没有参与谋反。贯高说：

> 人情宁不各爱其父母妻子乎？今吾三族皆以论死，岂以王易吾亲哉！顾为王实不反，独吾等为之。②

话说得很实在。我三族都要被杀了，怎么可能拿我亲人的性命去换张王！实事求是地讲，不能给张王罗织罪状。人之将死，其言也善。这份供词是可信的，刘邦因此放了张敖。不过赵王还是不能给异姓人做了，女婿也不行。张敖只能另封为宣平侯了。

贯高也要被释放了。泄公告诉他：赵王张敖被释放了，你也要被释放，而且皇上特别赏识你。贯高说：我之所以忍着一口气不死，就是因为我死了就没人替张王辩白。现在他被释放，我死也没有遗憾了。我以下犯上，有谋杀君主的罪名，就算皇帝欣赏我，我

---

① 《史记》卷八九《张耳陈馀列传》，第2584页。
② 同上。

还有什么脸面侍奉他？于是割断自己的咽喉自杀了。

这是张敖献美人给刘邦的小插曲。想想看，美人刚有身孕，张敖便被指控谋反。她的命运一如海中浮游，无依无傍。她对逮捕她的狱吏说，我怀了皇帝的骨肉。消息报告给刘邦，刘邦根本不理会。美人的弟弟赵兼，辗转找到吕后的嫡系辟阳侯审食其，请吕后代为求情。吕后巴不得刘邦少几个孩子呢，也没有求情。不过，按照辟阳侯和吕后的交情，是可以说服吕后改变心意的。辟阳侯，也没有尽力。

就这样，赵美人生下孩子后，委屈无奈之下自杀了。狱吏将孩子带给刘邦，刘邦心内后悔了，请吕后抚养这个孩子。

辟阳侯和吕后的关系非比寻常。刘邦自汉中起兵东征，集合五路诸侯共五十六万人占领项羽的都城彭城。在这里刘邦日日置酒高会，项羽则率精兵偷袭，将刘邦所部完全击溃。刘邦只率数十骑逃遁，经过沛地，想要带家人同行，不料项羽的骑兵先行一步，也到了沛地，想要劫走刘邦家人。混乱中大家走散了，刘邦只在路上遇到了刘盈和鲁元公主一儿一女，可追兵甚急，刘邦几次将孩子推下车，不要了。驾车的滕公夏侯婴总是停下车，把孩子带上来再走。夏侯婴是刘邦的御手，刘邦再气愤，也不能杀了他。就这样，三人得脱。刘太公和吕后就始终没有遇到刘邦。审食其侍奉他们两人，走小路追寻刘邦，反而被楚军捕获，由此扣为人质。这件事，发生在汉元年（前207年）的四月。

楚汉相争持续了太长时间，双方都有些坚持不住了。项羽和刘邦约定中分天下，以鸿沟为界。为表诚意，项羽将刘邦的父母妻子归还。这一年，是汉四年（前203年）。

多么漫长的四年啊！

《史记·高祖功臣侯者年表》记载审食其封侯的功劳是"以舍人初起，侍吕后、孝惠沛三岁十月，吕后入楚，食其从一岁，侯"[1]。《汉书·高惠高后文功臣表》记载他的功劳为"以舍人初起，侍吕后、孝惠。二岁十月，吕后入楚，食其侍从一岁，侯"[2]。《汉书》此处的断句明显有误，且将"三岁"误为"二岁"。审食其实际侍奉了吕后将近五年时间。从刘邦出发平秦开始算起，吕后就一直留在沛地。陪伴侍奉她的人，是审食其。刘邦攻占彭城时，并没有迎接吕后，只是逃亡时适当地寻找了下家人。这时保护吕后并带她寻找刘邦的人，也是审食其。刘邦逃走，陪同吕后滞留敌营的人，还是审食其。

不知道审食其后来是在什么情况下提前离开楚营的。或许是被找了个错处打了一顿，扔到死人堆里，大难不死偷跑了出来；或许是吕后命令他找机会逃出去，向刘邦进言不要把父老们都忘了；或许是一些更为离奇的原因。史书在审食其如何逃出来一事上语焉不详，很明显在当时这也是一件非常隐晦的事情。唯一能够确定的是，审食其的存在，是吕后完全可以托付的依靠；而他的离开，必定加重了吕后的某些情绪。

多么漫长的四年啊！

吕后称制以后，迅速清理了刘邦的老臣们。她任命审食其为左

---

① 《史记》卷一八《高祖功臣侯者年表》，第926页。
② 《汉书》卷一六《高惠高后文功臣表》，第573—574页。

丞相，陈平为右丞相。右丞相负责国家日常行政工作，左丞相监宫中，如郎中令。郎中令是皇帝的宿卫司令，不过审食其的工作乃是替吕后通传消息。因为女主执政，不方便接触外臣。审食其不是宦官，但也不是外臣。

审食其当然能替赵美人说上话，他没有说。吕后去世之后，汉朝老臣们没有将审食其清理掉。因为毕竟吕后没有诛杀过老臣，审食其也没有在吕后时代扮演不好的角色。反倒是已经长大的赵美人之子，现在被封为淮南王的刘长站出来，在汉文帝三年（前177年）时，趁着入朝觐见的机会，约见审食其，槌杀了他。不仅杀掉，刘长还指示随从魏敬将审食其的头割了下来，然后跑去向汉文帝谢罪，说：

> 臣母不当坐赵事，其时辟阳侯力能得之吕后，弗争，罪一也。赵王如意子母无罪，吕后杀之，辟阳侯弗争，罪二也。吕后王诸吕，欲以危刘氏，辟阳侯弗争，罪三也。臣谨为天下诛贼臣辟阳侯，报母之仇，谨伏阙下请罪。①

刘长说的这几条罪过，除了第一条勉强算数，后面两条几乎放在当朝任何人身上都可以。审食其和刘邦不是一类人。他应该是那种温柔敦厚、踏实肯干的人。他死了，死得不明不白的。或许这未尝不是一件幸事。

汉文帝没有治刘长的罪，造成了这样一个后果：上自薄太后、

---

① 　《史记》卷一一八《淮南衡山列传》，第3076页。

太子，下至诸大臣，没有不畏惧刘长的。原因就是，审食其是前朝丞相，当朝列侯，刘长白日无罪杀之，皇帝不治其罪。罪过人人都有，要找总能找到。刘长来日再找理由杀掉某人，岂非易如反掌？将欲取之，必先予之。汉文帝是高手，他已经帮助刘长修好了死路。

刘长因为自己是皇帝唯一在世的弟弟，所以特别骄蹇。他和皇帝同车射猎的时候，称呼皇帝为"大兄"，毫无人臣礼节。回到封地之后，他出入称警跸，将自己的命令称为"制"，所有的作为都仿效天子。这些情况汉文帝全部知晓，但是毫无反应。

直到汉文帝六年（前174年），淮南王刘长命令一个叫但的男子，组织七十人的队伍和四十辆大马车，在长安北的谷口县谋反。同时，淮南王还派遣使者去闽越、匈奴，联络他们一同起事。这一次，汉文帝没有姑息。他将淮南王召到长安来，安排朝中大臣集议淮南王的过失。高级官员丞相张仓、典客冯敬、行御史大夫事宗正逸、廷尉贺、中尉福等人一致建议，淮南王刘长应弃市。

汉文帝假惺惺地说：再和列侯二千石商议一下，我不忍心用法律制裁我的弟弟。实际上这是要将淮南王刘长的罪过在更大范围内传播。上述高官和列侯二千石等四十三人商议后，维持原判。汉文帝看差不多了，说不要判处他死刑，废黜他的王位就行了。就此定了调子。张仓等马上拿出备用方案：将刘长迁徙到蜀郡严道邛邮，允许刘长带着有孩子的姬妾一同前往；县里给刘长修盖房子，提供日常饮食起居用品。张仓等特别强调，请求皇帝允许将这个判决布告天下，意思是向天下展示皇帝的仁慈。

蜀郡自秦国以来，就是迁徙刑徒的边郡。秦汉时代的"道"，指的是少数民族地区。"邛邮"，指的是邛地的邮置。看这种情况，邛邮只是交通线上的一个安置点，不存在广大的居民聚落。刘长一下子被从王位上拉下来，送到遥远的边郡去了。这一切都是皇帝以迅雷不及掩耳之势造就的。仔细想来，刘长如果谋反，何必只安排七十个人，四十辆车，在长安谋反呢？莫非要效法张良暗杀秦始皇吗？他完全可以在自己国内招徕死士，兴兵行动。现在说的他谋反的情形，简直如同小孩子过家家一样儿戏。

汉文帝又施加一项恩惠，允许每天给刘长供给五斤肉，二斗酒，让他喜欢的十名美人陪着他同往蜀郡居住。

刘长被槛车运送去蜀郡，他内心烦闷，说：谁说你老子我是个勇士？我哪里是个勇士呢！过去我骄傲得听不进自己的过失，所以招致今天的灾祸。"人生一世间，安能邑邑如此！"于是刘长绝食而死了。当然，这是一种记录。也不排除另一种可能，就是路上官员有意折磨他，让刘长很快死掉了。

汉文帝听说刘长死了，哭得很伤心，将所有沿途接待过刘长的官员都杀掉了，又以列侯的礼仪安葬了刘长。到了汉文帝八年（前172年），皇帝将刘长的四个儿子都封为列侯。不过，淮南国可是不复存在了，封地并入了汉朝的版图。

汉文帝不愧是刘邦的儿子，坚忍狠辣，干脆利落。老百姓也看得很清楚，人们编出顺口溜讽刺汉文帝说："一尺布，尚可缝；一斗粟，尚可春。兄弟二人不能相容。"①汉文帝很伤感地说：尧舜也

---

① 《史记》卷一一八《淮南衡山列传》，第3080页。

曾放逐骨肉啊，周公也曾诛杀管蔡啊，他们都对不起兄弟，但天下说他们是圣人。怎么今天人们就对我不宽容呢？又过了四年，他分封淮南王的三个儿子为淮南王、衡山王和庐江王，均分过去淮南国的封地。

淮南国的土地可能的确不值得汉文帝贪图。刘长之死恐怕和齐王三兄弟之死一样，是文帝即位事件的延续。至此，汉文帝即位时的几个主要的竞争对手，都不在人间了。然而，汉朝的危机在其他地方也暴露出来了。

宣室求贤访逐臣

汉文帝非正常入继大统，给汉朝的帝位传承带来很大的隐患。除此之外还有一个问题：他的朝廷，并非由他一人说了算。

诸吕之乱平定后，丞相陈平、太尉周勃等人遣使迎接代王刘恒来长安做皇帝。

做皇帝是好事，可皇帝谁不想当，怎么就轮到我头上了？刘恒吃不准，问身边的郎中令张武。张武看得很透：现在朝堂之上的大臣全都是高祖留下的老臣，久在战阵里翻滚，多谋诈，不可信。过去之所以还算安分，纯粹因为高祖、吕后的权威镇压，他们不敢兴风作浪。现在，诸吕被他们杀光了，喋血京师。请大王去长安，很可能是要借机除掉您，为他们更大的野心做准备。请大王称疾不去，以观其变。

刘恒又问中尉宋昌。宋昌的意见是另一种：高祖打天下时，够得上和他较量的人都被他除掉了，剩下的都是衷心归附的，不用担心他们有野心。高祖分封那么多同姓诸侯王，为的就是防止帝位旁落到非刘姓者手中。再者，汉朝建立以后，老百姓珍惜难得的安定环境，不会附庸造反的。更重要的是，诸吕那么强大，说被亲刘势力剿灭，也就剿灭了。长安的老臣就算想自立为帝，老百姓不拥护，您还有不少诸侯王亲属，两相比较，优势在我。

张武和宋昌分析天下局势，和战国时游士分析局势的套路很接近。虽然不清楚他们的出身，但是从贯高等人辅佐赵王的情况看，他们可能也有游士的背景。

刘恒仍旧犹豫，不如占卜吧。卦兆是大横，占辞是："大横庚庚，余为天王，夏启以光。"这是很神奇的话。先看"大横庚庚"，应该描述的是卦兆：在龟甲上钻孔，再在火上烤，形成了裂纹。"大横"的样子，很可能就是"卜"字的原始形态。后两句则完全是解释。夏启是禹的儿子，开创了夏朝。此前尧、舜、禹都是禅让为王，启之后则是家天下。换言之，夏启是开启了新的历史时代的人物，很了不起。所不能解的是"余为天王"一句。刘恒问卜者：我都已经是王了，为什么还有做天王的说法？卜者说：所谓天王，就是天子。

卜以决疑。占卜的确能起到坚定人信心的作用。方向定了，后面就事在人为了。代王刘恒带着宋昌、张武等人前赴长安，到了高陵，停了下来。宋昌作为使者先去老臣们迎候的渭桥，看到人齐了，一切仪仗也都准备好了，代王才乘车到了渭桥。

刚刚杀光诸吕的老臣们，面对从代地而来的刘邦现存长子，伏拜在地。汉朝大臣面对诸侯王，是不需要跪拜的。代王不同。这个人，即将成为他们的主人。这是他们选定的结果。他们跪拜的是天子，不是代王了。

从《春秋》开始，中国史书就很注重人的称谓，以此作为史家见识的一个表征。此时刘恒尚不是天子，他的身份是代王，所以《史记·文帝本纪》中还是用代王称呼他。面对群臣伏拜，"代王下车拜"[①]。刘恒可没有飘飘然，他也谨遵臣节。彼此皆是汉家臣子，现在还没有皇帝。太尉周勃见状，起身邀请代王借一步说话，有些秘密的事，得报告给代王。

考验代王的时刻到了。代王可以借一步说话吗？宋昌发言了："所言公，公言之。所言私，王者不受私。"[②]这句话透着王者的正大之气。别看代王还不是皇帝，但诸侯也不能将该说的话含糊过去。于是太尉周勃跪着呈上天子符玺。

代王没接。他说，到代邸商议吧。代邸，就是代国设立在长安的馆舍，如同今天的驻京办事处。代王前导，诸臣跟随，回到了代国的主场。

在代邸，丞相陈平、太尉周勃、大将军陈武、御史大夫张苍、宗正刘郢、朱虚侯刘章、东牟侯刘兴居、典客刘揭再拜进言：

> 子弘等皆非孝惠帝子，不当奉宗庙。臣谨请阴安侯、列侯顷王后与琅邪王、宗室、大臣、列侯、吏二千石议曰："大王

---

① 《史记》卷一〇《孝文本纪》，第415页。
② 同上。

高帝长子，宜为高帝嗣。"愿大王即天子位。[①]

这里出现了两份名单，信息量同样大。第一份名单，是在场劝进的臣子，也就是诛灭吕氏、拥立代王的核心力量。这个团队明显是由刘邦老臣和刘姓宗室联合起来的。自陈平以下，是刘邦老臣。自宗正以下，是刘姓宗室。双方联盟，达成共识，拥立代王为帝。

第二份名单，是审议老臣和宗室提出的拥立目标人选的刘姓长辈宗亲名单。阴安侯，是刘伯之妻，也就是刘邦讨厌的大嫂。顷王后，是刘仲之妻，为刘邦二嫂。琅琊王刘泽，前面提到过，他是刘邦远房兄长，此时正在长安，力阻齐王继位的就是他。这三个人是名单里最重要的刘姓长辈，他们的意见最关键。后面的宗室、大臣、列侯、吏二千石不具名，备员而已。

这两份名单表明，拥立代王刘恒，是汉朝老臣、宗室长辈和宗室核心成员共同的决定，再妥帖不过了。

然而，刘恒还是一眼就看出了问题。两份名单里，都没有楚王。不在长安的诸侯王很多，但是楚王是刘邦唯一在世的兄弟。要是说起来自己接汉惠帝的班是兄终弟及，那么楚王接刘邦的班不也是合情合理的吗？楚国的政治地位重要，楚王的政治角色独特，无论如何，他都应该表个态。所以刘恒明确地说，楚王的意见还没参考呢。

请记住，楚王一直没有表态。这一点在吴楚七国之乱的时候，还会再提到。唯一可以聊作安慰的是，此时的宗正刘郢（又作刘郢

---

① 《史记》卷一〇《孝文本纪》，第415—416页。

客），是楚王的儿子。他的在场，权且算作楚王同意了吧。

群臣都伏在地上再三请求，帝位至重，不可一日虚悬。代王向西让了三次。古时候分宾主落座，主人坐东朝西，客人坐西朝东。现在在代邸，刘恒与大臣们还是平礼相待，所以刘恒先让让他们，客气客气，你们中间要是有合适的也可以做皇帝嘛。当然不会有了。接着，代王"南向让者再"。刘恒坐到了坐北朝南的位置上，堂下皆臣。即便坐到这里，他还是向南问了两次，有没有想做皇帝的？结论自然也是没有。

陈平等人看火候也差不多了，他们再次劝说刘恒：我们反复考虑了，就是大王您承奉高帝宗庙最合适了。天下诸侯万民都觉得没有更合适的了。我们为宗庙社稷考虑，不能犹豫了。请大王听从我们的意见，接受天子符玺吧。

代王这时候才说：既然宗室、将相、诸王、列侯都认为没有比我更合适的人了，那我就不敢推辞了。至此大位已定。

这套劝进的流程，日后在王朝禅代之时一再上演，甚至愈演愈烈，形成了一整套礼仪。其中演绎着政治的明规则与潜规则，包裹着前王、后王和劝进臣子的野心与私心，展示出人性和利益交织在一起的复杂。

这是代王刘恒在长安的第一次亮相，可圈可点，堪称完美。他如此纯熟老辣地使用政治手腕，给刘邦的老臣们留下了深刻的印象。老臣们试图选择一个好操控的皇帝，于是他们找来了一个之前最低调、看起来最无害的人。殊不知代王深藏不露，他才是最深谙长安游戏规则的大师。

很快，诸吕和刘姓的矛盾，在汉文帝时期演化成了两种矛盾。其一是汉文帝加强集权与刘邦老臣之间的矛盾。其二是汉文帝非正常即位造成的与其他刘姓诸侯王的矛盾。

平定诸吕时，刘邦老臣中功劳最大的是陈平和周勃两人。陈平在楚汉之际也是游士。他的遭遇和前面提到的贫贱人一样，家贫好读书，和兄长一起生活，嫂子不喜欢他。商鞅变法颁布了"分异令"，鼓励分家析产，看来其效果非常明显，深刻地影响了社会风俗，人们已经不太习惯兄弟同居了。

陈平"为人长大美色"[①]，所谓长大，就是个子高，美色指的是肤色白。秦汉之际生活条件一般，但是陈平肤色白皙，说明他不去田里劳动，没经过风吹日晒。到了该娶妻的年纪了，富人不愿意把女儿嫁给他，穷人陈平又瞧不上。有个富人叫张负，他的孙女嫁了五次，都是一过门丈夫就死。看来此女命数不太好，再没人敢娶。陈平想要和张家联姻，可是怎么能得到张负赏识呢？

正赶上邑中有人家办丧事，陈平去帮忙。他不惜力，早来晚走，看得出是个实在的小伙子。正好张负也来吊唁，看到陈平样貌出众，就多注目了一会。陈平知道张负在观察自己，更卖力气地帮忙了，回家也晚。张负跟踪陈平去了他家，发现他住在"负郭穷巷，以敝席为门，然门外多有长者车辙"[②]。负郭穷巷，可以理解为靠着城墙的死胡同。这样的地方属于城市边缘，更是交通不便之处，有钱人不住这里。破席子挡门，日子都过不明白了。要是按照

---

① 《汉书》卷四〇《陈平列传》，第2038页。

② 《史记》卷五六《陈丞相世家》，第2052页。

这个标准衡量，很多单身汉的生存状态都堪忧。不过考察人，要按照孔子说的"视其所以，察其所由，观其所安"，看就看一个人在困顿中是不是乐观、是不是保持斗志，看就看一个人和什么样的人交朋友。陈平日子过得一般，但是给人帮忙真诚踏实。他门口多有车辙，从车辙虽然看不出驾车的人年纪长幼，不过，能有车的人一定不是穷人。有钱人经常来拜访一个穷人，说明穷人拥有有钱人没有的东西。

陈平给自己设计的亮相很成功。其实从生活里的细节就能看出一个人的智慧了。《老子》说治大国若烹小鲜，虽然是描述治国的轻松，反过来说，如果在做菜的时候就擅长统筹规划，那么这样的智慧用于国政一定也如水之趋下吧。

张负走这一趟就看出陈平不是凡人了。他回家和儿子张仲商量说，想把孙女嫁给陈平。张仲说，陈平这人可不行，又穷又闲，一县的人都笑话他，干嘛把闺女给他。张负说："人固有好美如陈平而长贫贱者乎？"[1]这句话是有社会共识的。汉文帝的丞相张苍，曾经跟随高祖打天下，后来犯法应该斩首，当他脱下衣服准备服刑时，因为身材又高又大，皮肤肥硕白皙，惊呆了王陵，因此为他向刘邦求情，张苍得以免死。《晋书》记载南燕皇帝慕容超受困后秦，为了逃出去而故意装疯。皇帝姚兴不信，要亲自审查一下，慕容超疯得更厉害了。姚兴说，谚云"妍皮不裹痴骨"，纯粹是胡说八道[2]。历史经验告诉人们，长得出众好看，总是认可度更高一点。

---

① 《史记》卷五六《陈丞相世家》，第2052页。
② 《晋书》卷一二八《载记·慕容超》，第3175页。

不过也有反例。《左传·昭公二十八年》载，晋国叔向想要娶申公巫臣的女儿，这女儿特别美。但是叔向的母亲不同意，说"甚美必有甚恶"[①]。在那个时代，女人美不美是自身所生，恶不恶却由不得自己。女人遭受的恶，是追逐她的男人们制造的。希腊悲剧中的海伦，本身并没有任何过失，却引发了长达十年的战争。面对这种悲剧，该反思的应该是男人。

张负和陈平结亲，送给他聘礼，还帮他建立一份家业。有钱了的陈平，"游道日广"，他通过游历日益增长自己的见闻，丰盈自己的智慧宝库，并且磨砺自己的心志。

陈平在乱世中先后侍奉魏王、项王，总是因为军事政治上的失败而被迫逃走。他要去投奔刘邦，乘渡船时因为长得好看，被船家怀疑是身藏财宝的贵族子弟。船家总是打量他，神色中流露凶光。陈平不能直接问船家你是不是要杀我，也不能主动说自己是穷人。在乱世中磨砺，他得到的宝贵智慧就是，语言难以说服人，只有让别人自己观察和体会，进而因势利导。陈平也不废话，脱光了衣服帮船家划船，这样藏没藏财物，一目了然了。

这样在细节中流露出的智慧，有时候的确让人怀疑，世界上是不是有天生智者。

当时求见刘邦的人很多，刘邦一次性接见七个人。机会到来之际只能自己把握，陈平是最擅长脱颖而出的。刘邦请他们吃完饭就走，一般人也就乖乖听话了。既然是在乱世中求取富贵，就不能按

---

① 《春秋左传正义》卷五二《昭公二十八年》，第4599页。

部就班。陈平大喊：我有急事和汉王说，不能等过今天。刘邦和他交谈后觉得不错，于是拜他为都尉，令他参乘，典护军。

参乘就是陪同刘邦出入驾车并担任警卫工作，典护军便是有监察诸将之权。这么看陈平成为了刘邦身边最重要的秘书长。可他不过是刚刚来投靠的降人，还是从项羽那边过来的，怎么知道他不是奸细呢？其他将军们长期追随刘邦，屡有战功。上次任命项羽那边来的韩信做大将军，大家就已经很不满意了。现在又安排一个陈平，汉王是不把丰沛来的老兄弟们放在眼里了吗？大家纷纷进言，刘邦反而更加器重陈平了。

不知道陈平在短时间内和刘邦说了什么，获得如此的信任。刘邦一路征战，杀伐决断毫不犹豫，什么能说到他心坎上呢？什么又是刘邦最想要的呢？恐怕是项羽的隐秘，以及驭人之道。攻击项羽，最需要了解项羽的思考方式和为人处世原则，从中找到项羽的弱点寻求突破。这些信息，是丰沛元从之人绝无可能知道的。驭人之道，是刘邦担任汉王之后，面对庞大队伍而必须掌握的统治术。过去队伍小的时候，尚且能通过任侠意气互相联结，现在统率千军，倘若依然大讲兄弟之道，如何立威，如何取信呢！陈平先后做过魏王太仆、项羽都尉，长期周旋于诸侯宫廷，见多识广，他能提供的经验也是刘邦急需的。

周勃、灌婴这些刘邦的老朋友们可不满意了。他们对刘邦说：陈平生得这么好看，肚子里恐怕没什么真才实学。听说他在平民的时候，和嫂子私通，后来他连着换了好几个东家，一看就是没操守的人。他平时还受贿，是个反复小人，请大王仔细考察。

刘邦叫来推荐陈平的魏无知，责备他怎么推荐这么个人来。魏无知说：我给大王推荐的是能人，大王问的是品行。现在是乱世，品行好有什么用？守信行孝之辈很多，他们能替您打胜仗吗？陈平能帮您打败项羽，这是国家大事，至于他盗嫂受贿，算个什么事儿啊。刘邦心中觉得不错，不过总得对诸将有个交代，他叫来了陈平说：你先后侍奉两个侯王，轮到我是第三个了，你好像不是一个特别有信义的人啊。陈平说：我侍奉魏王，魏王不理会我的建议，我离开他去侍奉项王；项王这个人不信任旁人，只信任自己家亲属，虽有奇士不能用，我也离开了他。我听说您能用人，故而投奔您。我确实受过贿，那是因为我只身前来，没有家资，不受贿就活不下去。大王要是觉得我的计谋可用，那就留着我；觉得我的计谋不可用，就让我走，我受贿的钱还都留着呢。

陈平的态度坦荡而光明，惟大英雄方能本色。这样的人有勇有谋，什么样的人会放他离开呢？刘邦继续重用陈平，周勃这批人就不敢乱说了。

等到吕后称制，陈平、周勃担任丞相和太尉，但是两个人明显靠边站，没有实权。吕后的妹妹吕嬃对吕后说：陈平这人怎么能当丞相，天天也不干正事，就是喝酒和玩弄女人。陈平听了这话，愈加肆无忌惮。吕后很高兴，叫来陈平说，"儿妇人口不可用"，你就安心当丞相侍奉我，不用理会吕嬃。换言之，陈平之所以如此，除了本性之外，也是自保之策。他倘若在吕后称制时励精图治，八成很快就被铲除掉了。吕后一死，陈平迅速和前对手周勃联合，扶持文帝即位。虽然等待的时间很长，但是这份等待是值得的。甚至可以说，这个世界上，没有不值得的等待，只有等待不下去的人。

文帝即位后，陈平尊崇周勃为右丞相，排在自己前面，自己只是做左丞相。这又是陈平高明的地方。他还吃不透新皇帝是个什么脾气，所以不如先退居其次，让周勃先领教下皇帝的风度。

这一天，皇帝问周勃，天下一年决狱多少？周勃说，不知道。皇帝又问，天下一年钱谷出入有多少？周勃又说不知道。这时候气氛就比较尴尬了，周勃汗流浃背，很是惭愧。右丞相既然不清楚，皇帝就问左丞相。陈平回答，有主管的人，他们知道。皇帝问，谁是主管的人？陈平说：决狱，廷尉负责；钱谷，治粟内史负责。皇帝不服气了，什么事都有主管的人，你负责主管什么？

陈平这时候可瞅准了机会，大大陈述一番：

> 主臣！陛下不知其驽下，使待罪宰相。宰相者，上佐天子理阴阳，顺四时，下育万物之宜，外镇抚四夷诸侯，内亲附百姓，使卿大夫各得任其职焉。①

"主臣"这个词有两个解释，一说为"惶恐"，一说为"主群臣"，这两说皆通。陈平的意思是，我这个位置，就是一个枢纽，要说有用，就是负责承接皇帝的命令布置工作，只对皇帝一人负责罢了。汉文帝很满意这个回答。

想一想，汉文帝处理诸侯王问题手段狠辣，他对两位丞相的话，怎么能是无备而来呢。分明是借这个机会，敲打一下两位拥立

---

① 《史记》卷五六《陈丞相世家》，第2061—2062页。

他的老臣，给他们一点颜色，让他们不要太过跋扈。果然，周勃自惭而逊位，陈平一人做了丞相。甚至可以推测，汉文帝和陈平一道演了一出双簧，打击有勇无谋而权势最大的周勃。

后来周勃在陈平死后一度复相，不过没过多久又被文帝免职了。不再担任丞相的周勃被文帝遣送回自己的封地绛侯国。遣列侯就国，是汉文帝的一个新政策，目的就是减少长安城中刘邦老臣的数量，强化皇权。现在周勃既然已经被免职，也没理由留在长安了，就做个表率，回封地去吧。回到绛侯国，周勃得了疑心病，他总担心皇帝派人来抓他。看来他对汉文帝的行事风格还是非常了解的。河东守、尉定期巡查到他这个侯国的时候，总要来拜会一下老领导。周勃就担心他们要抓捕自己，于是自身披甲，令家人持兵器相见。这种情况真是反相昭彰啊。很快就有人向朝廷汇报，周勃要谋反。周勃被廷尉抓回了长安监牢，挨打受辱，家里花了钱才保他平安。狱吏提示他：让你的儿媳妇，当今皇帝的公主替你求情啊。周勃和汉文帝的舅舅薄昭关系也不错，薄昭和太后也替周勃求了情。下次文帝见太后，太后对文帝说：周勃之前佩戴皇帝符玺、控制长安军队的时候不造反，现在回家了反而造反，你是怎么考虑的！汉文帝已经看了周勃的自白，于是对母亲说已经审查明白了。他不直言冤枉了周勃，而只说审查明白了。就这样，汉文帝恢复了周勃的侯爵，释放了他。

汉文帝的谥号虽为文，可是看他做事一点也不文弱。陈平、周勃这两个刘邦都很器重、尊敬的人，在文帝面前，如同老鼠见了猫一样老实。对付老臣，汉文帝还扶植了新臣予以制衡，那就是贾谊。

贾谊是汉文帝朝第一位的政论家，甚至放在整个中国古代历史上看，贾谊的政治眼光都可以排在第一流的行列里。他是洛阳人，十八岁的时候，因为博通诗书、善写文章闻名于郡中。当时管理洛阳的是河南守，人称吴公，过去是李斯的学生。吴公将贾谊召为自己的门下，非常喜爱他。汉文帝即位，听说吴公政绩优异，而且是李斯的学生，就征他来长安做廷尉。吴公就将贾谊推荐给汉文帝，汉文帝任命贾谊为博士。

贾谊现在二十几岁，是博士中最年轻的。可是他本事最大，回应皇帝的诏书最合宜。汉文帝很满意，一年中多次提拔贾谊，直至太中大夫。汉朝延续秦朝法律。人人都知道秦法严苛，汉朝继承这种法律，行政上难免有些操之过急或者不近人情之处。贾谊认为天下已经安定了，可以作些政治制度上的变更。贾谊给皇帝提的意见，皇帝抛出来给大臣们讨论。其中有一条，请列侯回自己的封地去。这个意见，彻底激怒了刘邦的老臣们。周勃、灌婴、东阳侯张相如以及御史大夫冯敬，都在皇帝面前说，这个洛阳少年，就是要擅权，弄了很多不好的举措。正因为如此，皇帝没有采纳贾谊的建议，而是左迁他做长沙王太傅。

那么贾谊的作用是什么呢？贾谊就是汉文帝用来试探刘邦老臣实力的工具。虽然贾谊自己很有干劲，但是此时的他太年轻了，也看不清局面，所以他替皇帝冲锋在前，却意识不到，皇帝对他的赏识并没有超过自保的限度。刘邦老臣毕竟曾经喋血京师，焉知他们今天不会旧事重演，将自己也废黜呢。所以一定要小心谨慎，再小心谨慎，一点点地从他们那里夺取权力。一定要有耐心，用一点点的事情激怒他们，再找到他们的错处逐一击破。贾谊，就是汉文帝抛出的诱饵。周勃、灌婴等人不过是赳赳武夫，他们看不出贾谊的作用。贾谊也没看清。可能只有吴公看清了，但是此刻，他什么也不能说了。

贾谊被左迁，周勃等人也没好到哪里去。因为就在贾谊外迁稍晚，汉文帝就向周勃发问，一年决狱多少啊？然后，将周勃遣回封国，用的就是贾谊制定的遣列侯之国的法令。再然后，汉文帝给周勃扣上谋反的帽子，将他抓回长安交给廷尉好好折磨了一番。《汉书·百官公卿表》记载，此时的廷尉，还是吴公。吴公会替自己的学生报仇的。

整个过程干脆果断，唯一牺牲的就是贾谊。

贾谊听说长沙这个地方土地卑湿，人寿命不长，自己内心脆弱，写了一篇赋纪念屈原。他当然是以屈原自况，申明壮志难酬的苦闷。其中提到，"国其莫我知，独堙郁兮其谁语"，这是说皇帝也不了解我，我的话无人可说。贾谊还说道，"彼寻常之污渎兮，岂能容吞舟之鱼！横江湖之鳣鲟兮，固将制于蚁蝼"①。"吞舟之鱼"和"鳣鲟"都是大鱼，它们不能在小水洼里生存，一旦搁浅，就会被蝼蚁欺负。意象很鲜明，就不用解释了。看来，贾谊还是没有想清楚自己所处的位置。其实很明显了，只要稍作忍耐，等皇帝处理完了老臣，很快就能将贾谊调回长安。

① 《史记》卷八四《屈原贾生列传》，第2494—2495页。

可是贾谊一直在顾影自怜。他担任长沙王太傅的第三个年头，一只猫头鹰飞到他的房间里，他心情更郁闷了，觉得这是报丧的信使，便写了《鹏鸟赋》，其中有这样几句话：

> 其生若浮兮，其死若休；澹乎若深渊之静，泛乎若不系之舟。不以生故自宝兮，养空而浮；德人无累兮，知命不忧。①

这些话说得就更消极了，意思是活着意思不大，和死了没有什么区别。要是进入不生不死、生死看淡的境界，也就差不多了。前面我们注意到，很多游士游侠，的确也不怕死，甚至还主动赴死。但是他们并不是不乐于生，而是选择有尊严的死从而达到不朽。贾谊的状态，明显是有志难伸的抱怨和倦怠。我们也能注意到，文士儒生身上，往往具有这种特点。他们的智慧很大，江山如在指掌；然而他们的胸襟又很小，遇到挫折，特别是困境中看不清未来时，就会委顿不振。用幼稚或软弱形容他们，一点也不算过分。其实，人生很长，未来谁能预料？只要坚持不懈，心存明光，总会熬到苦尽甘来的一天。

又过了一年，汉文帝征调贾谊来长安。看，这时候刘邦最重要的几个老臣都已谢世或者调离，汉文帝已经掌握了汉朝的实权。这时候他叫贾谊来，分明是要重用贾谊，认真报偿他过去四年的放逐和等待啊。在宣室殿里，也就是皇帝的寝宫里，汉文帝与贾谊通宵达旦地畅谈。谈了什么呢？汉文帝刚刚祭祀过天地，就从这里起

---

① 《史记》卷八四《屈原贾生列传》，第2500页。

头，聊起了鬼神之事。贾谊可厉害了，滔滔不绝地聊起了鬼神，想必是引经据典，包罗万有。一直聊到后半夜，汉文帝不知不觉在座席上前移凑近了贾谊。

聊完了，汉文帝感慨：我太久没见到贾谊了，自以为已经在学识上超过了他，现在看，还是不如他啊。过了不久，又任命贾谊作梁怀王的太傅。梁怀王是文帝的小儿子，特别受宠，又好读书，所以文帝给他选了个好老师。

那么，这番殿前对策，夜中晤谈，收到了什么效果呢？汉文帝和贾谊可能都不满意。虽然聊了很久，但是却都不满意，是什么原因呢？先看结果，汉文帝本要重用贾谊，而结果贾谊反而继续被外放，说明汉文帝心思变了。可皇帝不是夸赞贾谊知识很渊博吗，为什么不将他留在身边，反而外放呢？问题就在这里。单纯看贾谊这个人，知识水平是绝对没问题的。甚至还可以说，经过几年光阴，他应该读了更多的书了。可是，皇帝聊天从鬼神引入，贾谊就只聊鬼神，聊了一宿，那只能说，贾谊没有看透汉文帝想要什么。

现在，刘邦老臣都已经解决了，汉文帝即位时的威胁之一已经扫除。皇帝控制了长安，应该着手解决诸侯王问题了。贾谊是吴公弟子，也算是法家后人。这时候他没有和皇帝讲几条平定诸侯的策略，也没有沿着自己几年前变更法制的路子再说几件政治上的大设计。贾谊只是顺着皇帝的话往下说，却不会自己开启话题。殊不知，他说得越多，皇帝越觉得贾谊糊涂。被皇帝征召是一件大事，面对这个等待了四年的机会，贾谊竟然全无准备。

回忆下，陈平初次见到刘邦时说了什么；再回忆下，韩信拜为大将时和刘邦说了什么；进而回忆下，郦食其、刘敬见到刘邦时对刘邦说了什么。这几个人，非天下大事不言，非生民性命不谈，非生死存亡不论，说的都是切中要害、直指人心、与国休戚的一等一大事。贾谊忙着卖弄学问，反而忘了自己的身份。皇帝需要他，很需要他，需要他填补老臣们留下的空白，甚至可能需要他做汉家的丞相。可是，机会摆在面前还不抓住，只能谈论鬼神的人，又怎么能做丞相呢？

　　贾谊在知识上胜过了汉文帝，但是在政治上，他彻底没有跟上汉文帝的脚步。四年时间，如果拿来磨砺心志，锤炼精神，仔细地观察形势和自己的位置，是很能够有一番成长的。只要机会一到，必定能有一番大作为。不过贾谊，实在是消耗了太多的精神在顾影自怜上了。

　　一切的理论都必须经过实践的检验。贾生空有知识，却乏政治智慧，这是他不能被文帝重用的原因。后人哀悼贾谊忠贞而被流放，殊不知贾谊自己也没有认清朝局的形势。就此又可以看出，战国以降的游士、游侠，他们最可贵的品质有三，其一是勇敢果决，其二是善察形势，其三是自强不息。惟其自强不息，故能善察形势，惟其善察形势，故能勇敢果决。纯粹的儒生和士人，就缺乏这种经受磨难又勇往直前的境界。

下棋引发的战争

　　汉文帝时期，皇帝和诸侯王的矛盾凸显出来。根据"高皇帝约"，帝位和诸侯爵位都是父死子继，代代不绝的。可是惠帝死后，帝位没传给他的子辈，而是转移到了弟弟汉文帝手里。这就给了诸侯们一个明确的暗示，"高皇帝约"的原则可以突破。更何况，代王刘恒是刘邦子孙，其他诸侯也未尝不和刘邦有血缘关系。既然天下一家，何以厚此薄彼呢？

汉文帝除掉了齐王和淮南王，对他最有威胁的便是吴王刘濞了。刘濞是刘邦二哥刘仲之子。刘仲懦弱不堪封王，他这一支总得有个代表作诸侯，于是刘邦就选了刘仲的儿子作吴王。吴地是项梁起兵的地方，楚人的意识很深厚，不选个强力人物就弹压不住。反过来说，能镇守住吴地之人，同样也能资凭当地的资源，与汉分庭抗礼。

两害相权取其轻，刘邦选择了刘濞作吴王。刘邦慎重地嘱咐他："汉后五十年东南有乱者，岂若邪？然天下同姓为一家也，慎无反！"[1]

刘邦不会有未卜先知的能力，所谓五十年后东南之乱，应该是后代史家的追记，不能当真。不过，天下同姓为一家是刘邦以及当时人的一种共识。即便是皇室，也要将整个国家当作产业在兄弟子侄中予以分割。史书上还记载了这样一件事。天下已定，未央宫成，刘邦置酒高会于未央宫前殿。刘邦起身向父亲太上皇敬酒，说：

> 始大人常以臣无赖，不能治产业，不如仲力。今某之业所

---

[1]　《史记》卷一〇六《吴王濞列传》，第2821页。

就孰与仲多？[①]

群臣听了这话大笑，高呼万岁。出身芒砀山泽的英雄们，自然没有想过将天下变成产业。当这一天真正到来时，以之嘲笑田舍郎时期的局促情景，又充满了引以为傲的自豪。刘仲、刘邦兄弟比试比试家产，现在弟弟不仅胜过哥哥，还要再送一份给哥哥呢。天下一家也好，"高皇帝约"也罢，都是将整个国家视作刘姓私产的结果。这说明，历史早期国家的意义并不是很突出，人们对如何处理皇权与国家权力的关系尚处于摸索阶段。

刘濞做了诸侯王，自然也不受汉朝拘束。他努力招徕流民，还开采豫章郡的铜山，煮海水为盐。中国古代货币，使用时间最长与最广的就是铜币。铜是贵金属，既可以铸币，也可以制造器物。所以老百姓家里但凡有点铜器的，理论上讲就有私铸钱币的可能。盐更是人人必需的生活品。汉武帝以后，对盐的生产和销售就采用国家官营的方式进行。掌握了铜和盐，就是掌握了硬通货和战略资源。吴国境内百姓不交税，还能财政富饶，其结果必定是人人都希望迁徙到吴国居住。

吴王因此也骄傲起来。他派遣自己的太子入长安觐见皇帝。空闲时，吴太子和汉文帝的皇太子一起饮酒博戏。吴王和汉文帝是叔伯兄弟，吴太子和皇太子就是从兄弟了。兄弟两个喝多了，又都身份尊贵，过去跋扈惯了的人，下棋的时候也互不相让，为走步争执起来。皇太子气性更大一些，举起棋盘就砸死了吴国太子。

① 《史记》卷八《高祖本纪》，第386—387页。

这当然是一场意外。不过如果放到文帝偶然即位，以及他即位以后大肆剪除诸侯的环境中观察，这个意外来得又很及时。

回顾一下，诸吕乱后，汉文帝当年后九月晦日已酉抵达长安[①]，当月即位，次月改元为元年。后九月就是闰九月，晦日就是当月的最后一天。秦及汉初，法定每年的十月为新一年的开始，这是政治上的纪年法，和自然年度不一致。十月初一就是后九月晦日的次日，那一天是庚戌，已经进入孝文帝元年了[②]。登基需要有些礼仪性的程序，所以皇帝直到辛亥才正式即位，不过这也只延迟了一天而已。抵达长安、改元、即位，三件事一气呵成，汉文帝即位真是间不容发、刻不容缓啊，足见其仓促和紧张，背后的信息是即位的偶然与不能服众。

三个月后，有司就建议汉文帝，该立太子了。汉文帝刚刚即位，富于春秋，为什么着急立太子呢？面对有司"豫建太子"的建议，汉文帝的回答很值得玩味，他举了三个可以继承帝位的人：

> 楚王，季父也，春秋高，阅天下之义理多矣，明于国家之大体。吴王于朕，兄也，惠仁以好德。淮南王，弟也，秉德以陪朕。岂为不豫哉！诸侯王宗室昆弟有功臣，多贤及有德义者，若举有德以陪朕之不能终，是社稷之灵，天下之福也。今不选举焉，而曰必子，人其以朕为忘贤有德者而专于子，非所

---

① 《史记》卷九《吕太后本纪》，第411页。
② 《史记》卷一〇《孝文本纪》，第418页。

以忧天下也。朕甚不取也。^①

楚王是汉文帝的叔父，吴王是文帝的堂兄，淮南王是文帝的亲弟。三人之中，以淮南王血统和他最亲近，他放在最后说，另外两个和帝位较远的人，反而放在前面。这说明，文帝对谁来继承他身后的帝位，心存忌惮。即便如此，楚王和吴王也同样是帝位的有力竞争者，起码进入了皇帝的视野。汉文帝信誓旦旦地说，选皇帝不一定要父死子继吧，这是有意重提"高皇帝约"的效力。果然，有司说出了如下的回应：

> 古者殷周有国，治安皆千余岁，古之有天下者莫长焉，用此道也。立嗣必子，所从来远矣。高帝亲率士大夫，始平天下，建诸侯，为帝者太祖。诸侯王及列侯始受国者皆亦为其国祖。子孙继嗣，世世弗绝，天下之大义也，故高帝设之以抚海内。今释宜建而更选于诸侯及宗室，非高帝之志也。^②

这当然是借有司之口，重提"高皇帝约"的内容。由此，皇太子得以选立。更为重要的是，汉文帝的即位并不是"高皇帝约"限定的父死子继，所以他必须保证帝位能顺利地传给自己的儿子，由此确定"高帝—文帝—文帝子"的法统，进而否定掉"高帝—惠帝—某人"的法统。

---

① 《史记》卷一〇《孝文本纪》，第419页。
② 同上书，第419—420页。

吴王本就是帝位可能的继承人，现在，皇太子打死吴太子，此举是否意味着汉文帝对吴王的报复，或者是将削藩的利剑挥向了吴国呢？当吴太子的尸体运回吴国时，吴王的心中作何感想呢？吴王愤怒地说："天下同宗，死长安即葬长安，何必来葬为！"[1]又将自己太子的尸体送回长安去了。

"天下同宗"自然是天下一家的另一种表达。吴王刘濞在如此敏感的时刻重提汉朝是所有刘姓子孙共有的家产，无论他是否有心，所有听到这句话的人都会有意，基于自己的立场形成自己的理解。自此，以吴国为代表的诸侯与汉朝朝廷之间的矛盾成为汉朝最主要的矛盾了。

汉文帝始终没有处理吴国，无论吴王怎样无礼，文帝始终以一种宽容的态度对待吴国。并不是文帝对吴王特别友善，而对淮南王和齐王特别严厉。只不过他深知，吴王强悍远超过其他几位诸侯王，且吴国的富强也并非另外几个诸侯国可以比拟的。有些事，只能留待后人、留给时间加以解决。

不过文帝也并不是毫无作为，他安排自己信赖的大臣袁盎担任吴国相国，成为制衡吴王的代表。

如果换作你是汉文帝，你会选择一个什么样的人去作吴国相国呢？如果选一个贾谊这样的人，一介书生，对着吴王引经据典，虽然知道很多大道理，却不能令吴王心生敬畏。如果换一个周勃这样的人，赳赳武夫，和吴王一言不合就怒火中烧，只可能激发汉吴之

---

① 《史记》卷一〇六《吴王濞列传》，第2823页。

间的矛盾。选一个合适的吴相，可以有效地压制吴王的野心，为汉朝力量的增强争取时间。所以，一定要挑选一个最能走进吴王内心的人。

有个人进入汉文帝的眼帘，这就是袁盎。袁盎本人是楚人。他父亲是群盗，应该是秦末战争中的小头目。后来举家迁徙到安陵，说明他们在楚地应该是豪强。袁盎做过吕禄的舍人，文帝时，他又担任了皇帝的中郎。

这份履历实在是太复杂了。袁盎身上同时包含楚、汉、吕三种政治文化的痕迹，而豪强和群盗的出身，又使得他具备了侠客的气质。汉朝建立以后，豪强、游士与侠客，逐渐被朝廷驱逐和消灭。现在只有一些零星的游侠和保有任侠精神的人存在。袁盎就是其中之一。

袁盎是汉文帝的中郎，他在刘邦老臣、诸侯王之间都周旋得开。特别重要的是，袁盎对汉文帝最为忠诚，毫无私心可言。《史记》上解释袁盎因为直谏的缘故，所以"不得久居中"。现在看恐怕不是这回事。有识之君要重用某人，也必然让他在各种岗位历练，形成对国家全面的认识。通过这个过程磨砺官员意志，给皇帝进一步考察的时机。汉文帝对贾谊是如此，对袁盎也是如此。他要重用袁盎，先将他从内廷宿卫的身份转去陇西都尉。陇西是和匈奴接触的边塞，在这里袁盎积累了野战的经验，成为了能文能武的复合型人才。之后，汉文帝安排袁盎去做吴国国相。

吴国约等于汉的敌国，现在去做国相，既不能完全奉汉法以治，也不能完全归顺吴国。如何在坚持原则性的同时又保证灵活性，是对袁盎的巨大考验。袁盎的侄子对他说："吴王骄日久，国多奸。今苟欲劾治，彼不上书告君，即利剑刺君矣。南方卑湿，君能日饮，毋何，时说王曰毋反而已。如此幸得脱。"①这个主意太妙了。一方面，袁盎住在吴国，最大的任务就是保证不要在自己做国相时，吴王起兵造反了。否则，阻止吴王没有能力，支持吴王又违背本心，进退失据可就不好了。所以袁盎一定要清楚一点，那就是坚决遏制吴王造反的意图。另一方面，袁盎毕竟孤身在吴，要是不做点违反原则的事，那也没办法得到吴王的信任。最好的办法就是，假借饮酒荒废政事，一切就都好办了。

这样的计谋和战国游士的想法有异曲同工之妙。吴国和汉廷本就维持着战国时的状态，现在不用战国的思维思考问题，还有什么其他办法呢？话说回来，汉朝虽然开始铲除豪强和游侠，但只要汉和诸侯的关系始终维持在战国状态，就依旧会有游士和游侠一类的人不断涌现。

吴王和袁盎相处融洽。不过他们的和气，恐怕不仅仅在于袁盎想到了多喝酒、只劝他别造反的点子，而恐怕更在于，吴王和袁盎两个人的气质很接近，存在互相吸引的可能。两人都是又强势又有见识的人，这样的人遇到一起，要么迅速对抗，要么结成挚友。

袁盎在朝中有一个非常厌恶的政敌，就是晁错。晁错一直服侍皇太子，屡获升迁，号为"智囊"。汉文帝对他也比较赏识，所以提拔他做了中大夫。等到汉景帝时，晁错一跃成为御史大夫，这可

---

① 《史记》卷一〇一《袁盎晁错列传》，第2741页。

就盖过一般的军功贵族，成为当朝新贵了。

袁盎从不和晁错说话，虽然同朝为官，两个人从不在同一场合同时出现。袁、晁之间的矛盾，不能单纯理解为政治主张不同。他们的矛盾，是军功贵族和文法新贵之间的矛盾。

晁错学申商刑名之术，又学《尚书》，是典型的文法吏。建立汉朝的军功贵族，往往求大旨不苛细务，对文法吏的一套比较排斥。袁盎算是军功集团的外围人员，和军功集团中的代表人物周勃、申屠嘉私交非常的好。人和人能将关系理顺，并不完全在于说了什么，而在于是不是分享同样的价值观。前面吴王和袁盎的关系就处理得好，也是这个道理。刑名法术之学是文帝所好，也是秦朝传下来的行政之本。尽管如此，军功集团的力量太过强大，丞相必须从军功集团中选拔，这当然是"高皇帝约"中非军功不得封侯的题中之义。非军功不得封侯，而非侯不得做丞相，就将相位牢牢地限制在了军功集团之中。文帝喜好刑名法术之学，并任用文法吏，与同军功集团争夺权力有关。前面他重用的贾谊，是李斯的再传弟子，本就是刑名法术中人。现在他又任用晁错，就是在贾谊身后又找了个替身。

朝中倘若只有一种声音，一个派别，对皇帝来说明显不是好事情。皇帝乐见文法吏和军功集团互相争斗，这种统治术汉文帝是很擅长的。文法吏和军功集团的矛盾就可以理解为新旧派系之间的矛盾。

但是文帝的儿子汉景帝稍微有点糊涂。他较老父亲欠缺的是意志和耐心。景帝继位，晁错利用过去服侍过太子的老资格，经常

"请间言事"。按照汉朝的宿卫制度，晁错当时担任的内史属于外臣，和皇帝只能在特定的时间地点见面，非皇帝召见，他也不能进入到"省中"，也就是皇帝的私人空间。请间言事，就是请求获得临时觐见皇帝的资格。汉景帝对此无有不从，这当然激怒了军功出身的老贵族们。

晁错很快又升任了御史大夫，下一步就是做丞相。他的进步引起了军功集团的警惕。晁错延续贾谊的见解，建议皇帝削藩，倒也不是将诸侯国一网打尽，只是要比较严苛地考察诸侯王的错处，然后将他们的边远郡县收归汉廷。这个主意不能说太差，就是做法有些急切。后来汉武帝对诸侯王实行"推恩令"，许可诸侯王将自己的土地分给自己每一个儿子。两个办法的主旨是一样的，但是表达却存在正反的差异。通过挑诸侯王的错处来削藩，那就是将诸侯王的仇恨聚焦在汉朝廷特别是皇帝身上，这就很愚蠢了。反过来，告诉诸侯王，你的国土随便分封，只要保证是你的儿子继承就行。这样一来，诸侯王本心就算抵制也不好拒绝，因为矛盾已经转嫁为诸侯王和诸子以及诸子之间的父子兄弟矛盾了。政治家必须有转移矛盾的能力。晁错对这件事的建议，纯粹是招惹矛盾，故而朝廷上大家内心都不太满意，却不敢非难，只有汉景帝的表兄弟窦婴站出来争辩了几句，也没能说得过晁错。晁错的父亲也赶来告诉儿子：这种疏远皇室骨肉的事，你为什么要挑头做呢？晁错说：不这么干，天子不尊，宗庙不安。晁错的父亲看得很透：刘氏安矣，晁氏危矣。

削藩的命令公布了，很快吴国联合楚国等诸侯宣布要"诛晁错、清君侧"，气势汹汹。袁盎和窦婴找到机会，建议汉景帝：杀了晁错，诸侯就会停止反叛。窦婴和袁盎都做过吴国相，算是朝中的知吴派，他们的话有一定影响力。

汉景帝没见识，听了这话杀掉了晁错。前方与吴楚征战的将军邓公返回长安，得到汉景帝召见。皇帝问：晁错已经死了，吴楚有罢兵的意向没有？邓公说：吴王筹备造反都几十年了，现在就是以晁错为借口罢了。您今天杀了晁错，以后天下谁还替您出主意？皇帝还问为什么。邓公说：晁错的主张没错，刚推行就被杀，说明皇帝您没有主心骨。汉景帝默然良久说：你说得对，我也很遗憾。

袁盎和窦婴肯定知道吴楚造反并不是因为晁错，但他们还是利用这个机会除掉了晁错。这反映出政治斗争的残酷。利用敌人打击敌人，团结敌人打击敌人，手段虽然老道，却是以国家安危为赌注。如果晁错死了，袁盎、窦婴平定不了七国之乱，那他们俩就真正是汉家的罪人了。

七国之乱是大侠平定的吗？

汉景帝三年（前154年），据说这一年发生了"长星出西方"的天象，又遇到天降大火，焚烧洛阳东宫大殿城室。天象示警，民间必有反应。普通人为之警惕，野心家则心生鼓舞。吴王刘濞联合楚王刘戊、赵王、胶西王、济南王、淄川王、胶东王，共七名诸侯，发兵西向，这便是七国之乱。

战争的起因是晁错建议汉景帝找些诸侯王的小错处削藩。这只是表象。深层次的原因在于，汉与诸侯王的对立一直是汉朝立国以来的大问题，不解决诸侯王问题，中央集权便名不副实。这是任何帝王都不能允许的局面。具体而言，汉文帝即位之初，在处理齐国和淮南国问题上，表现得咄咄逼人，引发了东方诸侯的忌惮和不满。其中的典型是齐国。齐哀王刘襄死后传位给齐文王，文王立十四年卒，无子，国除。第二年，汉文帝将齐悼惠王刘肥诸子分封为诸王，并分齐土。其中刘志为济北王、刘辟光为济南王、刘贤为淄川王、刘卬为胶西王、刘雄渠为胶东王，加上悼惠王子将闾为齐王，还有城阳王喜，齐国被一分为七。悼惠王诸子，是齐哀王刘襄的兄弟，本无染指帝位的可能。不过接近权力总让人误以为拥有权力，曾经与至高位置如此接近的过往，是会在任何人心里投下阴影的。

吴王首先联络了胶西王刘卬，一拍即合。刘卬又联系他的兄弟们齐、淄川、胶东、济南、济北诸王，皆许诺。他们的誓约是："城阳景王有义，攻诸吕，勿与，事定分之耳。"[①]此语不难理解，是要效法城阳景王，也就是前朱虚侯刘章，立功而不居功，与众人共享。等诸侯王打下长安，并不选任何一人独占帝位，而是要平分天下。

问题也就在这里。诸人的身份都是齐王子孙，诸人的举措以城阳景王为榜样，他们效法的历史事件是一次成功的政变。他们的身份和他们效仿的榜样都让人无法忽视，他们对先前政变结果不满，并试图通过发动一场新的政变扭转上一次的失误。这是齐国诸王的

---

① 《史记》卷一〇六《吴王濞列传》，第2827页。

态度。

再看吴王。吴王于景帝三年（前154年）正月甲子从广陵起兵，渡过淮河与楚军汇合。这个路线，和当年项梁反秦的进军路线一致。可以想象，吴王现在很有信心。他派出使节，发布檄文说：

> 吴王刘濞敬问胶西王、胶东王、菑川王、济南王、赵王、楚王、淮南王、衡山王、庐江王、故长沙王子：幸教寡人！以汉有贼臣，无功天下，侵夺诸侯地，使吏劾系讯治，以僇辱之为故，不以诸侯人君礼遇刘氏骨肉，绝先帝功臣，进任奸宄，诖乱天下，欲危社稷。陛下多病志失，不能省察。欲举兵诛之，谨闻教。敝国虽狭，地方三千里；人虽少，精兵可具五十万。寡人素事南越三十余年，其王君皆不辞分其卒以随寡人，又可得三十余万。寡人虽不肖，愿以身从诸王。越直长沙者，因王子定长沙以北，西走蜀、汉中。告越、楚王、淮南三王，与寡人西面；齐诸王与赵王定河间、河内，或入临晋关，或与寡人会洛阳；燕王、赵王固与胡王有约，燕王北定代、云中，抟胡众入萧关，走长安，匡正天子，以安高庙。愿王勉之。楚元王子、淮南三王或不沐洗十余年，怨入骨髓，欲一有所出之久矣，寡人未得诸王之意，未敢听。今诸王苟能存亡继绝，振弱伐暴，以安刘氏，社稷之所愿也。敝国虽贫，寡人节衣食之用，积金钱，修兵革，聚谷食，夜以继日，三十余年矣。凡为此，愿诸王勉用之。[1]

---

[1] 《史记》卷一〇六《吴王濞列传》，第2828页。

檄文气势很盛。核心的句子是这个："楚元王子、淮南三王或不沐洗十余年，怨入骨髓，欲一有所出之久矣。"淮南三王没有参加这次叛乱，吴王把他们列上，是因为他们的父亲被汉文帝流放而死，其根源也是帝位继承。楚元王是刘交，现任楚王是刘交之孙刘郢（或作刘郢客）之子。汉文帝即位算是兄终弟及，由此而论楚元王也可以继承刘邦之帝位。更何况，汉文帝即位和立太子时，几次三番提出楚元王刘交，内心对他的沉默与不表态很不满意。同样，楚元王也在汉文帝即位的第一年去世。帝位的威胁者们如同约定好了一样，一同在文帝即位之初离世。这样的巧合积累起来，指向了某些必然性的可能。楚王和淮南三王都是吴王团结争取的对象。其根本原因，就在于文帝继承帝位。

汉景帝听信袁盎和窦婴的建议诛杀了晁错，他们两个人现在得承担起拯救汉家的责任了。袁盎做了太常，窦婴当了大将军，现在长安城中的贵戚们争相拜访两人。

他们俩有什么好主意吗？暂时没有。袁盎自告奋勇，也可能是汉景帝心存幻想，派遣袁盎出使吴国，请求吴王罢兵。这个做法和斩杀晁错一样，可谓病急乱投医。吴王正在猛攻梁国，看到袁盎来了，根本不见他，将他监禁起来，准备找机会杀掉。

袁盎做吴相时，曾经有个下属和袁盎的婢女私通。袁盎知道这件事，就当不知道一样，对下属一如往常。反而是有人告诉这个下属，你的事被丞相知道了。下属害怕，自己跑掉了。这个男人挺没骨气的。反倒是袁盎自己骑马把他找回来，将婢女送给他，还让他不要有压力，继续做官。这次袁盎被拘禁，这个下属是看守的头目之一。他趁着月夜天寒，将守卫都灌醉了，悄悄放了袁盎。袁盎还不信，问：你是谁？为何这么做？下属说，我就是过去偷您婢女的人。袁盎明白了，说你家里还有亲属，别为了我赔上性命。下属说：您只管走，我也要逃掉了。这个男人这一次有骨气了，看来时间和经历会教会人成长。

怀揣汉朝节旄的袁盎，步行七八里，穿过封锁线，遇到梁国的骑兵，这才逃回汉朝。怎么评价袁盎呢？迄今为止，他给汉文帝和汉景帝出的建议，都不算特别切中要害，甚至诛杀晁错这件事可以说是彻底的愚蠢。以为杀一人而取信天下的战国思维，有些过时了。按照侠客的思路去处理汉朝当前的国政难免方枘圆凿。不过任侠的行为却又能换来过命的交情，这表明任侠的用处在人际交往，却不在治理国政。任侠理念的应用场合，随着时代的变革逐渐收缩了。

袁盎不行，窦婴怎么样呢？先看看窦婴和汉景帝的一场交锋。汉景帝的母亲窦太后出身不高，生活曾经非常苦闷。生活的痛苦教会了人成长，窦太后不再是一个懵懂的小姑娘，而是跋扈专横的女主。在汉景帝时期，她对朝政的控制力很强。窦太后有两个儿子，一个是汉景帝，一个是梁孝王。和很多老太太一样，窦太后更偏爱小儿子。这一次，梁王来长安朝觐，公事已毕，家宴方起。参加宴会的都是刘、窦两姓的近亲。汉景帝初即位，年轻不更事，喝多了说，以后我死了，帝位传给我的弟弟梁王。

这话可说到窦太后心里去了。大儿子做皇帝，小儿子也做皇帝，这可多好！席间的人听了，就算觉得有些不妥，但喝多了说的话，能作数吗？由他去吧。窦婴这人是个直脾气，听到不对的话就得纠正。他站起来，向皇帝敬酒说：

> 天下者，高祖天下，父子相传，此汉之约也，上何以得擅传梁王！[①]

一句话，皇帝酒醒了，梁王酒醒了，太后酒醒了，所有人都酒醒了。汉文帝即位之后，早建太子，就是为了将自己的法统确定下来，就是为了重新建立"高皇帝约"中父死子继的信用和权威。现在要是汉景帝再实践一次兄终弟及，那汉文帝所有的努力不仅白费，他们这个家庭成员的性命也恐怕不能保全。

窦婴的话说得没错，可是得罪了太后，更得罪了梁王。他是窦太后的侄子，在宫门口通籍，也就是有个通行证可以进出宫省。现在窦太后取消了他的通行权，窦婴也觉得现在的官职不太适合自己，趁机辞官了。

七国之乱时，作为知吴派的窦婴要被重新起用。而且，他是外戚，与皇室休戚与共，最为忠诚可靠。汉景帝召见窦婴，让他做大将军，赏千金。窦婴将能打仗、现在蛰伏在家的袁盎、栾布等人集合起来，将千斤黄金分给他们，自己一点儿不留。进军以后，窦婴把守住荥阳，效法刘邦与项羽相持，稳住汉军的战线，阻拦赵、齐军队。这是窦婴在七国之乱中的大功劳，因此他被封为魏其侯。

但是窦婴有帅才却无将才，临敌作战，决胜两军之前，不是窦

---

① 《史记》卷一〇七《魏其武安侯列传》，第2839页。

婴所长。汉朝的大将是周亚夫。周亚夫是周勃之子，他没封侯的时候，著名术士许负给他相面说：您三年之后会封侯；封侯八年以后做将相，主持朝局，贵重无两；再过九年您会饿死。这段话矛盾百出，周亚夫不信。三年后，他的哥哥周胜之有罪，文帝封周亚夫为条侯，继承绛侯周勃的爵位。从此他的命运之轮开始催动。

不论是好是坏，终究是波澜壮阔的一生。

汉文帝时匈奴人入塞，兵锋一度直指长安。文帝隐忍数年，一直不与匈奴决裂，这次他决定做有限度的准备。汉文帝任命了三名将军，分别是驻扎在霸上的刘礼、驻扎在棘门的徐厉和驻扎在细柳的周亚夫。

这一天，汉文帝决定去各个营寨视察一下。前面两个军营，皇帝的车驾毫无阻拦地长驱直入，将官们还骑着马迎进送出。到了细柳营，一切都不一样了。

细柳营军士们披甲持刃、弯弓瞄准，严阵以待。皇帝的前导抵达，无法进入营中，只能通传："天子且至！"军门都尉说："将军令曰'军中闻将军令，不闻天子之诏'。"过了一阵子，皇帝车驾抵达，还是进不了军营。皇帝遣使持节诏周亚夫：我要入营劳军。周亚夫这才传令开营门。皇帝车驾进入军营，守门军士提醒："将军约，军中不得驱驰。"皇帝的车驾按辔徐行。到了营房，周亚夫手持兵刃，长揖而已，说："介胄之士不拜，请以军礼见。"皇帝动容，在车上行礼致敬，使人称谢："皇帝敬劳将军。"劳军已毕，出营。见识了这场面的随从大臣都不停地惊叹。汉文帝赞叹说："嗟乎，此真将军矣！曩者霸上、棘门军，若儿戏耳，其将固

可袭而虏也。至于亚夫，可得而犯邪！" ①

世界自有其运转规律。面对汉文帝这样清醒的帝王，与其逢迎，不如自尊；与其谄媚，不如守职。周亚夫的作为给皇帝留下了深刻印象。汉文帝驾崩前告诉太子，未来天下如果有急难之事，用周亚夫将兵。

七国之乱时，周亚夫为太尉，是实际负责对抗吴楚主力的前线指挥。他的战略非常简单：以梁国作诱饵，吸引吴楚主力与梁国作战。汉军坚守，等待时机，断绝吴楚退路。这个战略得到了汉景帝的同意。梁王是汉景帝的亲弟弟，窦太后的爱子，他自然站在汉朝这边。可是吴楚兵锋太过猛烈，梁国多次向皇帝求救。皇帝指示周亚夫出兵营救，周亚夫坚决不动。

在混乱局面和巨大压力面前能有自己决断的人，可谓上将军。

吴楚兵锋已弱，周亚夫绝其粮道，很快大破七国联军。这场汉朝建立以后最大的内战，以汉的全胜而告终。自此，诸侯王再不能与汉廷分庭抗礼，郡国并行制在事实上也土崩瓦解了。

周亚夫抵达洛阳时，特别高兴他得到了剧孟。他说："七国反，吾乘传至此，不自意全。又以为诸侯已得剧孟，剧孟今无动。吾据荥阳，以东无足忧者。" ②战争时期，太尉出行也难保路上不遇到刺客。他最担心的侠客头子，就是大侠剧孟。大侠没有被诸侯团结过去，则所有非战争因素、不可控的因素都已经在掌握中了。这种感觉就像是过去荀子描述的秦国军队和齐国军队的差异一样。侠

---

① 《史记》卷五七《绛侯周勃世家》，第2074—2075页。

② 《史记》卷一〇六《吴王濞列传》，第2831页。

客如同蜂虿，无法在攻城野战中发挥作用，却可能以行刺干扰战争走向。没有人能利用刺客取得战争的胜利，从秦统一开始，这个战场铁律就已经得到检验了。进一步讲，侠客是军事行动的加分项，却不是必选项。这是秦统一以后，对战国军事模式的一种根本性改变。

心态还停留在上一个时代的袁盎，在七国之乱平定之后，突然找不到自己的人生方向了。战前他留下斩杀晁错的计策，已经被证明是彻底失败。战争中，他希冀用个人魅力和关系团结吴王，也被证明是失败的。袁盎的做法还延续着战国的旧传统，殊不知历史已经别开新局。汉景帝对他没有重用，安排他做楚相。楚国是战败国，楚相就是监视楚王、处理战后事宜的总管。这个职务没什么可令人欣喜的。袁盎给皇帝上书，皇帝也懒得理他。

为此，袁盎称病辞官归家，和闾里斗鸡走狗。这一天，剧孟来拜访袁盎，两人相谈甚欢。有人对袁盎说：剧孟是个赌徒，您和他过从甚密干什么？袁盎说：剧孟虽然是个赌徒，他母亲死的时候，居然有千余辆车汇集送葬，说明他有过人之处。况且缓急之事人人都可能遇到，"夫一旦有急叩门，不以亲为解，不以存亡为辞，天下所望者，独季心、剧孟耳"[1]。季心是季布的弟弟，前面已经提到了。剧孟是洛阳的大侠，前面也提到了。袁盎仰慕侠客的做派和生活，提出了侠客的原则就是周人急难，不以父母为借口，不以存亡来推辞，也就是把别人的事放在自己的事之前。这样的精神境界，

---

[1]　《史记》卷一○一《袁盎晁错列传》，第2744页。

是战国以来的旧传统。仅从个人交往的角度，这样的精神境界很值得肯定。但是如果一个人想要在政治上有所作为，这套理论，难免与统一王朝格格不入。袁盎秉持这样的态度求官施政，自然无官可求，无政可施。

梁王还是想求汉景帝立自己为皇太弟，这件事被袁盎坚决阻止了。梁王早就对袁盎不满意，于是派了一个刺客来暗杀袁盎。刺客和侠客是相通的，这个刺客不是只收钱干坏事的人。他来到关中，打听了一番，没有人不夸赞袁盎侠义的。刺客求见袁盎，对他说：我受梁王之命来暗杀您，但我知道您是长者，不忍心杀您。不过后面像我一样的刺客还有十几批呢，您要格外小心。后来，袁盎果然被暗杀了。

侠客为任侠而生，也为任侠而死。袁盎之死，算得上死得其所吧。

第六章

汉武帝时代：权行州域、力折公侯

汉武帝时代是一个英雄辈出的时代。恰恰这个进取时代，又是
侠客们彻底从历史主流舞台上淡出的时代。一进一退之际，反映了
历史的大变动和大转折。

好黄老的窦太后

汉武帝即位之初，政权并不掌握在自己手中，而是掌握在自己
的祖母手中。他的祖母，就是文帝的皇后，景帝的母亲，窦太后。

窦太后少年时的人生经历异常坎坷。她是赵地清河观津人，少
时以良家子入宫侍奉太后。司马迁形容赵、中山之地多产美女，她
们"鼓鸣瑟，跕屣，游媚贵富，入后宫，遍诸侯"①，在音乐、舞蹈
方面很有天赋。汉武帝宠爱的王夫人、李夫人就分别是赵人和中山

---

① 《史记》卷一二九《货殖列传》，第3263页。

人。他最后喜爱的钩弋夫人，是河间人，也属赵地。李夫人的兄长
李延年是宫廷音乐家，曾经创作过《佳人歌》，其辞曰：

> 北方有佳人，绝世而独立。
> 一顾倾人城，再顾倾人国。
> 宁不知倾城与倾国，
> 佳人难再得！

赵地之风浪漫热烈，男子多侠客，女子多情娘，实在是让人流
连忘返。

窦姬侍奉的太后就是吕后。吕后将身边的宫人赏赐给诸侯王，
每个诸侯王送五人。这个意图很明显，就是将自己亲信的女人变为
监视诸侯王的工具。如果有孕，也能加强诸侯和吕氏之间的关系。

去哪个诸侯国，本来是不能选择的。窦姬想去离家近一点的诸
侯国，就请求负责分配宫人的宦官，请一定将自己放到去赵国的名
册中。宦官把这事忘了，将她的名字放入送到代国的名册。代国和
赵国都在北方，可毕竟不是一处。她哭泣，不想去，可名册已经得
到太后的认定，再不能更改了。

窦姬的命运如青萍一般无法自主。

到了代国，窦姬的心情不会太好。不过代王特别宠爱窦姬，
窦姬为他生了一个女儿，取名叫刘嫖，后来还生了两个男孩。这两
个男孩不过是代王若干子嗣中寻常的两个。代王王后已经给他孕育
了四个男孩，这四个孩子算作嫡子，身份要比窦姬的两个儿子高

贵。代王大家都熟悉，就是后来入长安做皇帝的汉文帝。他来长安之前，王后就去世了。等他做了皇帝以后，王后生的四个男孩也都相继得病死掉了。选定太子对汉文帝帝位的巩固异常重要。所以即位三月就确定了太子人选。这时候，就剩下窦姬的长子刘启年龄最大，于是就选他作太子。母以子贵，窦姬成了皇后，大女儿刘嫖就是后来的馆陶长公主。小儿子刘武先是继承父亲的爵位成了代王，后来又迁徙到梁地，成了梁王。

窦姬的地位又如鸾凤一样扶摇九天。

虽然在历史早期这样的情况不多见，不过吕后与窦姬，似乎都是逐渐掌握了自己命运的人。不要看此刻她还需要依附于汉文帝，事实上，她的心中已经生出了自己的主见，并计划着逐步落实。

此时的窦姬已经贵为皇后，她有两个兄弟。哥哥叫窦长君，弟弟叫窦广国，字少君。窦广国四五岁的时候，因为家里太穷，所以被卖掉了。后面辗转了十几家，窦家根本不知道窦广国被卖到了哪里，双方彻底断了联系。窦广国被卖到了宜阳，在这里替主人入山烧炭。烧炭就是将林木砍下来点燃，再焖住冷却，用高温阴燃的方式形成木炭。窦广国的同伴有上百人，这天他们一同在山下休息时，因为林木破坏严重，水土流失，山崩塌了。窦广国的同伴们全都被压死了，他却大难不死。经历了这件事，他去找人占卜，得到了数日内将封侯的吉兆。窦广国将消息告诉了主人，主人也觉得此人必有后福，于是带着他去长安试试运气。

长安城里新立了皇后，皇后是观津人，姓窦。窦广国被卖掉的时候虽然年幼，却记得自己的家乡和姓氏，还记得和姐姐一起采桑莒的往事。他抱着试一试的心态，向宫廷上书。

窦皇后且惊且喜，请求文帝召见广国。姐弟相见，寻常的证据都说完了。窦皇后问，还记不记得我们以前在一起的往事？窦广国说：姐姐以前离开我西去的时候，和我在传舍中诀别。姐姐借来淘米水，给我洗头；要来饭食喂我吃。给我洗了头，和我吃了最后一顿饭以后，姐姐就走了。

听了这样的话，窦皇后抱住自己的弟弟痛哭流涕。在馆舍中最后一次洗沐、最后一次吃饭的场景，就像刀刻一样，牢牢地刻画在两个人的心里，不敢忘却，不能忘却，不曾忘却。记忆是如此的奇妙，它牵连起缘分，将久别的人带入重逢的境地。

窦广国的命运，和窦姬一样充满戏剧性。浮萍漂泊本无根，生存尚且是奢侈品的人，下一刻居然成为外戚。天涯游子君莫问，连自己名字都已经丢掉的人，却始终记得姐姐和姓氏。命运是捉弄人的大师，它让人别离，让人重逢，让人经历，让人长大。

人生经历了太多大起大落的窦太后，喜好黄帝、老子言，要求他的儿孙及窦氏亲属都必须学习黄老之道。什么是黄老呢？简单来说，就是遵循天时，清静无为。遵循天时，就是尊重客观规律，这个观点是信奉黄帝的学派贡献的。清静无为，是很基础的道家理念，是尊奉老子的学派的主张。主张清静无为，本质上是否定一切值得关注的东西。在他们看来，连人自身也应该舍弃掉。尊重客观规律，在本质上认为人可以通过因循天时而获得永生，而永生将成为人体会"道"的前提。两种观点都试图实践"道"，但是在方法论层面存在着差异。

战国末期，两种观点逐渐融合。让人完全放弃对身体的执着，是很残酷的事情。既然重视身体，并希望在乱世中有所作为，人们将黄帝学派和老子学派的想法杂糅了一下，在终极层面追求以无为抵达"道"的境界，而在现实层面通过尊奉天时、保养生命构筑物质条件。这套主张成为战国末期到汉初的主流思想。面对漂泊不定的人生，难以把握的命运，倏忽而来的富贵贫贱，悄然消逝的生命，人已经劳累而疲倦，他们进入黄老的境界，以寻求物质和精神上的双重充实。

黄老之学盛于燕齐，尤以齐地为最。秦始皇对此道很着迷，他真诚地学习并努力实践。汉朝建立之后，因为需要休养生息，王朝不得不尊重天时且清静无为，诸如张良、陈平、曹参、陆贾等开国功臣，也都是黄老的信徒。在他们的实践下，汉初政治风格因循了黄老的做派。

应该如何理解无为而治？倘若什么都不做，万事难道不会停顿吗？请注意，这时就要理解因循天时的意义了。古人认为，万事万物，都是天地所生。其生长和消亡自然有规律存在。规律的最直接体现，就是时间。春种秋收，夏长冬藏，是自然界一切动植物都绕不开的规律。对应到人类社会，有生便有死，死而复生，周而复始，无平不陂，无往不复。既然如此，人就应该等待命运的安排，任凭规律产生效力。用今天人们熟悉的话说，就是"充分发挥市场在资源配置中的作用"。

那这样说来，人就全无作为吗？那又凭什么说"无为而无不为"呢？人要在等待中积蓄力量，凝聚意志，培养决断，塑造新我。人要冷静地观察社会与生命时节的更替，等待机会，果断处置。司马迁的父亲司马谈，是黄老大师。他概括黄老之学就是"圣人不朽，时变是守"①。"无为"，指的是放手让事物运动，积累矛盾，形成共识。"无不为"，指的是事物运动到盛极而衰的顶峰，矛盾积累到不得不解决的时候，共识已经形成且牢不可破，水到渠成的时机就到来了，这时再做事会比较容易，事半功倍。

举个简单的例子来说。汉初不得不建立郡国并行制，是因为秦统一积累的历史矛盾还没有彻底消除掉；人们对统一国家的共识，尚没有彻底形成。吴楚七国之乱爆发，就是统一的历史事实和统一国家的共识之间的矛盾酝酿到极点的时候。这时解决掉矛盾，便可以引导历史走向新的路径。倘若是吴楚七国获胜，而非汉朝获胜，则证明了另一种历史的走向，说明秦留下的历史遗产，还需要更多时日方才能够实现。在黄老的解释中，一切的历史结果都是因势利导而形成的。

可是也不难注意到，信奉黄老的人物，绝非没有决断力。他们身上的坚韧狠辣，甚至远非很多战阵前的将军可以比拟。只不过，张良、陆贾等辈，表露自己心迹的方式比较平和，给人一种温柔的感觉。形式的温柔难掩实质的坚强。人要显得强势很容易，但将强势藏在心里，将笑容展示出来却难了。更难得的是，孤独地等待变化，苦心地磨砺意志，残忍地压制念头，顽强地训练技能，忍耐且等待，不停地观察时机到来的征兆，像这样的精神选择，与其说是

---

① 《史记》卷一三〇《太史公自序》，第3292页。

某种主观的决定，不如说是生活和环境的毒打而催生的一种决断。

事实上，张良、陈平、陆贾等人，莫不经受过人生的重大挫折，也莫不经历了一种死而复生的体验。他们大概都从脱胎换骨中实现了一种新生，由此成为了把握时机、断然决策的大师。

窦太后的人生经历，必然也将她引向黄老之路。

黄老学说对生的极度眷恋以及对死的极度无畏，与游士和游侠的精神状态很接近。甚至可以说，游士和游侠的生活阅历，为黄老学说提供了实践经验。黄老是游侠的精神力，游侠是黄老的践行者。

精神的发展总是落后于物质的运动。一种社会风潮出现了，支持这种社会风潮出现的物质条件可能已经逐渐衰落，引领这种社会风潮的阶层可能在逐渐消失。直到有一天，物质条件和社会阶层可能彻底弱化，乃至淡出历史舞台，而社会风潮却尚未止歇。甚至还有这种情况，支持社会风潮的物质条件与社会阶层消失以后，社会风潮作为思想意识依然保持着存在，并催生了与先前近似的社会阶层及个体的出现。这次的出现是一种模仿，并不意味着先前的物质条件与社会阶层都已经复活了。不过，模仿在相当大的程度上代表着，人们对思想意识的尊重和纪念，以及对往日生活的向往与憧憬。

游侠与游士生活在战国独特的历史情境中。汉初，由于郡国并行制度的存在，游侠与游士依然大量存在，然而这种存在必然随着汉朝真正的一统以及王国问题的最终解决而宣告终结。进而可以观察到，根源于战国时期的黄老思想，也会随着汉朝的一统，让位于更加适应新的历史形势的思想而宣告隐去。游侠的终结和黄老的隐去，是历史运动发展的必然结果。尽管如此，仍然有信奉黄老思想和游侠做派的人物活跃在汉代的历史舞台上。不过此时他们的命运，似乎就不如在战国和汉初那么风光了。

窦太后对黄老学说的尊崇，将黄老和游侠的生命向后延续了数十年。七国之乱结束之后，一直到汉武帝统治之初，黄老学说依然是汉朝的统治学说。行为方式近似于战国游士或游侠的人物，依然能够在汉武帝的朝堂上身居显位。不过历史的大趋势毕竟变化了，预判并顺应这种变化的人，才能够保持在政治中的稳定；反之，则难以在汉武英雄时代，获得新的身份认同。本书最初提到的东方朔，其实便是不符合时代潮流，故而未曾得到重用之人。

最后的黄老信徒们

梁孝王重用的大臣韩安国，曾经在邹县田生那里学习《韩非子》和杂家学说①。这种学术背景一看就是战国游士的余绪。韩安国有一次犯法抵罪，被关进监狱。狱卒田甲为难他，韩安国说："死灰独不复然乎？"田甲说，"燃即溺之"。看来，田甲也不是个普通人。很快，韩安国被释放，成为梁国内史。内史就是国都的行政长官。田甲听说这个消息，马上就跑了。韩安国发布通缉令说，如果田甲不回来，就将田甲灭族。田甲就回来了，前去谢罪，请求韩

---

① 《史记》卷一〇八《韩长孺列传》，第2857页。

安国的饶恕。韩安国说：你可以尽情地便溺，像你这样的人，值得我计较吗？从此对田甲很友好。像这样能化敌为友，宽宏大量的人，在前面也出现过很多。韩信就是一个比较明确的典型。韩安国的做法很有战国风度。

后来梁孝王去世了，韩安国赋闲在家。现在已经是汉武帝时代，武皇帝的舅舅田蚡做了太尉。韩安国厚厚地贿赂了田蚡，田蚡于是向汉武帝推荐韩安国，武帝任命他做了北地都尉，后来又迁为大司农。这个履历粗看没什么，其实大有可琢磨之处。汉朝用人，基本不用起家在诸侯国之人。汉初，只有汉朝向诸侯国派遣官吏，很少有诸侯国人直接来汉朝做官的情况。现在，韩安国先在梁国做高官，又到汉朝做高官，说明汉朝和诸侯国之间原来对立的界限被打破了，人才的流动逐渐通畅起来，汉朝能够不拘地域和出身，在全国范围内选拔人才了。

汉武帝是大有为之君。他的曾祖父刘邦、祖父文帝、父亲景帝，其实都是大有为之君。他们每个人都在自己的历史条件下，努力地拓展着国家和自己的境界，给时代深刻地打上了自己的烙印。汉武帝找到了他所处时代的历史矛盾。国家境内已经实质上一统，功业就需要向境外找寻。他将目光转向草原，那风吹草低之处，正是男儿建功立业之所。只是，汉武帝早期进攻匈奴的策略和刘邦时代差不多，大致相当于引诱匈奴人入境，然后围而歼之。这个战略不太容易应对机动性强的匈奴人。所以韩安国几次参与对匈奴作战，都没什么功劳。他还一度代理丞相，不过因为摔下车扭伤了脚，形象不佳，汉武帝最终没有任用他。就这样，韩安国郁郁寡欢，最后死于右北平屯戍任上。

和韩安国一样是黄老信徒的还有汲黯和郑当时。

汲黯是汉景帝时太子洗马，可以说是汉武帝少年时代的朋友了。随从在太子身边的人，不可能不受到窦太后的影响，汲黯就是一个非常明确的黄老信徒。他任地方郡守，治官理民，好清静，选择能干的丞史操持日常事务，汲黯自己抓大放小而已。后来做了九卿，汲黯仍旧如此办事。

九卿虽然有分管的事务，不过从春秋以来，卿的主要工作是议政，为君主建言献策，提供建议。黄老信徒、游侠做派，使得汲黯呈现出一种特为倨傲的态度。他"合己者善待之，不合己者不能忍见"，"内行修洁，好直谏，数犯主之颜色"[1]，这样的处事态度，使得他没什么朋友，皇帝也有点惧斥他。

自然，汲黯也能找到自己的偶像和朋友。他仰慕傅柏、袁盎的为人，也和灌夫、郑当时、刘弃是好朋友。傅柏是梁孝王之将，诸侯人，多多少少有些游侠气质。在汉初，汲黯的气度很正常，是社会的主流人格。在武帝时代，这样的气质就有些落伍了，显得格格不入。举个例子吧，在改革开放之初，穿喇叭裤，梳大波浪发型，是很合潮流的样子。可在今天，要是还这么穿衣打扮，就显得有些格格不入。各种时代的风气，在潜移默化中都发生着变化。能够看到、跟随甚至把握住风气的变化，是一种巨大的能力和魄力。所谓"知几其神乎"就是这个意思。汲黯只关注到汉初到武帝时这

---

① 《史记》卷一二〇《汲郑列传》，第3106页。

数十年历史的走向，却无法感知到历史下一步的动向。不能不说，即便是身处最高级位置的人，也往往会被积习限制、遮挡住自己的眼光。

反过来说，黄老学说最提倡追随天时，改换视角，而现在看到的这些黄老的信徒们，都固守着黄老清静无为的表象，忽视了黄老不停变化运动的实质。由此又可以意识到，黄老学说到了汉代中期，也成为了一种僵化的理论体系。它自身的活力，因为长期居于统治思想的地位而被消耗掉了。一种思想是否能不断地因应时代，取决于秉持这种思想的人是否时刻保有一种紧张感和警惕性，是否能在不断的对抗中进取与变革。具体而言，思想的活力来自对被放弃和被否定的预判及应对。做好随时都可能会被人忘记的准备，为了防止这种情况变成现实而不停地努力，只有这样的思想才能立于不败之地，也只有怀抱这种态度的人，才能将任何一种思想观念推向未来。

孟子说："入则无法家拂士，出则无敌国外患者，国恒亡。"没有外在压力的思想不能长久，如同没有对手的人不能成长一样。汉朝立国的经验提示，只有不断地应对危机，化解危机，才能保持一种蒸蒸日上的活力。汉武帝时，内部的危机都已经解决，便要在外部寻找危机，由此保持和促进国内统治阶层的斗志和活力。治国者，没有危机便要寻找危机，寻找不到便要制造危机。对于个体也是一样，没有压力便要寻找压力，寻找不到便要制造压力。黄老之学，在本质上便是这个态度。但是人们太多纠结于"老"之"清静无为"的部分，忽视了"黄"之"与时消息，应物变化"的部分。

汉武帝想改变之前窦太后信用黄老的局面，任用更多刚健有为的文学儒者。皇帝经常说，我有个计划，我有个想法。汲黯就给皇帝泼冷水："陛下内多欲而外施仁义，奈何欲效唐虞之治乎！"皇帝很生气，群臣责备汲黯不给皇帝留脸面，汲黯却说：皇帝设置我们这些人，就是为了给他唱唱反调。像你们这样阿谀奉承，一味顺应他的想法，对得起你们的位置吗？

汲黯身体不好，总是生病。可能他真的有病，也可能是他对处理事务性的工作总感觉厌烦。毕竟侠客总是潇洒的，工作太具体细致对他们来说不太好。汉朝规定，长官请病假三个月就得辞职，除非皇帝给他延期。这个延期，专业的术语叫作"赐告"。汉武帝经常给汲黯"赐告"，次数也实在多了一点。这一回，是汉武帝信任的文学士庄助来给汲黯请求延期。皇帝问庄助：汲黯，是个什么样的人呢？皇帝这么问，一般就是有点不耐烦了吧。不过这是汉武帝，又不能以常理度之。庄助也以公道心相对，他说：让汲黯做官吧，他并不比别人优秀多少；不过，要是让他辅佐少主，"守城深坚，招之不来，麾之不去，虽自谓贲、育亦不能夺之矣"[1]。

"贲"就是孟贲，育是夏育，都是当时人熟知的战国勇士。庄助将汲黯比作勇士，是辅佐少主、守御城池的合适人选，倒也和战国侠客的风貌近似。可是，汲黯自己将自己视作天子大臣，是要辅佐人主、拾遗补缺的。他自己的心理定位，和庄助与皇帝对他的认知，似乎有点差距。汉武帝肯定庄助的话说：古代有社稷之臣，

---

① 《史记》卷一二〇《汲郑列传》，第3107页。

至于汲黯，近似他们了。社稷之臣，就是在社稷将倾时，力挽狂澜的人。这样的人，往往是以自己的牺牲换来王朝的稳定。他们或者死谏，或者死守，或者死敌，总之是一次性的消耗品。侠客等于死士，前面讲的侠客都是这样度过自己人生的。然而，在王朝进入稳定期的时候，并非不需要社稷之臣，而更多地需要能够任职居官、维持王朝运转的官员，也就是文法吏。如何能完成从社稷之臣向文法吏的身份转化，甚至在操持文法的同时，心存社稷，这是具有侠客精神的人需要反思之处。

当时淮南王刘安意图谋反，但是他忌惮汲黯。他评价汲黯和当时的丞相公孙弘说：

> （汲黯）好直谏，守节死义，难惑以非。至如说丞相弘，如发蒙振落耳。[1]

来自敌人的评价往往是公正的。淮南王刘安眼中的汲黯和庄助的评价一致：汲黯是一个无法诱惑的人。因为有所坚持，故而无法诱惑，也因为有所坚持，故而无法改变。公孙弘虽然贵为丞相，却表现得没什么原则性。

没有原则性的人，却在汉武帝时代有很大成就。这就不得不让人反思，原则应该以什么形式来坚持。坚持原则是好的，把握时机也是好的。倘若因为把握时机而否定坚持原则，因为坚持原则而否定把握时机，这两种态度恐怕都是不好的。固执一道、一以贯之的

---

[1] 《史记》卷一二〇《汲郑列传》，第3109页。

人生态度，与其说是坚守，莫不如说是死板。公孙弘做官从政很有意思：

> 弘为人恢奇多闻，常称以为人主病不广大，人臣病不俭节。弘为布被，食不重肉。后母死，服丧三年。每朝会议，开陈其端，令人主自择，不肯面折庭争。于是天子察其行敦厚，辩论有余，习文法吏事，而又缘饰以儒术，上大说之。[①]

前面交代过，公孙弘是齐地儒生，但是他通文法吏事，并不拘泥于儒学之道，还能用儒学来包装自己的政治行为，给皇帝独尊儒术以很大信心。这个做法是将刑名法术之学和儒学合并的可取之道。汉朝建立以后，一直纠结于如何化解秦政造成的行政与社会之间的巨大矛盾，也诱惑于文法巨大的行政效力而无法放弃。汉初的办法是用黄老，可黄老对政府的限制太多。汉武帝想突破限制，又要避免激化社会和政权之间的矛盾。怎么做？他将目光投向儒学，却没有找到合适的办法。

公孙弘出现了，解决了汉武帝心中的大困惑。从此，儒学和文法结合，走上了一条康庄大道。

汲黯对公孙弘这套特别不满意。他觉得这是一种公开的两面派。汲黯对皇帝说："齐人多诈而无情实。"这是司马迁在《史记》全书中记下的对齐人的唯一一句不友好的话。汲黯可能忘了，齐地就是黄老的发源地，应物变化，究竟是"诈"还是"道"，汲

---

① 《史记》卷一一二《平津侯主父列传》，第2950页。

黯自己得多琢磨琢磨了。

与汲黯在《史记》中合传的是郑当时。郑当时又叫郑庄，他的父亲郑君曾经担任过项羽的将领。项羽失败以后，郑君也不出山为刘邦效力。看得出，这是一户坚守战国士人做派的人家。

郑庄就是一个喜好任侠和黄老之言的人。孝景帝时，他是太子舍人，虽然年少官薄，却和祖父一辈的人交往友善。汉武帝即位，重用了他，历任鲁中尉、济南太守、江都相等职，直到位列九卿的右内史。后来被贬官，几经迁转，为人处世的风格却没什么变化：

> 庄为太史，诫门下："客至，无贵贱无留门者。"执宾主之礼，以其贵下人。庄廉，又不治其产业，仰奉赐以给诸公。然其馈遗人，不过算器食。每朝，候上之闲，说未尝不言天下之长者。其推毂士及官属丞史，诚有味其言之也，常引以为贤于己。未尝名吏，与官属言，若恐伤之。闻人之善言，进之上，唯恐后。山东士诸公以此翕然称郑庄。①

后来汉武帝派他去视察黄河水利，郑庄说，请给我五天时间准备下行李。皇帝说：我听说"郑庄行，千里不赍粮"，收拾行李干什么？郑庄朋友遍天下的大名，连皇帝都有所耳闻。

汲黯和郑当时都赶上了汉武帝征匈奴的大事。不过他们两个对此事都没有特别多的支持。换言之，汲、郑的思路没有跟上汉武帝的思路，因而也就很难在仕途上有所作为了。

---

① 《史记》卷一二〇《汲郑列传》，第3112页。

虽然他们个人的能力和作为都有相当过人之处，但是他们无法和在武帝朝崛起的新的人物比较。人要顺应历史发展的潮流。对自己所长不固执一道，而是能顺应潮流做出相应的改变。反之，就会被历史淘汰。司马迁给汲黯和郑当时的评价是这样的：

> 夫以汲、郑之贤，有势则宾客十倍，无势则否，况众人乎！下邽翟公有言，始翟公为廷尉，宾客阗门；及废，门外可设雀罗。翟公复为廷尉，宾客欲往，翟公乃大署其门曰："一死一生，乃知交情。一贫一富，乃知交态。一贵一贱，交情乃见。"汲、郑亦云，悲夫！①

司马迁看惯了人生的起起落落，分分合合，所以说话别有一番苍凉。然而只是从汲、郑两个人的发展而言，他们仕途的起落，与其说是一种人生际遇的浮沉，不如说是个体与时代的抗争。他们感知到了时代的脉动，却因为顽强的坚持而自发与之保持疏离。这个行为，是有意义的，还是没有意义的？

真诚地说，韩安国、汲黯和郑当时等人并不是做得不够好，事实上他们做得非常之好。只不过，人如果不能从既往的经历中收获教训，特别是不能从历史中反复总结，就无法走向未来。他们的问题，就在于固守自己擅长的思维方式，而忽视了悄然发生的历史变化。这样的人生，固然悲壮且精彩，却也令人感叹。

---

① 《史记》卷一二〇《汲郑列传》，第3113—3114页。

汉武时代的大侠变了味

汉武帝以后，因为政治风气的巨大变动，游侠一类的人物越来越和高层政治疏离。战国时曾经左右天下局面的游士和侠客，现在只能退回地方乡里，在基层社会中扮演要害角色。这种情况的出现并不奇怪，而是早有端倪。战国时期的诸侯国国土面积和人口数量都不大，君主和庶人之间的沟通也相对容易。异乡游士或本土侠客想要出名或跻身朝堂，虽有难度，却并非不可实现。当汉朝真正完成天下一统，也就是汉武帝之后，郡国并行制已经名存实亡，人才流动的范围和人才的数量，都是战国乃至汉初不能比拟的。

楚汉之际，刘邦每天要接见很多毛遂自荐的人，他顾不上来，一次接见七个人。试想，天下纷争之际，行路有多艰难；抵达刘邦军营还能通上名姓，有多艰难；与刘邦相识，又被他认可，委以官职，又有多艰难。刘邦时代，做这些事尚且如此艰难，更何况汉武帝时，涌入长安的人才数量远多于刘邦时代，汉武帝时的官僚制度又远较高祖时发达，得见人君难于上青天。在这样的时代，一个人能够被皇帝赏识且重用的机会又有多少呢！

进一步讲，汉武帝时代，很多侠客都只有地方的影响，没有全国性的影响。比如《史记·游侠列传》记载的汉景帝时济南瞷氏、陈国的周庸，其后还有代郡白氏、梁国韩无辟、阳翟薛兄、陕地的韩孺等等，这些人都是在居住地出名，而后名声传播至长安的。在一郡之内或者一国之内出名，其情况与战国时在一个诸侯国内出名近似。从这个角度说，汉武帝以后，侠客依然存在，他们的数量和战国乃至汉初没有太大区别。只不过一方面，汉朝此时已经实际上完成一统，对于一郡乃至一诸侯国内的侠客活动，除非严重干扰统治，否则朝廷并不过问。这些工作，通通由刺史或郡守负责。另一方面，后人审视汉代历史时会注意到，汉初侠客们还很活跃，汉武帝以后就没那么活跃了。这并不是侠的数量减少了。问题的关键在于，汉初的情况更接近战国，汉武帝以后是一统的王朝。这样说来，侠客施展拳脚的历史舞台变得更大，他们自己光芒辐射的范围就相对变小了。

人还是那些人，只是因为他所处的平台发生改变，于是就不像之前那样显得引人瞩目了。

汉武帝时最有名的大侠是郭解。他是大相士许负的外孙。前面提到，许负给周亚夫看过相，预言都很准确。郭解的父亲就任侠，游离在法律之外，被官府抓住处死了。郭解这人有两下子，《史记·游侠列传》说他：

> 为人短小精悍，不饮酒。少时阴贼，慨不快意，身所杀甚众。以躯借交报仇，藏命作奸剽攻，休乃铸钱掘冢，固不可胜数。适有天幸，窘急常得脱，若遇赦。及解年长，更折节为俭，以德报怨，厚施而薄望。然其自喜为侠益甚。既已振人之命，不矜其功，其阴贼著于心，卒发于睚眦如故云。①

郭解的为人，概括起来就四个字：心狠手辣。年轻时极度自

---

① 《史记》卷一二四《游侠列传》，第3185页。

律，不饮酒，敢杀人，行事果决，从不含糊。年纪大了点，看起来更文明了一点，儒雅了一点，不过背地里还是奉行睚眦必报那一套价值观。他越是狠辣，追随者就越多。他越看起来无害，别人就越信服他。人虽然穿上了黼黻文章，用礼乐揖让规范行为，口出圣贤之言，不入鲍鱼之肆，内心潜藏着的底色，却还都是大自然优胜劣汰的逻辑。

郭解势力极大，大到他不能控制。如果他有不喜欢的人，那人自然会被人杀掉，郭解可能动了杀心，可能没有。但是他周围的人为了让他顺心，就会替他除掉冒犯他的人。因为这个原因，他在乡里很有威信，官府里也都是朋友。他的名声远播全国，甚至洛阳有人结仇难解，最后请郭解来说和才化解。

> 解执恭敬，不敢乘车入其县廷。之旁郡国，为人请求事，事可出，出之；不可者，各厌其意，然后乃敢尝酒食。诸公以故严重之，争为用。邑中少年及旁近县贤豪，夜半过门常十余车，请得解客舍养之。[1]

越是这样，郭解反而越显得恭谨了。不过要注意，富贵从来相通。郭解在乡里如此有威势，他的钱从哪里来呢？他如何豢养宾客呢？可知，郭解一定极有产业。积累财富最迅速的办法，一定不是农业，而是工商业。司马迁说："用贫求富，农不如工，工不如商，

---

[1]　《史记》卷一二四《游侠列传》，第3187页。

刺绣文不如倚市门。"①按照这个至理名言，郭解必定有着庞大而
秘密的产业经营。而人们都知道，当财富积累到相当程度时，财富
自己就有着巨大的繁衍力量。郭解可以不再做挖坟掘墓和动手杀人
的勾当，也可以理解为自然有人替他做就是了。郭解这样的侠客，
和战国时期的侠客有一点不同。那就是他兼具侠客与豪强的双重身
份。先侠客而后豪强，故而有了政治和社会上的势力。

　　汉朝对付地方侠客豪强的办法非常简单，一个是用酷吏在当
地杀掉；另一个就是将他们迁徙到长安地区，在中央的权力下管理
起来。这两个办法都很直接。对于郭解这种看起来没有什么污点的
人，只能适用第二个办法。郭解要被迁徙到长安了，大将军卫青向
皇帝求情，说郭解家贫，不应该迁徙。汉武帝是何等见识，他马上
回应，郭解能让将军替他求情，他家不贫。

　　郭解到了长安，就得适应关中的政治气候。天子近畿，很小的
事都会上升到很高的高度。郭解到了关中，很快找到了和自己气味
相投的人，在当地又建立起了自己的圈子。还是老样子，有人替他
报仇，杀了人。过去在地方，和官府招呼一声，也就罢了。这次不
同往日。郭解指使人行凶，惊动了朝堂。当时还是御史大夫的公孙
弘说："解布衣为任侠行权，以睚眦杀人，解虽弗知，此罪甚于解
杀之。当大逆无道。"②这话说得不差，普通人稍不如意，就能有人
替他杀人，长此以往，政权的权威何在？汉朝对侠客的残酷镇压，
本质就是要扫除豪强在地下社会中扮演仲裁者角色的能力，将所有

① 　《史记》卷一二九《货殖列传》，第3274页。
② 　《史记》卷一二四《游侠列传》，第3188页。

的社会信任收归国有。

当然了，王朝的政策在具体执行过程中，就会存在千差万别的折扣，毕竟豪强和地方政权存在着千丝万缕的联系，豪强一定程度上也是地方政权千挑万选筛出来的。他们双方达成了共识，缔结了共谋。基层政权未必不会打击豪强，不过他们可能更多地借助一批豪强打击另一批豪强。举几个简单的例子。

汉武帝时有王温舒，年少时也是杀人掘冢之辈，后来进入捕盗序列，步步升迁，一直到担任广平都尉。他选了郡中十几个敢杀伐的小吏作爪牙，让他们出去罗织罪名，搜捕罪犯，"快其意所欲得"，干了很多坏事，也制造了不少冤假错案。这批爪牙自然也留了很多把柄在王温舒手里。王温舒纵容他们，从不处罚，不过要是他们有事得罪了王温舒，王温舒转身就将他们除掉，易如反掌。后来王温舒做了中尉，负责京师地面治安，他又把这一套发扬光大：

> 督盗贼，素习关中俗，知豪恶吏，豪恶吏尽复为用，为方略。吏苛察，盗贼恶少年投缿购告言奸，置伯格长以牧司奸盗贼。温舒为人谄，善事有势者；即无势者，视之如奴。有势家，虽有奸如山，弗犯；无势者，贵戚必侵辱。舞文巧诋下户之猾，以焄大豪。其治中尉如此。奸猾穷治，大抵尽靡烂狱中，行论无出者。其爪牙吏虎而冠。于是中尉部中中猾以下皆伏，有势者为游声誉，称治。治数岁，其吏多以权富。[1]

---

[1] 《史记》卷一二二《酷吏列传》，第3253页。

这一套办法可谓是驱虎吞狼，培养一批豪强打击另一批豪强而已。

还有些地方官，有朝一日做不成官了，转身就能成为豪强。比如宁成，本来是内史，汉武帝时犯法，遭受髡钳之刑。受过刑的人就不能做官了。宁成心思活动，不做官就不做官，他给自己伪造了身份证明，出函谷关回山东老家，他的主张是"仕不至二千石，贾不至千万，安可比人乎"！有这种心劲儿的人，干什么都能成。他回家借钱买地千顷，雇人耕种，役使数千家，致产数千金。宁成摇身一变，又成了大侠，反过来还能"持吏短长"，在地方上比郡守还有影响力。如此看来，豪强与地方官本就是一而二、二而一的共同体。

讲到这里，还得再将汉代商人的情况交代一下，借以说明他们与豪强之间的联系。

司马迁独具只眼，在《史记》中设立《货殖列传》，用以交代战国秦汉的主要经济区以及立足于此上的商人活动。什么是国家大治的终极状态？《老子》说那便是："至治之极，邻国相望，鸡狗之声相闻，民各甘其食，美其服，安其俗，乐其业，至老死不相往来。"司马迁觉得这个标准太高了，难以理解，于是他提出了自己的意见：

> 夫神农以前，吾不知已。至若《诗》《书》所述虞夏以来，耳目欲极声色之好，口欲穷刍豢之味，身安逸乐，而心夸矜势能之荣。使俗之渐民久矣，虽户说以眇论，终不能化。故

善者因之，其次利道之，其次教诲之，其次整齐之，最下者与之争。①

司马迁是实用主义者，他认为治理得好的国家，应该是老百姓的物质欲望和精神追求同时得到满足的国家。这样的国家不是被管理出来的，而是通过因循、引导、教诲、整齐实现的，最差的办法就是管理。

司马迁的意见非常特立独行，和商鞅变法以来国家统治重视限制民众不同，他提倡利用经济活动引导民众。对于经济活动的不同态度，是区分法家和黄老的一条标志。黄老根源于齐地，当地通鱼盐之利，经济生活异常发达。人们热衷于商业活动，不鄙视商人。法家虽然和黄老有某些共通之处，但是更多强调国家的管控，对商人的态度非常严苛，将之视作社会蛀虫之一，是变乱分子，人君一定要予以警惕的。

作为黄老信徒的司马迁，将他的理论放在经济活动中来说明人们因循天时，自发趋利，努力生产，全心致富的过程。看吧："故待农而食之，虞而出之，工而成之，商而通之。此宁有政教发征期会哉？人各任其能，竭其力，以得所欲。故物贱之征贵，贵之征贱，各劝其业，乐其事，若水之趋下，日夜无休时，不召而自来，不求而民出之。岂非道之所符，而自然之验邪？"②所谓治理，就是将民众顺应天时而自发行之的生产活动，给予保护与认可。王朝必

---

① 《史记》卷一二九《货殖列传》，第3253页。
② 同上书，第3254页。

须认识到财富的重要意义，那可是让普通人惊心动魄，提心吊胆，小心翼翼又全心全意的魔法。整个社会都围绕着财富组成并运动着，金钱的规律就是人性的规律，财富的秘密就是国家的秘密：

> 故曰："仓廪实而知礼节，衣食足而知荣辱。"礼生于有而废于无。故君子富，好行其德；小人富，以适其力。渊深而鱼生之，山深而兽往之，人富而仁义附焉。富者得势益彰，失势则客无所之，以而不乐。夷狄益甚。谚曰："千金之子，不死于市。"此非空言也。故曰："天下熙熙，皆为利来；天下壤壤，皆为利往。"夫千乘之王，万家之侯，百室之君，尚犹患贫，而况匹夫编户之民乎！[1]

不要不服气，有钱人才有资格讲礼仪，穷人只能谋生存。君子有钱便能践行自己的价值观，小人有钱呢，也能谋得好的生活。人有钱了，自然就学会仁义了。司马迁反复提到"势"，无论是前面讲汲黯、郑庄，还是后面讲酷吏王温舒，"势"就是凝聚人、团结人的那种力量。这力量从何而来？官员自然以官身为势，普通人呢，则以钱财为势。即使贵为王侯，也担心没钱，何况普通人了。故而"天下熙熙，皆为利来；天下壤壤，皆为利往"，实在是人性所致。

如果不相信财富对于政治和学术的力量，那就看下面的例子。越王勾践，用计然之策，生发财富，国人繁殖，得以破吴报仇。范

---

[1] 《史记》卷一二九《货殖列传》，第3255—3256页。

蠡用计然之策，泛舟江湖，殖产兴业，成为巨富陶朱公。孔子的弟子子贡，善于在曹、鲁之间经商，他"结驷连骑，束帛之币以聘享诸侯"。孔子的大名得以传播，与子贡关系巨大。再看孔子另一个弟子原宪，他真诚地践行夫子之道，食无求饱，居无求安，匿于穷巷，不厌糟糠，的确称得上儒家信徒的表率。不过，孔子如果天天和这样的学生混在一起，恐怕早晚饿死。

财富是政治和学术的生命滋养，鄙视和回避财富的人，试图通过这种方式标明自己某些意见的人，并没有站在黄老的历史眼光下思考历史的关节。

魏文侯任用李悝变法时，魏国有个白圭，通过黄老变化的视角观察物资的盛衰，能做到人弃我取，人取我与，故而往往获得稀缺物资。他观察的对象是星象，恐怕也包括国家政治动向。白圭不是凡人，他自己吃很粗糙的饮食，没有过多的爱好，穿着朴素，和自己的奴仆一道生活，可是他追逐时机的迅猛，如同猛兽鸷禽一般毫不犹豫。他自己总结自己的成功：

> 吾治生产，犹伊尹、吕尚之谋，孙吴用兵，商鞅行法是也。是故其智不足与权变，勇不足以决断，仁不能以取予，强不能有所守，虽欲学吾术，终不告之矣。[1]

治大国若烹小鲜，治产业则若行兵法。和平年代，商场是最接近战场的地方。故而侠客的气质和思维方式在商场中最为必要。经

---

[1] 《史记》卷一二九《货殖列传》，第3259页。

营活动中，智慧让人能够随机应变，勇气则使人能够当机立断，仁义让人做到有所取舍，刚强则让人能够坚持原则。这些道理和治国治军一模一样，白圭就是财界的宰相，商界的王师。

汉代商人的财富巨量积累，形成了极大威势，他们在地方上就是豪强，豢养宾客。比如宛地的孔氏，他们经营的产业是冶铁。于是"连车骑，游诸侯，因通商贾之利，有游闲公子之赐与名"[1]，孔氏已经有游士的做派了。

齐地民俗，鄙视奴婢，可刀间的人反其道行之。他收留了大量难以控制的刺儿头奴婢，他们聪明决断，擅长追逐鱼盐商贾之利，以至于"连车骑，交守相"[2]。汉朝商人地位卑微，很难和守相交结，现在只是几个豪奴，居然可以与守相抗礼，不能不让人惊叹财富的力量。

更精彩的故事是下面这两个人。一个是宣曲任氏，他曾经在秦朝管理粮仓。秦朝败亡，豪杰们都到仓库里搜罗金玉珠宝，只有他将粮食窖藏储存起来。等到楚汉相争之际，战争造成粮食短缺，连种子都没有了，粮价翔贵，这时候，任氏将所藏的粟米拿出来，积累了第一桶金。

另一个是无盐氏。吴楚七国之乱时，长安列侯封君都要替朝廷效力，置办装备得准备大量的资金。本家钱不足，便向钱庄一类的机构借贷。这样的机构，汉代叫做"子钱家"，意思是以钱生钱，不断增殖。"子钱家"考虑，这些列侯的封邑都在关东，仗打胜还

---

[1] 《史记》卷一二九《货殖列传》，第3278页。

[2] 同上书，第3279页。

罢了，要是失败，他们自己的封邑都没有了，用什么还钱啊。故而"子钱家"纷纷躲闪，没人给列侯们提供借款。这个时候，无盐氏拿出千金给列侯作本金，约定十倍偿还。不到三个月，吴楚七国之乱平定，列侯们凯旋归来，无盐氏的千金变成万金，一下子跃升为关中首屈一指的大商人了。

这些例子说明什么？财富的运动，是伴随着时机的转变而调整方向的。顺应天时，无非获得常规性利益；最大的暴富时机，来自于对国运的判断。换言之，商人对经济规律和政治形势的感知和把控，决定了他们经济地位的高下。而经济地位的高下，又决定了他们政治地位的高下。由富而贵的追求，是人人所欲的。不妨用司马迁的话做一小结：

> 由此观之，贤人深谋于廊庙，论议朝廷，守信死节隐居岩穴之士设为名高者安归乎？归于富厚也。是以廉吏久，久更富，廉贾归富。富者，人之情性，所不学而俱欲者也。故壮士在军，攻城先登，陷阵却敌，斩将搴旗，前蒙矢石，不避汤火之难者，为重赏使也。其在闾巷少年，攻剽椎埋，劫人作奸，掘冢铸币，任侠并兼，借交报仇，篡逐幽隐，不避法禁，走死地如骛者，其实皆为财用耳。今夫赵女郑姬，设形容，揳鸣琴，揄长袂，蹑利屣，目挑心招，出不远千里，不择老少者，奔富厚也。游闲公子，饰冠剑，连车骑，亦为富贵容也。弋射渔猎，犯晨夜，冒霜雪，驰坑谷，不避猛兽之害，为得味也。博戏驰逐，斗鸡走狗，作色相矜，必争胜者，重失负也。医方

诸食技术之人，焦神极能，为重糈也。吏士舞文弄法，刻章伪书，不避刀锯之诛者，没于赂遗也。农工商贾畜长，固求富益货也。此有知尽能索耳，终不余力而让财矣。[①]

富贵使人长久，贫贱灭人志气。商贾与侠客的合流，是汉代以后的特色。战国时代，侠客依附政治权力而获得支持的情况，在汉朝一统的局面下难以为继了。故而只有不断地追逐财富，不断地积蓄财富，才能让侠客们争取到更大的势力。

① 《史记》卷一二九《货殖列传》，第3271页。

第七章

西汉后期至东汉末：交结五都雄

汉武帝时代以后，西汉进入长期稳定的统治状态。在这段时间里，豪强是政府打击的重点对象。不过一个社会中越是被禁止的风气，越对人产生巨大的诱惑。汉朝迁徙大量东方豪强到关中，本意在于加强对他们的控制。殊不知，东方豪强来到关中，也和关中豪强在长期的斗争中合流，成为将关中民风变为争强好斗、一往无前的关键力量。

长安恶少年

班固在《汉书·游侠传》说：

> 自魏其、武安、淮南之后，天子切齿，卫、霍改节。然郡国豪桀处处各有，京师亲戚冠盖相望，亦古今常道，莫足言者。唯成帝时，外家王氏宾客为盛，而楼护为帅。及王莽时，

诸公之间陈遵为雄, 间里之侠原涉为魁。[1]

这段话很清楚地交代了几件事。首先, 汉武帝在统治稳固以后, 加大力度打击豪强力量, 宗室大臣尽量避免招徕宾客, 触怒皇帝。其次, 武帝的好恶只是一时的态度, 在他的管控疏忽的时候, 京师的宗室大臣以及地方郡国的豪强, 都会继续招徕宾客, 豢养游侠。这是人性所致, 古今常道, 绝非政权所能永久控制的。第三, 汉末成帝朝以后, 因为王氏外戚力量的强大, 吸引了众多的游侠团聚在他们周围。由此可以指出的是, 西汉中后期, 游侠活动的区域主要就在关中, 特别是长安地区。

长安当时的情况是"街间各有豪侠"[2], 其中住在城西柳市的萬章脱颖而出, 号称"城西萬子夏"。他担任了京兆尹门下督的官职, 还曾经陪同京兆尹入宫。宫殿中的侍中、诸侯、贵人都向萬章行礼致敬, 反而没人理会京兆尹。京兆尹是长安地方长官, 中二千石的高官, 威势居然比不上自己的门下督。萬章的威势也太过煊赫了。

之所以如此, 一个重要原因在于萬章与汉元帝时最核心的权臣中书令石显有私交。汉初实行的是丞相总揽全国行政的制度。当然, 因为当时汉朝控制的区域有限, 又将大量权力下放给郡, 所以丞相处理的事务不一定很多, 故而才会出现"萧规曹随"的局面。到了汉武帝以后, 为了因应远征匈奴的需要, 也顺应全国一统的新

① 《汉书》卷九二《游侠传》, 第3699页。
② 同上书, 第3705页。

状况，由丞相处理全部行政事务的设计有些迟钝了。于是汉武帝设置了一批参政官，以大将军为首，下列前后左右各将军，由他们直接和皇帝交流。这个制度的出发点是加强皇帝在决策中的权力，集中、迅速、果决地处理围绕军事战争而需要统筹的民事、财政、工程等等工作。由此丞相在行政中的地位就相对疏远了。人们习惯于将丞相府为首、公卿各自行政的体制，称之为"外朝"；将以大将军府为首、列将军和侍中参政的体制，称之为"内朝"。"内朝"是建议机构，但因为和皇帝关系紧密，获得了决策权。"外朝"是执行机构，处理日常行政事务，维持国家常态化的运行。

人们熟知，汉朝以文书治天下。文书行政是一个大体系，过去这个体系是围绕着丞相府建立的。皇帝的诏命，并非都是由皇帝直接动议发布的，更多地是丞相提出下属机构的建议给皇帝，由皇帝批阅"可"或"不可"。皇帝批阅了"可"的奏疏，便是诏命了。汉武帝设立"内朝"以后，皇帝得到了一个秘书班子，他们可以直接向皇帝动议，草拟诏命。这样一来，丞相府变成了执行"内朝"意志的执行机构，过去它在文书行政中的核心地位被打破了。

汉宣帝、元帝时期，对秘书班子也做了些调整，出现了尚书、中书机构。顾名思义，尚书、中书就是负责管理文书或者居中撰写、传递文书的机构。变动中的制度，不能标出特别准确的时间断限。汉朝后来确定的常设机构和官职是尚书，中书在其中一度存在，后来又逐渐淡出。不过汉元帝重用的中书令石显，是当时权倾朝野的权贵，他的势力大过丞相。萬章和他交好，故而能够借其势而成为豪侠。

汉成帝时，长安有个豪侠楼护。他本是齐人，父亲是医生。楼护随父亲在长安行医，经常出入贵戚家。楼护勤学，记诵医经、本草、方术数十万言，他侍奉的贵戚们都赏识他，建议他做官。武帝朝之后，要做官只有两条路，一条是学法律，为吏；另一条是学经学，做博士弟子。两条路都不错，更高明的就是又懂法律、又通经学，那就是当大官的通衢大道。楼护学了经传，又当京兆吏数年，这是绝顶聪明的做法。

汉成帝有五个舅舅，号称王氏五侯。他们几个人在长安城各自争名，豢养宾客，宾客互不通消息。只有楼护，可能因为他的医术，所以在五侯之间周旋，各得其欢心。此后楼护升任太守，列于九卿。楼护所以声名显赫、仕途通达，本质上并不是因为他是大侠，而是因为他和贵戚结交。不过，贵戚赏识的人也不是凡庸之辈，大侠更多受到瞩目罢了。

楼护之后的陈遵更是传奇人物。他的祖父陈遂，过去是汉宣帝的布衣之交，两个人经常一起赌博。陈遂总赢，还是皇曾孙刘病已的汉宣帝没什么可以偿还的，只能欠着。等他当了皇帝，将陈遂提拔到太原太守的位置上，说：这官尊禄厚，足够还清我欠你的赌债了吧。生长在这样家庭里的陈遵，怎么会是一个安分守己的孩子呢？他从小放纵不拘，交结的都是当时权贵。陈遵很明白，人莫不先敬罗裳后敬人，所以将自己的衣服车马收拾得非常利索。像他这样的人，不能做平流进取的公卿，只能在乱世有所用。

果然，王莽时长安地区有盗贼，陈遵铁腕处理，因功封侯。王莽很喜欢他，任命他做河南太守。陈遵神思敏捷，初到任，叫了十个书吏在面前，一边口授给长安故人的书信，一边处理公事，几百封信一时具办，且"亲疏各有意"。陈遵这个亮相太漂亮了，震惊了河南郡。他后来被免官，自己也不在意。因为是大侠，所以不缺钱，回到长安依旧宾客盈门，继续过痛快的日子。

王莽失败后，陈遵归顺了更始政权。更始帝派他出使匈奴。陈遵在单于面前"陈利害，为言曲直"，单于"大奇之"。此行，可以视作侠客重新找到了战国时候的气度和效用。他们的舞台就是两军阵前，此外作用就不大了。

回过头来说，大量少年人模仿豪强侠客的做派，成了他们的拥趸和爪牙。寻常时节，他们就是闾里的混混，到了乱世，他们摇身一变就成了秩序的破坏者与重建者。举例说，汉末王莽时期，琅琊地区女子吕母组织起义，她的队伍就是由"贫穷少年"数百人所组成的[①]。再到后来，天下大乱，传言更始大军马上打到长安城下，长安城中少年朱弟、张鱼掀起一股势力，攻入未央宫作室门，大喊"反虏王莽，何不出降"，顺风放火，喧哗震天，王莽在这场恐吓中惊慌逃窜。第二天，这支长安城中仓促形成的杂牌军继续在未央宫中追逼王莽，最后是一名叫做杜吴的商人斩杀了王莽。

王莽死于一群无名之辈手中，这是历史特为吊诡之处。不过无名之辈不能说全为乌合之众，毕竟在乱军中能够形成组织和统帅，便证明了他们日常便相识，甚至早就结成了某些团体。少年、商人，这些本不可能在正史中留下一笔的人物，风云际会中成为左右

① 《汉书》卷九九下《王莽传下》，第4150页。

局面的大人物。其根源就在于，他们平素必定接受了任侠风气的熏陶。精神的训练每每通过生活习惯产生效果，习惯的规训又建立起了人们的精神信仰。任侠风气，就是在基层社会的潜移默化里，日常生活中的举手投足间，培养了敢于在动荡年代振臂一呼的力量。

照这个情况，王莽长期镇压豪强侠客，其意义并不大。侠客的凝结，与其说是社会风尚，不如说是人结成群体的本能天性使然。太平年月，人们结成群体，在节庆吊贺中互相帮助。到了乱世，紧密的群体关系又使得人群成为了天然的自保屏障。

王莽之后，长安地区数易其手，先是刘玄的更始政权控制，后又被山东的赤眉政权把持。赤眉政权就是上面提到的吕母政权的余绪，他们辗转多地，掠食为生。到了关中，不能再以群盗的面貌示人，抓阄选了城阳景王也就是朱虚侯刘章的一个后人作皇帝。他们选的这个皇帝刘盆子是个小孩子，放牛娃出身，史书上把他描绘得胆怯懦弱，所以赤眉将领也没人把他当回事。刚刚打下长安，诸将日日庆贺，发生了如此荒唐的一幕：

> 盆子居长乐宫，诸将日会论功，争言欢呼，拔剑击柱，不能相一。三辅郡县营长遣使贡献，兵士辄剽夺之。又数虏暴吏民，百姓保壁，由是皆复固守。至腊日，崇等乃设乐大会，盆子坐正殿，中黄门持兵在后，公卿皆列坐殿上。酒未行，其中一人出刀笔书谒欲贺，其余不知书者起请之，各各屯聚，更相背向。大司农杨音按剑骂曰："诸卿皆老佣也！今日设君臣之礼，反更殽乱，儿戏尚不如此，皆可格杀！"更相辩斗，而兵

众遂各逾宫斩关，入掠酒肉，互相杀伤。卫尉诸葛稺闻之，勒兵入，格杀百余人，乃定。盆子惶恐，日夜啼泣，独与中黄门共卧起，唯得上观阁而不闻外事。[1]

赤眉军不改群盗本色，宫省之中肆意打斗，堪称刘邦建汉以来所仅见的场面。不过值得注意的是"三辅郡县营长遣使贡献"和"百姓保壁，由是皆复固守"，这样的记载表明，面对政权数经更迭，物资极度匮乏，人口随时流散的局面，人群必须团聚起来才有活路。三辅地区大量出现的"营"和"壁"，就是基层社会力求生存的组织模式和空间设施。

当时，三辅地区有名的营长是一个叫第五伦的人。史书记载他：

> 伦少介然有义行。王莽末，盗贼起，宗族闾里争往附之。伦乃依险固筑营壁，有贼，辄奋厉其众，引强持满以拒之，铜马、赤眉之属前后数十辈，皆不能下。伦始以营长诣郡尹鲜于褒，褒见而异之，署为吏。后褒坐事左转高唐令，临去，握伦臂诀曰："恨相知晚。"[2]

第五伦"介然有义行"，很明显是侠客之辈，平时有威信，有说服力。营壁中的人是宗族闾里，也就是血亲和邻居。基层社会人

---

① 《后汉书》卷一一《刘玄刘盆子列传》，第481—482页。
② 《后汉书》卷四一《第五钟离宋寒列传》，第1395页。

际关系基本围绕这两个方面展开，这又表明，第五伦不是像郭解一样名闻天下的大侠，而只是在很小范围内有着影响力的小侠。然而小侠不能小觑。大侠名望大，乱世之中能迅速成为王侯，但是危险也大。小侠虽名不显，却在最基层得到了锻炼，他的收获是在技术层面。果然，第五伦武艺出众，更为关键的是，他掌握了人心的关键。如何能让仓促间结合在一起的人形成合力，这是组织学上的大问题。第五伦在这个过程中受到的锻炼，恐怕是千金不换的。

开国皇帝是大侠

两汉之际在血与火考验中成长起来的领袖和将领们，多少都有些任侠的经历。完全可以理解，任侠是脱离既有的生活轨迹，追逐名声与势力的生活方式，既渴望巨大的成功，也承担着难以想象的风险。任侠让一个人学会放弃，学会执着，忍耐孤独，也就此成长。没有经过常人难以想象的蹉跎历练的人，无法获得巨大的生命力和影响力，也缺乏足够的勇气和决断，自然不能在乱世负重致远。

东汉开国皇帝刘秀是南阳田家子，据说他"性勤于稼穑"。反倒是他的哥哥刘伯升"好侠养士"，经常嘲笑刘秀专心种地，就好像刘邦的次兄刘仲一样。按照这个说法，汉朝人对开国皇帝的趣闻轶事都很熟悉，也愿意拿来与自己比较，这是古今中外通行的习俗。不过这段话如果放到后来刘氏兄弟开基立业，先后建立更始和东汉政权的历史中去体味，又能咂摸出几分先知先觉的味道。刘氏兄弟本不是安贫乐道之人，他们渴望建立功勋。

　　还有个例子特别典型。居家乡里时，刘秀和兄长刘伯升、姐夫邓晨一起去宛城，正好碰到了擅长图谶之学的蔡少公，共同宴饮聚会。蔡少公说，图谶上有句话，说刘秀当为天子。有人就问，是现在朝堂上的国师公刘秀吗？南阳田家子刘秀接口说：怎么知道不是我呢？听了这话，满座哈哈大笑。田家子距离皇帝，何啻天渊，谁会将酒桌上的戏言当真呢。不过，刘秀敢说这种话，证明他有一颗不安分的追求变化的心。

　　图谶是西汉末成、哀二帝之际兴起的政治解说。汉朝统治到成、哀二帝时，已经持续了将近两百年。祖宗创业艰难，后人承平日久。艰难时人心凝聚，承平时人心逸乐，本是人之常情。对于王朝来说，长期的稳定会带来统治阶层整体的思想疲敝，丧失早期的创业精神和从头再来的勇气。普通人家生活没有方向，尚且不能长保富裕，更何况统御如此辽阔疆域，号令万千臣民的广大王朝呢？所以有为之君都会积极追求变化。汉文帝努力限制诸侯王，清算刘邦老臣；汉景帝战胜东方诸侯，基本解决王国问题；汉武帝北伐匈奴、南征百越，将国土扩展到极致；汉宣帝平羌乱，战匈奴，威压豪强。汉朝历代君主都很清楚国家的气运在变化，只要谋求改变，就能制造出大量的机会，带来社会的流动和人心的热忱。

　　从信仰层面来说，变化精神是黄老或者法家思想的内核。前面提到，黄老理论说"与时迁移，应物变化"，看准时机，果断参与，就是黄老的基本态度。法家商鞅的话更是掷地有声："治世不一道，便国不法古。"①宋代王安石说："天命不足畏，祖宗不足法，人言不足恤。"②绝对、极端的语言富于冲击力，目的就是要驱散萦绕在人心头畏葸懦弱的阴霾，推动人果敢地往前走。人心莫不思静耽逸，黄老和法家在维持社会稳定和安居乐业之外，对统治阶级提出了要求。他们负有领导的责任，自然不能如匹夫匹妇一般，过小日子。选择时机，决定转折的重任，就落在以皇帝为首的汉朝统治阶层身上。他们有什么样的选择，汉朝就有什么样的变化。

汉元帝极端崇儒。他从小接受的教育就是经学教育，所以对儒家的理念非常认同。可以说，他是汉朝第一个儒生皇帝。回顾汉高祖至汉宣帝的历代皇帝，没有纯粹的儒生，他们更多地接受战国那一套的教育，要说对他们影响最大的精神理念，大概就是战国最流行的黄老和法家。一个人接受什么样的教育，就很容易形成他所学到的知识所构建的那种世界观。践行黄老和法家思想的，不乏游士和侠客。汉初以来的皇帝们，身上更多地展示出一种孤注一掷的勇气和魄力，与他们日常熏习的文化环境有关系。

可是汉元帝从小就是被儒生培养起来的，他缺乏对社会残酷现实的认知，而极度尊崇礼乐制度，梦想着通过制礼作乐为国家带来永久的和平与安宁。这个想法很好，却和社会运动的现实相违背。商鞅说，"民不可与虑始而可与乐成"。司马迁说，人心趋利。承认这个冷冰冰的现实，并因势利导，才是皇帝应该做的事情。甚至孔子都会说，"民可使由之，不可使知之"。汉元帝忘记了这句

---

① 《史记》卷六八《商君列传》，第2229页。
② 《宋史》卷四二《理宗纪二》，第822页。

话，单纯地只看到人可以通过教化而得到改变，忽视了人性的现实。还是太子的汉元帝，曾经劝说自己的父亲汉宣帝，不要大量地使用文法吏，那些人道德水准都不太高，应该多用儒生。这个动议遭到了汉宣帝激烈的批评：

> 汉家自有制度，本以霸王道杂之，奈何纯任德教，用周政乎！且俗儒不达时宜，好是古非今，使人眩于名实，不知所守，何足委任！①

这些话看起来简单，体会起来非常的难。居于太子之尊，尚不能理解，何况一般人呢。儒生的问题非常具体，就是把人想得太好，凡事从道德层面出发展开思考与讨论。文法吏的情况则相反，首先把人想得比较坏，凡事从现实层面出发展开思考和讨论。关于人性是善是恶，中国古代哲学家早就展开长期的争论。西方古典作家们、中世纪神学家和政治家们、文艺复兴及启蒙时代的文学家和哲学家们以及当代的思想家和哲学家们，从不同的人生经验和思考理路出发，对这个问题形成了汗牛充栋的解释。这个问题似乎没有答案，更难以给出完满的解释。不过仅就汉朝当时的历史条件来看，纯粹相信儒生那套话语，是有问题的。甚至从基本的人生经验出发，也能导向这个结论，即仅仅依据一套确定的人生观来面对世界，同样是有问题的。

太子证明了自己政治上的浅薄和单纯。汉宣帝多次动了换太子

---

① 《汉书》卷九《元帝纪》，第277页。

的念头，想要用明察好法的淮阳王作接班人。在汉朝历史上，动过换太子念头的皇帝还有刘邦和武帝。他们的理由一致，就是选择一个对王朝发展最有利的接班人。他们选定的接班人，也都是充满改变一切现状野心的人。不过真正成功的只有汉武帝。刘邦对太子刘盈不满意，觉得他懦弱不堪大任。不过刘盈有个好母亲，吕后果决狠辣，所以有她在，足以维持汉家局面不堕。汉武帝能接受太子刘据软弱的原因在于太子的外家是卫青、霍去病。即便自己不在世，有这两个将军以果断的姿态处理朝政，仍然能够保持朝局向着有利方向发展。无奈霍去病和卫青先后死去，这就使得汉武帝不得不换一个年幼的太子，再选一个强有力的大臣辅佐。

是否换太子，对王朝来说是大事。经验能够提供的帮助是，强势有力的人能够给王朝带来转机和新局，懦弱善良的人往往陪着王朝一同堕落沉没。其中关节就在于，能否接受变化、顺应变化、制造变化，以及，掌控变化。强者不畏变化，甚至主动求变，而弱者只能沉溺在对往事的追忆和浮想中，一天天走向沉沦。所以强者治国，固然会带来很多问题，但同样带来转机。弱者治国，每一天都在消耗过去积累的财富和人心。

汉元帝晚年也想换太子。他的太子"壮好经书，宽博谨慎"，按说是按照儒家理念教育培养出来的好学生。有一次，汉元帝紧急召见太子。从太子居住的桂宫来皇帝居住的未央宫，直接从未央宫北门入宫最便宜。不过这样一来，太子的车驾就会穿过皇帝才能使用的驰道，大不敬。太子太谨慎了，所以沿着驰道绕了一圈，一直绕到长安城最西面的直城门，驰道的起点，这才沿着驰道的另一边走回未央宫北门入宫。绕了一大圈，自然是迟到了。皇帝问：着急让你来，你怎么姗姗来迟？太子解释了缘故，皇帝大悦，很好！由此制定法令，太子可以穿过驰道。这么听话的好孩子，为什么汉元帝要换掉他呢？因为汉元帝喜欢音乐艺术，他发现自己另一个儿子定陶王同样喜欢音乐艺术，和自己是知音。由此才想换掉太子。

这么看，具有黄老和法家理念的皇帝，选择接班人，会从现实主义的角度出发，选一个即便有缺点但强势的人作为接班人。按照儒家理念培养起来的皇帝，在乖孩子中挑选太子，只能选一个有突出才能的人。换句话说，儒家的培养标准，很难形成区分度。如何判断这个好人比另一个好人更好一些呢？比如孔子特别喜欢的颜回，他究竟怎样比孔子的其他弟子更优秀呢？比较善良，永远没有唯一的标准。但是现实主义就非常简单了，只比较成功。皇帝，只需要成功。

汉元帝的幼稚太明显了。他的王朝自此没有变化，朝堂上争论的都是如何按照儒家经典规定设立宗庙祭祀祖宗，以及如何赈济自然灾害造成的灾民。汉朝君臣没有一天思考过，将广大的社会力量动员起来的可能和方向。怎么形容这种状况呢？汉朝就像一艘没有航向的巨轮，从此在漆黑的海面上航行，任由命运的洋流将它带向不知道的远方。

这是国家的巨大悲哀。

儒生们已经成了帝王师。他们和游士不一样，不会教育国君征战驭民，他们只教育国君谦虚好礼。儒家经典一共只有那几本，再怎么琢磨，大道理也说得差不多了。清楚的事自然人人清楚，不清楚的事谁也说不清楚。制礼作乐的极限就是恢复周礼，恢复周礼之后又待如何，天下自然太平吗？恐怕未必。为了当好帝王师，儒生们只能发明新花样，他们将经学和神学结合起来，用神学论证、附会经学，用神学化的经学预言历史的去向。这样一来，到了汉成帝时，谶纬就成了一种有影响力的社会思潮。谶纬本来是用经学语言神化汉代历史——特别是对刘邦创业成功必然性的一个神学解释。但是用得多了，人们意识到，可以由此推测汉朝的未来啊。就这样，皇帝和儒生们乐此不疲地进入图谶的世界，沉醉在自己编造出来的谎言之中，预想着未来的路径。

图谶说，王朝为什么会衰落呢？因为王朝从上天那里得到的天命逐渐衰弱了。汉朝现在的社会问题，都是天命衰弱的结果，一句话，汉朝需要再受命。怎么再受命呢？汉朝是通过战争建立起来的，总不好再打一场仗吧。办法也简单，找个特别纯良、品质极其端正的人，让他做几天代理皇帝，这不就是他得到一次天命了吗？然后再请他禅位给汉朝皇帝，天命不就又授予汉朝了吗？想出这个办法的人真是个顶呱呱的天才。

皇帝可以代理吗？再纯良端正的儒生，只要做过一天皇帝，都会变成一个冷酷的现实主义者。汉朝选择的帮助他们再受命的儒生是王莽，后面的历史大家都很清楚了。

新莽后期，自然灾害频仍，寇盗蜂起。一句话，人挨饿就会造反。地皇三年（22年），南阳饥荒，刘秀家的宾客们也参与了很多不法行为。今天想来，应该和刘邦当年差不多，流落江湖，做些小打小闹的打家劫舍的买卖。刘秀也厕身其中。看到了吧，他并非如看起来那样只是一个普通的田家子。刘秀躲到南阳郡下辖的新野县。这时候，宛城有个懂图谶的人叫李通，他告诉刘秀，图谶上有话："刘氏复起，李氏为辅。"①这种话形同反叛，因为无法判断李通的目的，刘秀开始没接茬。不过他经过一段时间考虑，自己的哥哥刘伯升一贯结交一些爱闹事的人，早晚会趁着这个机会举大事。现在王莽败亡之兆已现，天下将乱，先发制人，后发制于人。于是刘秀与李通定谋，大量采购兵弩。在这一年十月，刘秀和李通、李通的从弟李轶等人起兵造反，这一年他二十八岁。

　　从此刘秀的人生轨迹就和农家子不一样了。当一个人心存改变并迈出第一步时，当他切断所有退路时，他的人生就不一样了。

　　东汉建立以后，有一天刘秀的姐姐湖阳公主被洛阳令董宣在街上堵住了。原因是湖阳公主的一个奴仆曾白日杀人，现在就随从在公主身旁。洛阳令要抓人，公主要保人。洛阳令也不含糊，把公主藏在车上的奴仆抓下来当场格杀。公主回宫告状，刘秀大怒，要把董宣抓来当场打死。董宣更不含糊了，告诉刘秀：您过去造反，为的就是建立一个和王莽时不一样的清平世界。现在您姐姐家奴白天杀人，您不管，这是您想要的清平吗？不用您杀，我自己死。说完，董宣就要触柱而死，当场流血满面。刘秀对董宣太满意了。不过还是得给姐姐点面子，让董宣给公主叩头道歉了事。董宣坚决不叩头，即便有人摁着他的头他也两手撑地不低头。刘秀和姐姐说，要不算了。

---

① 《后汉书》卷一上《光武帝纪上》，第2页。

湖阳公主说：你是白衣的时候，"藏亡匿死，吏不敢至门"，现在贵为天子，连个洛阳令都管不好？刘秀笑笑，说天子不与白衣同。这一年，董宣已经六十九岁了，还这么不要命。刘秀称他为强项令，赏赐三十万钱。董宣回到官署，将赏赐全都散给吏员。想一想，这样亮过一次相的董宣，会得到多大声望！从此洛阳贵戚束手，豪强敛气，共同称他为"卧虎"，还编出顺口溜说"枹鼓不鸣董少平"。董宣和曾经的刘秀一样，都是乡里社会中说一不二的人物。正因为他们敢作敢为，才有了后来的功成名就。原来，大丈夫之业就是在一次又一次挑战权威的过程中积累起来的。

再看看刘秀的对手们吧。前面提到，隗嚣和公孙述，是刘秀统一战争后期最主要的两个对手。他们两个人就是最纯粹的儒生。

隗嚣是天水人，素来喜欢读书，还曾跟随王莽的国师公刘歆学习过。隗嚣的叔父隗崔，素来豪侠，有威望。王莽末年，隗崔要提前起事，隗嚣劝阻他："夫兵，凶事也。宗族何辜！"[1]后来等叔父起事成功，需要推举一个有文化的人出来作头面人物时，众人才将隗嚣选为首领。注意到没有，隗嚣缺乏在乱世中把握局势的能力。刘秀已经预判天下将乱，先发制人，而隗嚣则犹豫不决，只是当大局已定且好处到来时才敢于尝试。隗嚣重视的是名誉、德运等虚名，是西汉后期经学教育培养出的好学生，却不是一个好的统帅。等隗嚣的势力发展壮大以后，他也没有谋求东征天下，反而始终逡巡在陇西地区，幻想着关东自灭，然后去摘取胜利果实。固执某种

---

[1] 《后汉书》卷一三《隗嚣公孙述列传》，第513页。

理念，或者完全依赖某种理念处理事务，而不是从实际出发，在不断总结经验的基础上处理事务，往往会遭致失败。等待预兆的出现，而不是观察变化的轨迹、预判变化的方向，进而参与或推动变化，这样坐失良机，同样会遭致失败。前一种失败是教条主义的失败，后一种失败是保守主义的失败。教条和保守，往往在很多受过很好教育的人身上体现出来。束缚他们的是自己的观念。观念导致胆怯，胆怯引发失败。

公孙述比隗嚣更强点，他由郡吏起家，杀伐征战，割据蜀中。不过他的问题同样明显，就是在割据蜀中之后，满足于自守为王，从不琢磨东进。当时有个叫荆邯的人劝说他吞并隗嚣，进而出关中，定天下。话说得很有道理，特别是其中这句"前死而成功，逾于却就于灭亡也"非常有价值①。前面已经提到，胜利只属于想要胜利的人，不属于担心失败的人。公孙述不出所料地犹豫了，他无法接受一种变动的、充满未知的生活状态，一种主动出击的人生态度。史书上是这么评价他的：

> 述性苛细，察于小事。敢诛杀而不见大体，好改易郡县官名。然少为郎，习汉家制度，出入法驾，銮旗旄骑，陈置陛戟，然后辇出房闼。又立其两子为王，食犍为、广汉各数县。群臣多谏，以为成败未可知，戎士暴露，而遽王皇子，示无大志，伤战士心。述不听。唯公孙氏得任事，由此大臣皆怨。②

① 《后汉书》卷一三《隗嚣公孙述列传》，第539—540页。
② 同上书，第541页。

事实非常清楚了，公孙述和隗嚣既充满野心，又不敢表露自己的野心；既渴望成功，又拒斥成功路上需要付出的舍弃与失败。他们用儒家的教诲为自己的犹豫和懦弱背书。殊不知，儒家所谓"无欲速，无见小利。欲速则不达，见小利则大事不成"，从未明确地说明，什么是"达"和"大事"。而且更清楚的是，儒家的价值观导向的是一种哲理性的精神生活，适用于承平年代，用于战争年代则不行。就此看来，隗嚣和公孙述，战胜不了侠客出身的刘秀，有一些价值观上的根本因素在其中发挥作用。

侠义之歌的最后吟唱

刘秀当了皇帝之后，深刻地明白"天子不与白衣同"的道理，所以治国任用儒生职吏，侠客自然退场。任何王朝都是依凭富于任侠精神的人建立的，而当它建立之后，任侠精神就成了王朝的死敌。建邦立国的逻辑是在变化中寻求生机，而维持统治的逻辑则是保证稳定有序。虽然，在稳定秩序中依然认清变化的人才能获得资源和机会，不过王朝并不会容许太多人掌握这个秘密。故而侠客越来越少，或者受到压制，是历史的常态。

东汉是一个儒风大盛的时代。因此整个社会呈现出来的观感是停滞的。特别是到了东汉末期，社会上盛行的"乡论"，也就是清议，更将儒家价值观作为整个社会的价值观推而广之，由此建立起一种人才自我认知的机制。

《后汉书·党锢列传》是这样记载当时士人互相品评的状

态的：

> 自是正直废放，邪枉炽结，海内希风之流，遂共相摽榜，
> 指天下名士，为之称号。上曰"三君"，次曰"八俊"，次曰
> "八顾"，次曰"八及"，次曰"八厨"，犹古之"八元"、
> "八凯"也。窦武、刘淑、陈蕃为"三君"。君者，言一世之
> 所宗也。李膺、荀翌、杜密、王畅、刘祐、魏朗、赵典、朱寓
> 为"八俊"。俊者，言人之英也。郭林宗、宗慈、巴肃、夏
> 馥、范滂、尹勋、蔡衍、羊陟为"八顾"。顾者，言能以德行
> 引人者也。张俭、岑晊、刘表、陈翔、孔昱、苑康、檀敷、翟
> 超为"八及"。及者，言其能导人追宗者也。度尚、张邈、王
> 考、刘儒、胡母班、秦周、蕃向、王章为"八厨"。厨者，言
> 能以财救人者也。①

众所周知，考核人才、铨选官吏的权力从秦统一以后就归属中
央政府所有。一个人可用不可用，当废不当废，都是政权甚至是皇
帝的专属决定，不仅官吏不可染指，即便是宗室、外戚也并无资格
过问。但是，东汉末年的政治太过腐败，使得士人对王朝选人的能
力深表怀疑。故而，他们自发形成民间的品评人才机制，也就是通
过乡论清议来给人才以评价，进而暗示他们在朝廷中的合适位置。
"乡论"的"乡"，就是民间的意思。这种情况的出现，很明显与
侠有着共通之处。那就是在现行政治体制之外，另设一套政治或者

---

① 　《后汉书》卷六七《党锢列传》，第2187页。

评价体制，用于超越、替代现行体制。此举当然引发政权的深刻忌惮。

　　范晔形容东汉末年汉桓帝、汉灵帝时的政治情况是"主荒政缪，国命委于阉寺，士子羞与为伍"①。这个描述是中肯的，得到了当时人的认可。后来人们熟知的诸葛亮《出师表》就提到："亲贤臣，远小人，此先汉所以兴隆也；亲小人，远贤臣，此后汉所以倾颓也。先帝在时，每与臣论此事，未尝不叹息痛恨于桓、灵也。"②刘备、诸葛亮都是历史的亲历者，他们的评价与后来记述历史的范晔惊人地一致，证明东汉桓帝、灵帝统治时期，政治确实腐败到了相当的程度，让人丧失了希望。

　　东汉末政治上最大的问题是宦官与外戚长期把持朝政，他们的利益有时有冲突，但更多的时候是一致的。先看宦官当政的情况。范晔的《后汉书》设立了《宦者列传》，专门记录阉宦的历史。后人往往以为范晔《后汉书》是最早为宦官设传的史书，这个观点不甚准确。最早为宦官设传的史书应该是东汉的官修史书《东观汉记》。唐代学者刘知幾《史通》中的《古今正史》篇记载汉桓帝时续修《东观汉记》，有学者撰写"顺帝功臣孙程、郭愿及郑众、蔡伦等传"。孙程、郑众、蔡伦都是《后汉书·宦者列传》中的人物。郭愿失载，应该也是宦官者流。

　　汉顺帝最宠幸的宦官是曹腾。曹腾在顺帝朝由小黄门迁中常侍。小黄门是低阶宦官，而中常侍秩比二千石，相当于朝堂上的高

---

① 《后汉书》卷六七《党锢列传》，第2185页。
② 《三国志》卷三五《蜀书·诸葛亮传》，第920页。

级官员，是宦官能担任的最高官职。《续汉书·百官志》载其职责是"掌侍左右，从入内宫，赞导内众事，顾问应对给事"，也就是管理皇帝日常起居的职务。

曹腾在汉宫中服侍三十余年，经历顺、冲、质、桓四位皇帝。据说他为人谨慎，未尝有过，而且能不计前嫌，进达名士，虞放、边韶、延固、张温、张奂、堂谿典等人全都是曹腾举荐的。不过问题也就出在这里。曹腾只不过是内宫中的官员，根本没机会与外官交结，他是如何了解不同人的情况，并向皇帝进言的呢？如果深究起来，其中自有许多不足为外人道也的隐秘。

举荐大臣尚不能让曹腾知足，他还要干预皇帝的选立。

汉顺帝驾崩后，大将军梁冀辅政，先后立冲帝、质帝，二人均不克终。朝中大臣如李固等人的意见是拥立长君，属意年长有德的清河王刘蒜。梁冀正犹疑不定之际，曹腾等中常侍连夜游说梁冀，所谓"将军累世有椒房之亲，秉摄万机，宾客纵横，多有过差。清河王严明，若果立，则将军受祸不久矣。不如立蠡吾侯，富贵可长保也"。拥立一个能够为自己掌控的皇帝远比拥立一个英明的皇帝更符合掌权者的利益。

在他们眼里心中，何尝有社稷百姓，无非是家计私情。汉朝的国政由宦官参与，也很难说有什么光明的未来了。

外戚执政同样是东汉政治中一个不可忽略的因素，也是汉代政治一个非常典型的特色。与后代外戚有限度地介入朝政不同，汉朝外戚可以直接把持朝政。汉武帝设立内外朝制度以后，外戚往往担任大司马大将军这一内朝领袖官职。在东汉，外戚又加上"录尚书事"的职权。他们控制住了批阅奏疏、传达诏令的关键职位，对人事任免、财政调拨、内外征伐等事务都有发言权和决定权。

外戚秉政与他们在王朝权力结构中的位置密不可分。

徐冲从中古史学中《外戚传》设立的角度思考汉代外戚的政治地位，很给人启发。他考察《史记》《汉书》的相关记载，认为外戚更多是太后之父兄辈与皇后之父辈，即当朝皇帝之母族与妻族中居于帝之长辈地位者，亦即与皇帝存在"长幼"关系之人。最重要的外戚是"帝舅"。进而他提出，外戚以大将军辅政、掌握禁兵等，并非仅仅因专权获得利益，更是需要对皇帝承担责任。外戚是王朝权力结构中重要的支持力量①。《史记》《汉书》的《外戚传》都说"自古受命帝王及继体守文之君，非独内德茂也，盖亦有外戚之助焉"。换言之，外戚存在的意义是保傅和守护皇帝。

如此看来，外戚在汉代权力结构中占据了一个很关键的位置，特别是在皇位继承的关键时刻，外戚往往要保护太子顺利登基；在新皇即位后，外戚更要帮助皇帝度过熟悉政务的最初几年。可以说，外戚是两代皇帝之间的临时执政者。

回顾汉代的几个主要外戚，莫不发挥了这样的作用。如霍光扶持汉昭帝、汉宣帝，史丹扶持汉成帝。东汉后期最重要的外戚梁冀，也扶持了汉冲帝、汉质帝和汉桓帝。不同之处在于有些外戚并不贪恋权势，而梁冀的野心过于膨胀。

梁冀的高祖梁统，是安定乌氏人。当两汉之际，梁统先与窦融

---

① 徐冲：《中古时代的历史书写与皇帝权力起源》，上海：上海古籍出版社，2012年，第127—141页。

割据凉州，而后加入到刘秀政权中，可以说是东汉创业功臣之一。梁统子梁松娶光武帝女舞阴长公主，另一子梁竦两女嫁与汉章帝为贵人，小贵人生汉和帝。即将显贵的梁氏突遭大难。因为汉章帝窦皇后将和帝养为己子，担心此后梁氏得志，便将两个梁贵人杀害；又诬陷梁竦谋逆，同样将其处死，家属也都迁徙至九真。直到窦太后死去，和帝执政，梁贵人方得昭雪。

　　如此巨大的打击并没有彻底击毁梁氏家族。到了梁竦孙梁商这一代，梁氏的地位更加显赫。梁商的女儿和妹妹全被汉顺帝纳入掖庭，特别是梁商的女儿被封为皇后。梁商以大将军辅政，他虽然虚己进贤，但是"性慎弱无威断"[①]；二子梁冀、梁不疑和宦官交结，多行不轨。梁商死后，子梁冀被顺帝拜为大将军辅政。此后东汉进入了梁冀执政的近二十年时间，东汉的政权也一步步走向衰亡。

　　梁冀凭借父亲和妹妹的因由，得以担任大将军，本人却没有什么政治能力。《后汉书》本传称他"裁能书计"[②]，也就是仅仅具备初级读写算数能力罢了。但是在各种娱乐活动上，梁冀是绝对的行家。据说他"性嗜酒，能挽满、弹棋、格五、六博、蹴鞠、意钱之戏，又好臂鹰走狗，骋马斗鸡"，是一个纯粹的纨绔子弟。

　　梁冀性格暴戾，心狠手辣。当梁商还在世时，洛阳令吕放为梁商亲信，多次说道梁冀的过失，梁冀竟派遣刺客暗杀了吕放，又推说此事乃吕放怨仇所为，进而残杀吕放怨仇之家宗亲、宾客百余人。担任大将军以后，梁冀更是肆无忌惮。他向扶风富人孙奋借

---

① 《后汉书》卷三四《梁统列传》，第1175页。
② 同上书，第1178页。

五千万钱，以马乘为抵押，孙奋只借与他三千万。梁冀大怒，诬陷孙奋母亲是自家看守财库的婢女，家产均是盗窃主家所得，于是将孙奋兄弟收监拷打致死，吞没其家财一亿七千余万。

汉顺帝驾崩之后，年仅二岁的刘炳被立为皇帝，是为汉冲帝。由于皇帝太过年幼，梁皇太后临朝秉政。不过数月，汉冲帝又崩。此时必须从宗室中选择一人作皇帝，太尉李固认为清河王刘蒜年长有德，宜立为皇帝。他以周勃、霍光立汉文帝、汉宣帝的历史经验劝说梁冀，希望能"择长年高明有德，任亲政事者"。《后汉书·顺冲质帝纪》于冲帝崩后记载"清河王蒜征至京师"[①]，说明李固的主张一度要成为现实。不过梁冀顾虑选年长有德者为帝，不便于梁氏外戚继续执政，最终与太后选择汉章帝玄孙刘缵为皇位继承人，是为汉质帝。

新立的汉质帝年仅八岁，按说便于梁冀把控。但是质帝为人聪慧，一次朝会时看着梁冀说"此跋扈将军也"。可想而知，质帝成人之后必然会对梁冀不利。听闻此事后，梁冀怀恨在心，令左右进毒药毒死了质帝。汉质帝临死前急召李固入宫，最终死在李固怀中。

东汉又一次面临选择皇位继承人的问题。李固与司徒胡广、司空赵戒等人商议，共同建议梁冀，为国事计，必须立长君，仍推荐清河王刘蒜。这时，梁冀的妹妹将嫁与蠡吾侯刘志，中常侍曹腾等建议梁冀立刘志为帝，以防严明的清河王日后彻查梁冀种种恶行。

---

① 《后汉书》卷六《顺冲质帝纪》，第276页。

在梁冀的专横下，刘志被立为皇帝，是为汉桓帝。

过了一年左右，有人谋立清河王为天子，梁冀诬陷李固是幕后主使，将他杀害。李固临死前，留给往日同僚胡广、赵戒一封信，提到"何图一朝梁氏迷谬，公等曲从，以吉为凶，成事为败乎？汉家衰微，从此始矣。公等受主厚禄，颠而不扶，倾覆大事，后之良史，岂有所私"①？

一个政权如果要平稳发展，不能仅仅依赖某几个当轴者的道德自觉，更需要制度保证。很明显，汉朝只建立了外戚秉政的制度，却没有安排限制外戚权力的制度，终究使得外戚权力过大，严重威胁了皇室的权威。

宦官和外戚交替专权，使得桓帝、灵帝时的政治黑暗达到了顶峰。熟悉东汉末历史的人都知道，当时曾经发生过两次镇压士人品评朝政、抨击宦官的大事件，被称为"党锢之祸"。被列入党人名单的人，禁锢终身，不得做官。"党锢之祸"造成了深远的影响，直接将一大批士人摒弃在朝堂之外，甚至将他们推向了黄巾起义者的行列。其直接导火索就是张俭对中常侍侯览的抨击。

侯览是汉桓帝信任的宦官，其家人亲属在家乡山阳郡为非作歹，督邮张俭将侯览家乡的宅舍财产通通抄没，并"具言罪状"。侯览反而借机诬妄张俭结党乱国，建议汉桓帝抓捕、禁锢所谓党人，由此掀起了第一次的党锢之祸。

张俭亡命天涯，"望门投止，莫不重其名行，破家相容"。据

---

① 《后汉书》卷六三《李杜列传》，第2087页。

说他所经历之处，"伏重诛者以十数，宗亲并皆殄灭，郡县为之残破"①。为什么这么多人宁可牺牲性命也要保护张俭呢？他们要保的不单单是张俭这个人，更是士大夫的清正意气，是士人对社稷百姓的拳拳之心。当东汉朝廷向士大夫群体举起屠刀时，它斩断的实际是自己的根基。

保护张俭的士人，表现出了相当强烈的任侠风范。清末戊戌维新的参与者，位列六君子之一的谭嗣同，就极有侠客风范。维新失败，他被捕入狱，留下《狱中题壁》：

> 望门投止思张俭，忍死须臾待杜根。
> 我自横刀向天笑，去留肝胆两昆仑。

这首诗中，提到了东汉两个著名人物张俭和杜根。杜根在汉安帝时建议临朝称制的邓太后还政给安帝，遭到了太后的毒打，装死才逃出来。他的命运和前面提到的范雎很接近。张俭就是上面提到的主人公了。他因为得罪宦官到处逃亡，使得很多收容他的人为他而死。汉朝士人舍生忘死的精神，是战国任侠风气的继续。这种继续不是残存历史的晚照，而是任侠精神在儒家道德观念滋养下的新变格。谭嗣同的留下赴死，同样是类似精神态度的延续。或许可以说，侠客群体一直没有消亡，他们的精神以不同的样态反复呈现。

不过，如果认为是"党锢之祸"将士人们与政权割裂开来，是这个具体的事件造成了政治与士人的疏远，倒大可不必。日本学

---

① 《后汉书》卷六七《党锢列传》，第2210页。

者川胜义雄有个很有说服力的看法，当时被禁锢的士人，虽然自称"清流"，反对"浊流"，不过在"浊流"一方，并不完全是贪墨的外戚与弄权的宦官，还有很多执政、参政的士人。换言之，清议造成了人的阵营划分和阵营对立，是将所谓"清流"排除在政权之外的根源。甚至可以说，很多自认为是"清流"的士人，本身就没有加入政权效力的打算。

"清流""浊流"的出现，代表着在中国古代第一次以某种理念区分人，而不是以血统或者籍贯来加以区别。这种状况意味着精神而非物质、主观而非客观因素，在人们的头脑中占据了主要的位置。人们通过语言、生活方式和政治态度来选择朋友和亲近的对象，选择老师和奔赴的方向，选择事业和放弃事业，绝非如东汉以前那样，因为实际的政治或经济利益而参与社会活动。这就造成了一种当然的结果：整个社会陷入了虚无空灵的状态，现实主义的生存态度彻底破产。

党锢造成的影响异常深远，但是其对时代和人心的伤害，恐怕并不如按照理念将人分类以及基于理念而非基于事实生活评议人物带来的伤害更为剧烈。至此以后的士人，似乎较战国秦汉的士人更热衷于精神活动，而疏离于功利的追求。也是至此以后，士人们的意志力更为薄弱，身体素质也大不如前了。或许可以这样理解，追求物质，其收获远大于物质；而单纯追求精神，其损失不仅仅在物质层面。

汉朝末代大侠

来到全书最后，我打算介绍东汉晚期最著名的侠客——三曹父子的情况。曹氏父子，上马执槊，下马赋诗，是古代文武结合的典型。前面提到，文武结合，是战国游士的特点，这种特点在汉武帝以后发生大规模的断裂，而后偶见于战争年代。三曹父子也是如此，他们是战火锤炼出来的人物。巨大的社会动荡和精神压力，造就了他们超乎常人的意志力、忍耐力和智慧。

与东汉末年人物品评风气格格不入的是曹操的出身。《三国志·魏书·武帝纪》记载：

> 太祖武皇帝，沛国谯人也，姓曹，讳操，字孟德，汉相国参之后。桓帝世，曹腾为中常侍大长秋，封费亭侯。养子嵩嗣，官至太尉，莫能审其生出本末。嵩生太祖。①

这段材料充满了矛盾，很值得仔细玩味。首先，史料表明，曹操是曹参的后人。曹参是追随刘邦起兵的创业元勋，他的确是沛人。曹操也是沛人，根据这一点，可以在曹操和曹参之间建立联系。不过曹操距离曹参生活的年代已经相隔近四百年，两人之间的谱系是否清楚，完全不可考证。中国古代乃至近代，都有冒伪先世的传统，同为沛地出身，曹操自称是曹参之后，也在情理之中。

更耐人寻味的在后面。曹操的父亲曹嵩，拜中常侍大长秋曹

---

① 《三国志》卷一《魏书·武帝纪》，第1页。

腾为父。前面提到，曹腾在汉末权倾一时，是拥立汉桓帝的核心人物。宦官无子，只能收养继子。曹氏出身的模糊就在"莫能审其生出本末"一句。历史记载中，凡是祖先出身不清楚的，多数可能是祖先有不足为外人道也的往事。比如逃亡、犯罪、遭受通缉之类。曹嵩的生父是谁，如今不能知晓，更加印证了他转投曹腾门下是一件不光彩的事情，故而不能书写下本支姓氏。记载不足的地方就给想象留下了空间。在三国吴人所作《曹瞒传》和西晋郭颁所作《世语》中，有这样的记载："嵩，夏侯氏之子，夏侯惇之叔父。太祖于惇为从父兄弟。"[1]《三国演义》和民间传说都认可这一说法，故而将夏侯氏和曹氏之间紧密的政治联盟视作血缘关系的联结。甚至在陈寿《三国志》中也将夏侯诸将与曹氏诸将合传，以示他们的联系和相似性。不过，稍微提一点不同意见的话，《曹瞒传》是吴人所作，从这本书的定名看，就知道这并不是一本赞颂曹操的书。郭颁的《世语》如同故事会，和战国游士的各种传闻记录差不多。这两部著作并不是特别可靠的史料。

　　放过曹操隐晦的祖先不谈，他的出身放在汉末，完全可以称得上是原罪。比较一下他的少年好友袁绍就更加清楚了。袁绍出身汝南袁氏，他的高祖父是袁安，在汉章帝时做了司徒，也就是最高级的官员。从袁安以下，四世居三公位，意味着这个家族代代都有人处在汉朝宰相的位置上，由此势倾天下。袁绍的父亲袁成，在袁绍出生不久就死了，但是家族的力量保证袁绍仍旧跻身洛阳顶级社交

---

① 《三国志》卷一《魏书·武帝纪》注引，第1页。

圈里，他是这个时代众人瞩目的贵公子。

　　袁绍很清楚这一点。他担任郎官时，母亲去世，他为母亲守丧三年。三年已毕，他想起父亲去世时自己还小，从未给父亲守过丧，于是他又为父亲守丧三年。袁绍此时只是一个年轻人，却能抵御声色犬马的诱惑，在庐墓熬过六年清苦的光阴。如此矫情忍性，他的心中必然有更大的志向。果然，等他重返洛阳的时候，获得了满城乃至全国的赞誉，人们都试图和他结识。而他本人，容貌威严，出身名门却能折节下士，更增加了他在人群中的好感度。《后汉书》说他"爱士养名"，以至于引起了宦官们的警惕。中常侍赵忠就说："袁本初坐作声价，好养死士，不知此儿终欲何作。"①养士是战国汉初的传统，东汉末人还要养士，那就是公然与朝廷抢夺人才，争取民心，必然有着不臣的打算。同时代的王粲《英雄记》记载袁绍：

> 　　隐居洛阳，不妄通宾客，非海内知名，不得相见。又好游侠，与张孟卓、何伯求、吴子卿、许子远、伍德瑜等皆为奔走之友。不应辟命。②

　　袁绍虽为贵公子，却也爱好游侠，这和曹操没有什么不同。看来袁绍在独居的六年里，深刻地分析了局势，并形成了自己的判断。

---

① 《后汉书》卷七四上《袁绍刘表传上》，第2373页。
② 《三国志》卷六《魏书·董二袁刘传》注引，第188页。

在袁绍的交友圈中，就有曹操。可是两个人的出身很不一样，所以他们的友谊有着几分不平等。汉末清流乡论批评的主要对象就是宦官，曹操出身宦官，与清流领袖袁绍所属阵营不同。人际关系网络是一种微妙且模糊的存在，不同阵营的人可以交往相处，但是彼此对自己的身份，以及这种身份在对方心中的态度，都心知肚明。反过来说，分属不同阵营的人，既然对阵营的划分有所认识，仍然愿意交往，则说明他们交往的利益远远大过冲突的利益。由此延伸出来的是，即便在清流心中有正义感的士人对宦官都应该是排斥的态度，但士人的领袖和宦官的代表对这种依据理念而确定的身份，内心恐怕都有几分轻蔑和调笑。事实上，在所有秉持现实主义态度的政治家那里，并不存在决然不可变更的原则和不可动摇的规矩。曹操和袁绍的友谊，必定会让很多士人难以接受，但是他们两个又甘之如饴。因为，在真正的利益面前，他们两个其实是属于同一阶层，即注定要成为领导者的那个统治阶层。

《三国志》记载曹操少年时的情形是这样的：

> 太祖少机警，有权数，而任侠放荡，不治行业，故世人未之奇也；惟梁国桥玄、南阳何颙异焉。玄谓太祖曰："天下将乱，非命世之才不能济也，能安之者，其在君乎！"[1]

曹操因为融入不了清流圈子，所以只能走任侠放荡之路。换言之，他根本不是从儒学起家的，这在东汉是一条非主流的成长路

---

[1]　《三国志》卷一《魏书·武帝纪》，第2页。

径。普通人难以模仿，也无须模仿，而曹操却不得已为之。看来他在年轻时，也很清楚自己的出身能带来的利益和局限。不能将桥玄的话等闲视之。曹魏国史王沈《魏书》中将桥玄的话记录为："吾见天下名士多矣，未有若君者也！君善自持。吾老矣！愿以妻子为托。"①这两句话事实上就是乡论的考语，意思是曹操不是等闲之辈。郭颁的《世语》和孙盛的《异同杂语》都记载了曹操去见当时品评人物的名士——汝南月旦评的创办者许劭，求他给自己一个评价。月旦评评论的对象都是天下清流名士，曹操这种人根本不在品评之列。不过因为是桥玄推荐曹操来的，许劭又不能不表个态，他留下了天下闻名的曹操考语：

> 子治世之能臣，乱世之奸雄。②

得到了桥玄和许劭评价的曹操，一举而天下知名。这更加印证了清流和浊流之间并无不可逾越的鸿沟。

没有品评就很难在士人圈子里获得一席之地。比如琅琊人诸葛亮，他的父亲早亡，诸葛亮追随叔父诸葛玄投奔荆州牧刘表。改变了居住地，就丧失了在乡里得到评价的资格。客居荆州的诸葛亮不为人所识，只有几个好朋友颍川石广元、徐元直和汝南孟公威与他相熟。徐元直就是徐庶，后来向刘备推荐了诸葛亮。推荐诸葛亮的还有司马徽，他告诉刘备，此间有识时务者伏龙、凤雏，才华远超

---

①　《三国志》卷一《魏书·武帝纪》注引，第2页。

②　《三国志》卷一《魏书·武帝纪》注引《异同杂语》，第3页。

儒生俗士。伏龙就是诸葛亮了。就此，诸葛亮的声誉仅在很小的范围内传播，所谓隐居草庐，也是不得当世一流人物品评的结果。

曹操的"能"体现在他敢于对自己出身的阶层开刀。曹操任洛阳北部尉，于县门立五色棒十余枚，以为禁止。汉灵帝爱幸的小黄门蹇硕的叔父夜晚闯门，被曹操杀死了。曹操还曾经私自闯入中常侍张让的卧室，张让发觉，曹操夺门而出，逾墙而走。这些记录真真假假，增加了曹操身上任侠的气质，似乎证明了他日后成为帝王无可辩驳的合理性。

非常奇怪的是，在儒家的传统教化中，士人应该是温柔敦厚、恭敬谦让的，可所有的开创之君似乎都不具备类似的品格。越是不走寻常路的皇帝，越是富有人格魅力，越是被后人所敬仰。曹操和袁绍还干过一件夸张的事情。《世说新语·假谲》记载：

> 魏武少时，尝与袁绍好为游侠，观人新婚，因潜入主人园中，夜叫呼云："有偷儿贼！"青庐中人皆出观，魏武乃入，抽刃劫新妇与绍还出。失道，坠枳棘中，绍不能得动。复大叫云："偷儿在此！"绍遑迫自掷出，遂以俱免。[①]

这个记录太过传奇，所以被收入《世说新语》也就是"当世的新故事会"，正史中无载。不过故事很清楚地交代了袁、曹二人的交情和他们的能力。两个人都爱游侠，这恐怕是清流很难理解的事

---

① 刘义庆著，刘孝标注，余嘉锡笺疏：《世说新语笺疏》卷下之下《假谲》，北京：中华书局，2007年，第999页。

情。游侠必然与不轨相连接，于是他们一起去抢别人的新娘子。干这事的还得是曹操，袁绍只能放风。俩人扛着新娘子跑得急，走差了路，被荆棘困住了。袁绍动弹不得，曹操高喊"偷人的盗贼在这里呢"，吓得袁绍又奋力一搏。袁绍心力已衰，而曹操急中生智，两个人在小事上的差别反映出了后来政治上能力的不同。

再举一个例子吧。三国后期，蜀汉的丞相费祎少年时，与汝南许叔龙、南郡董允齐名。这时候蜀中名士许靖丧子，董允和费祎一起去参加葬礼。董允向父亲董和借车驾前往，董和说，乘开后鹿车过去吧。鹿车这个词有些费解，其实就是一种狭窄的小车。董允和费祎是名士，两个人挤在一辆小车里，显得多没气势。董允见状，面露难色。费祎却不含糊，登车就坐。等到了现场，诸葛亮以下贵人云集，这可是大场面，大家都乘坐很气派的车驾前来，董允仍然对自己的车驾犹豫不安，费祎却全不在意，泰然自若。驾车的人回到家，董和问自己儿子和费祎的表现，心中有了分别。等董允回来，董和告诉他："吾常疑汝于文伟优劣未别也，而今而后，吾意了矣。"①所谓大丈夫，就是不在乎别人目光，自己有自己的进路之人。仔细回想，前面提到的刘邦、曹操，大致都是这种我行我素、无法无天的样子。越是如此，人生的进境也就越大。

曹操和袁绍在董卓之乱后结盟。袁绍经营河北，曹操经营河南。两个人曾经发生过一次著名的对话：

　　　初，绍与公共起兵，绍问公曰："若事不辑，则方面何

---

① 《三国志》卷四四《蜀书·蒋琬费祎姜维传》，第1060页。

所可据？"公曰："足下意以为何如？"绍曰："吾南据河，北阻燕、代，兼戎狄之众，南向以争天下，庶可以济乎？"公曰："吾任天下之智力，以道御之，无所不可。"①

这段对话是否确有其事，其实都可以存疑。对话中，袁绍显得较曹操逊色一些，曹操的气魄好像更大。不过恰恰是"任天下之智力，以道御之"说明曹操没有什么可以凭借的地盘，只能说些大话充充场面。后来的历史走向也大致符合对话的情况。袁曹两家各自在大河两岸开拓，直到可以侵夺的中小势力全部消灭，双方才爆发了最重要的战役——官渡之战。当然，那就不是本书要交代的内容了。

曹操从袁绍身上吸取了很多经验教训，因为两个人实在太过接近，胜负只在一念之间，很难说曹操比袁绍究竟更优秀在哪里。不过在继承人的选择问题上，曹操的决定与袁绍不同，立长而不立幼。前面提到，继承人的择定，关乎王朝发展的方向，那远非个人感情所能涵盖。曹操在曹植和曹丕之间很费了一番斟酌，还做了几次考较，两个人不分伯仲。史书说，曹丕求教于贾诩，怎么能胜过弟弟。贾诩告诉他："愿将军恢崇德度，躬素士之业，朝夕孜孜，不违子道。如此而已。"②曹操也正因为听了贾诩的建议，才最终定下选择曹丕的决心。

选择继承人的根本在于君主要判断政权发展的方向。政权需

---

① 《三国志》卷一《魏书·武帝纪》，第26页。
② 《三国志》卷一〇《荀彧荀攸贾诩传》，第331页。

要开拓，就选个强有力的君主。政权需要稳定，就选一个相对柔和的君主。曹操很清楚，自己有生之年很难统一天下，所以他选定的接班人，一定是有统一天下能力之人。曹丕、曹植作为曹操之子，自幼生长军旅，戎马倥偬之际，一定都有些豪迈气概的。特别是曹植，极其能够表达自己的豪迈，这一点任侠风气，和自己父亲少年时很接近。建安十九年（214年），曹操远征孙权，留曹植守邺城。邺城，是过去袁绍的大本营，现在是曹氏的根据地。曹操让曹植看守邺城，就是赋予曹植监国重任，必然存在着考察在其中，说明在曹操心中，曹植的排序是比曹丕靠前的。可是，两人的表现却大不相同：

> 植既以才见异，而丁仪、丁廙、杨修等为之羽翼。太祖狐疑，几为太子者数矣。而植任性而行，不自雕励，饮酒不节。文帝御之以术，矫情自饰，宫人左右，并为之说，故遂定为嗣。[1]

曹植学到了自己父亲任侠放荡的一面，并愿意公开展示出来，曹丕却将这一面藏在心中。事实上，曹丕也有非常令人震惊的一面。在他自传性质的《典论·自叙》中，曹丕如此记述自己少年时的经历：

> 建安初，上南征荆州，至宛，张绣降。旬日而反，亡兄

---

[1] 《三国志》卷一九《魏书·任城陈萧王传》，第557页。

孝廉子修、从兄安民遇害。时余年十岁，乘马得脱。夫文武之道，各随时而用，生于中平之季，长于戎旅之间，是以少好弓马，于今不衰；逐禽辄十里，驰射常百步，日多体健，心每不厌。建安十年，始定冀州，濊、貊贡良弓，燕、代献名马。时岁之暮春，勾芒司节，和风扇物，弓燥手柔，草浅兽肥，与族兄子丹猎于邺西，终日手获麇鹿九，雉兔三十。后军南征次曲蠡，尚书令荀彧奉使犒军，见余谈论之末，或言：“闻君善左右射，此实难能。”余言：“执事未睹夫项发口纵，俯马蹄而仰月支也。”或喜笑曰：“乃尔！”余曰：“埒有常径，的有常所，虽每发辄中，非至妙也。若驰平原，赴丰草，要狡兽，截轻禽，使弓不虚弯，所中必洞，斯则妙矣。”时军祭酒张京在坐，顾彧拊手曰“善”。[1]

曹丕自豪地回忆起自己十岁时从乱军中乘马逃脱的经历。有这种心理素质，日后必能承担大任。文武之道，曹丕均能随时而用。他的射术超群，而且特别乐意射活物而非死靶，荀彧和张京都对此表示赞赏。“生于中平之际，长于戎旅之间”，意味着他若不够强悍就不足以生存下去，也没有资格承担起曹氏要成就的大事业。曹丕有这种自觉，也有这个自信。

曹丕还是剑客，得到当时名家的指点。还是《典论·自叙》：

余又学击剑，阅师多矣，四方之法各异，唯京师为善。桓、

---

① 《三国志》卷二《魏书·文帝纪》注引，第89—90页。

灵之间，有虎贲王越善斯术，称于京师。河南史阿言昔与越游，具得其法，余从阿学之精熟。尝与平虏将军刘勋、奋威将军邓展等共饮，宿闻展善有手臂，晓五兵，又称其能空手入白刃。余与论剑良久，谓言将军法非也，余顾尝好之，又得善术，因求与余对。时酒酣耳热。方食芊蔗，便以为杖，下殿数交，三中其臂，左右大笑。展意不平，求更为之。余言吾法急属，难相中面，故齐臂耳。展言愿复一交，余知其欲突以取交中也，因伪深进，展果寻前，余却脚鄿，正截其颡，坐中惊视。余还坐，笑曰："昔阳庆使淳于意去其故方，更授以秘术。今余亦愿邓将军捐弃故伎，更受要道也。"一坐尽欢。[①]

曹丕剑术超群，不过也可能是手下将军有意相让。他在文化上的成绩不用多言，他自己说是："少诵诗、论，及长而备历五经、四部，《史》《汉》、诸子百家之言，靡不毕览。"[②]这里面"四部"比较费解，文献学家余嘉锡考证，推测是《汉书·艺文志》中六艺中的乐、《论语》、《孝经》、小学等四种门类。无论这个说法是否成立，曹丕都可算是当时首屈一指的文武全才。这样的对人才兼资文武的要求，只在战国至汉初才出现过。

相较而言，曹植对侠客的热爱似乎更多地停留在诗性的挥洒上，他创作了千古名篇《白马篇》，讴歌侠客的潇洒：

---

① 《三国志》卷二《魏书·文帝纪》注引，第90页。
② 同上。

> 白马饰金羁，连翩西北驰。
>
> 借问谁家子，幽并游侠儿。
>
> 少小去乡邑，扬声沙漠垂。
>
> 宿昔秉良弓，楛矢何参差。
>
> 控弦破左的，右发摧月支。
>
> 仰手接飞猱，俯身散马蹄。
>
> 狡捷过猴猿，勇剽若豹螭。
>
> 边城多警急，虏骑数迁移。
>
> 羽檄从北来，厉马登高堤。
>
> 长驱蹈匈奴，左顾陵鲜卑。
>
> 弃身锋刃端，性命安可怀！
>
> 父母且不顾，何言子与妻！
>
> 名在壮士籍，不得中顾私。
>
> 捐躯赴国难，视死忽如归！

诗歌格调很高，气势豪迈。不过，只在生活做派上效法游侠，却从不投入铁与血的考验中锤炼自己，就好像只能欣赏玫瑰上的露珠，却从无栽种玫瑰的实践。曹植的诗才固然高妙，而其中的赡丽辞藻，却透着一丝轻佻，少了几分沉郁。

再看看曹丕的诗作吧。他的《善哉行》颇有几分悲壮中的豪迈，是认清了人生无常以后，珍惜生活的态度：

> 上山采薇，薄暮苦饥。

溪谷多风，霜露沾衣。

野雉群雊，猿猴相追。

还望故乡，郁何垒垒！

高山有崖，林木有枝。

忧来无方，人莫之知。

人生如寄，多忧何为？

今我不乐，岁月如驰。

汤汤川流，中有行舟。

随波转薄，有似客游。

策我良马，被我轻裘。

载驰载驱，聊以忘忧。

另外，还有一首《燕歌行》，表达了离别之苦。曹丕的生命中经历了很多次离别，他对此深有体会：

别日何易会日难，山川悠远路漫漫。

郁陶思君未敢言，寄声浮云往不还。

涕零雨面毁形颜，谁能怀忧独不叹。

展诗清歌聊自宽，乐往哀来摧肺肝。

耿耿伏枕不能眠，披衣出户步东西，仰看星月观云间。

飞鸽晨鸣声可怜，留连顾怀不能存。

想要给远方的人传个消息，却又怕打扰而不敢说，只能寄语白云，却从来没有收到答案。生于中平，长于戎旅，曹丕的一生，足以用

"久经考验"予以概括。唯有不停地磨砺，才能在颠沛流离之中，保持自己的耐性与思考。正是在不断地经受考验中，曹丕长成了男子汉。

最终让曹操决定选择曹丕的理由，恐怕不在于文采的高明和剑法的高超，他的两个儿子难分伯仲。一定是曹丕身上那种饱经风霜而又心存希望的气质，给了曹操最后的答案。

来到全书末尾，不妨为游侠和游士在战国秦汉历史中的长期表演作一点经验性的总结。游侠和游士，是以脱离权力控制的形态存在于社会上的。他们逸出了人际关系之网，故而可以自由地迁徙，可以侍奉一个君主，也可以侍奉另一个。约束他们的道义是私人之间的关系，而非权力的威势。故而随着政权的巩固与强化，曾经大放异彩的游侠与游士，要让位于官吏和儒生了。不是说他们不可用，而是要接受规训以后再定安排。

典型的例子就是秦汉最后的游侠曹操。曹操青年时代的所作所为，莫不是游侠行径。而当他成为统治者之后，他的目光便聚焦于极端的人身控制了。曹操还是曹操，只是随着身份的变化，他的言行也要有所调整了。秦汉末代侠客，反而成了侠客的掘墓人。吊诡的现象蕴藏着历史演进的道理，不能不让人深思。

自此后，游侠和游士不能说没有，只不过他们越来越成为政权和清流们联合批评与打压的对象，更加地游离于一般的社会规则和伦常之外了。战国秦汉时代，侠与士脱离社会组织是自我主动的选择，而魏晋以降，他们的脱离是被动的需要。格格不入，成为之后侠客们的新标签。故而我们能够看到的是，他们越来越脱离了之前在政治上纵横捭阖的参与，而越来越成为单纯贩卖武力和勇气的工具了。

　　侠与士之歌，到了汉末就唱完了。

尾　章

最后，让我们回到司马迁吧。

我们必须感谢司马迁，是他以一种全然坦率的态度，在自己的著作中为游侠留下了一个传记。在此前的史书中，诸如最著名的鲁国史书《春秋》中，除了偶见的刺客，很难见到游侠的踪影。司马迁的做法在他的效法者班彪那里，遭致了尖锐的批评，虽然班彪和其子班固所作的《汉书》中，同样保留了游侠的传记。

这提示我们，司马迁的历史观念是一种全景式的和探索式的。他试图找到历史演变的规律，同时他希望能通过一个又一个具体的个案，来印证或否定这个规律。因为他秉持着一种探索的态度，所以即便是他信仰的天道，他也会对其产生质疑；因为他保有着一种全景追求，所以凡是他认为属于社会上值得关注的对象，都有必要在他的书中留下一席之地。

如此说来，司马迁并不是一位严格意义上的历史学家，他的身份更接近文学家和历史学家的结合。如果放在今天，我们可以说他是一名历史作家。

　　他身上历史学家的特质，表现在他对材料的文献来源有着异乎寻常的敏锐和严苛，比如他记录的历史始于《五帝本纪》，以黄帝为开篇。之所以这样做，是因为黄帝之前虽然有很多传说中的古帝王，可惜并没有实在的文献证据予以支撑。而黄帝是孔子反复讲述的，黄帝以降诸位帝王的世代，孔子以来的学者可以说明。司马迁信任孔子，信任的是孔子对于未知的客观态度和探索精神。

　　他身上文学家的特质，表现在他对人物细微心理情态的敏锐捕捉，以及通过各种琐碎细节拼凑起人物个性画像的巨大能力。人们常说，司马迁笔下的人物栩栩如生，读其书如身临其境。这样的功夫，恐怕是他在日复一日的锤炼中逐渐磨砺出来的。

　　至于司马迁自己写下的作品，是否是历史，我想这无须怀疑。但是在当时人看来，他的作品比较难以在图书目录中归类。甚至还可以这样说，当时人对历史的认识由于司马迁及其作品的出现，逐渐发生了改变。此前，历史应该是按照时间顺序逐年记录；此后，历史的主体成了人。这进一步提示我们，正是司马迁的工作，使得人具有了和时间相等的意义，从此可以跻身不朽。

　　当我们瞩目司马迁的命运时，无不为他的坎坷遭遇感到惋惜。当我们瞩目于汉武帝时代时，又无不为司马迁生逢其时感到欣喜。这是一种莫大的矛盾。支持司马迁开始撰述的，是记录下时代变化的自觉；而真正侮辱他的，也正是他所记录的时代。

　　虽然他写下了无数波澜壮阔的图景，回到自己身上，他留下的恐怕只有悲伤与悔恨。司马迁有满腹之言，无人可诉，揉碎了铁，铸成了刀，刻在金石之上，书于竹帛之中，发出千载之声。虽曰历史，实为人情。有哀、有怨、有悲、有怒，苦不堪，理还乱，只有付与白云苍狗，断瓦残垣。名山德业，有谁在乎？无非是空劳心血对空谈，只是当时已惘然罢了。他唯一知道的是，他不能停下这支笔。

人生最痛苦的，莫过于无能为力四个字。信陵君孤独饮酒，张良辟谷长坐，项王垓下悲歌，贾谊鹏鸟落寞……司马迁笔下之人，他一一体会，一一共情，一一悲悯，又一一无能为力。司马迁将这四个字刻在心里，写在笔下，让世人体味、铭记。

不过，他自己就用一种超越常人的意志力和生命力展示出了战胜这种悲伤和悔恨的能动精神。司马迁就是游士，司马迁就是游侠，司马迁就是他笔下千千万万，从战国以来就自强不息，不断在时代变革中寻找自我定位的那类人的缩影。

震慑心灵的，不光有雷声，还有文字。让人激动的，不光有朝阳，还有回忆。

他绝对是生命的强者。

我们完全可以相信，是写作治愈了他内心的伤痕，或者起码缓解了他对于自我境遇的苦闷。正是在探索时代变革规律的过程中，他注意到了若干个与他类似、接近，有着相同或不同命运的人。记录他们、理解他们、把握他们乃至体验他们，给予司马迁超越自我存在，在不同时代和不同头脑中生活的机会。他见识了怯懦，也就更加勇敢；他知晓了困顿，也就更能够忍耐；他明白了生活的真谛，就更加拥抱生活。我不知道这么说是否合适，但是我坚决相信，司马迁笔下的人物，之所以既是历史的，又是永恒的，很大程度上与司马迁在其中倾注了自己的心境有关。

　　我们又必须反思，一本加注了作者如此强烈主观情绪的作品，还能视作严肃的史学作品吗？诚然，今日这个问题也并没有一个明确的答案。欣赏司马迁的人被他的创造力所折服，批评他的人也能注意到他狡猾地将自己的私人感受以貌似客观公正的态度呈现。不过我们是否又应该清楚一件事：作者的复杂以及作品的复杂，恰恰反映了我们所处的生活以及世界的复杂本质。完全符合某种概念或定义的叙事作品是不存在的。因为语言本身的特点，使得用语言撰写的文本难以摆脱个性化。

　　认识到上述两点是有意义的。我们可以更加肆无忌惮地承认，《史记》记录的是历史，也是文学，更是所有我们能想象到的对于古代世界的评价。我们看它是什么，它就是什么。倘若我们非要从中说出一个确定的答案来，那一定是我们误解了司马迁，误解了一切文献，也误解了我们自己。

　　在司马迁身上表现出来的矛盾性，难道不是他笔下大量游士和游侠的共性吗？如果用一种确定的价值观来衡量游士或者游侠，那他们是另类的、格格不入的、边缘的、不安的、流动的，甚至是危险的。可如果换一种角度来看，游士和游侠又是自洽的、智慧的、富于冒险精神的，以及勇于挑战的。我们看待世界的结果，取决于我们的角度。和如何对待司马迁与《史记》一样，我们如何理解游士和游侠，其实是如何理解自己。

　　我们能从游士和游侠的经历中，收获什么呢？那最主要的部分，一定是勇敢直面变化，绝不回避变化。让自己永远都保持一种大无畏的状态，以最积极的冒险精神，去尝试、去体验、去探索，同时，也去等待、去忍耐。时机来临时，就果断决策，大步向前；时机未到时，就真诚期待，坚决守候。本书中我们所有能看到的游士和游侠，莫不经历蹉跎跌宕，莫不自强不息。他们用自己的人生经历，或者司马迁希望借他们告诉后人：没有什么无法接受，也没有什么无法避免，最重要的是，永保希望，永远坚持。

汉诗有云：人生天地间，忽如远行客。汉朝继承战国遗风，士人慷慨高迈，果决中带着对一切美好的眷恋和对人生命运的洒脱。游士和游侠起自战国，在汉代最终落幕。凝望他们的背影，一如远行之客，如风似雾，飘然天外，只留给今人点点遐思以为纪念。

最后，用李白的《侠客行》为全书作结，并祝所有读到本书的朋友，都能挣脱命运的束缚，成为自己灵魂的游侠：

赵客缦胡缨，吴钩霜雪明。

银鞍照白马，飒沓如流星。

十步杀一人，千里不留行。

事了拂衣去，深藏身与名。

闲过信陵饮，脱剑膝前横。

将炙啖朱亥，持觞劝侯嬴。

三杯吐然诺，五岳倒为轻。

眼花耳热后，意气素霓生。

救赵挥金槌，邯郸先震惊。

千秋二壮士，烜赫大梁城。

纵死侠骨香，不惭世上英。

谁能书阁下，白首太玄经。

2023年9月14日初稿

2023年12月31日修订

2024年3月16日再订